KB242923

국어학총서 87

충남방언의 모음에 대한 연구

이현주

태학사

머리말

이 책은 필자가 2022년 8월 서울대학교 대학원에 제출한 박사학위논문 '충남방언의 모음에 대한 연구'를 다듬어 펴내는 것이다. 충남방언의 모음과 모음 관련 음운현상을 대상으로 충남방언의 음운론적 면모를 세밀하게 고찰하고, 충남방언의 자체적인 특징과 더불어 다른 서부방언과의 영향 관계로 인해 비롯된 충남방언의 특징 또한 살펴보고자 하였다. 그동안 다소 소홀히 다루어졌던 충남방언을 대상으로 그 음운론적 특징을 정밀하게 고찰하여, 이를 통해 충남방언이 국어방언 내에서 가지는 음운론적 위상을 밝혀내는 데에 목적을 두었다.

음운론을 재미있게 공부하던 필자가 방언학에 본격적으로 관심을 가지기 시작한 것은 석사학위논문을 준비하면서부터였다. 고향의 말인 충남 아산 지역어에서 나타나는 현상에 흥미가 생겼고, 현지 조사를 통해 자료를 수집하여 이를 분석하고 기술하였다. 이후 관심의 범위는 충남방언 전체로 확대되었고, 타 방언에 비해 두드러진 특징이 없다고 여겨지던 충남방언이 국어방언 내에서 어떠한 위치를 갖는지 밝혀보고 싶다는 생각에 이르렀다. 이에 충남방언의 모음을 대상으로 박사학위논문을 작성하였고, 비록 미흡한 점이 적지 않으나 연구한 바를 이 책에 담아내게 되었다.

부족한 필자가 이 책을 펴내기까지 많은 선생님들의 가르침과 도움을 받았다. 송철의 선생님께서는 필자가 국어학에 관심을 가지고 공부의 길에 들어서게 된 계기를 마련해 주신 분이다. 미숙한 필자의 견해에도 언제나 따뜻하고 아낌없는 조언을 베풀어 주시며 격려해 주셨다. 학위논문 심사 과정에서도 세심한 조언을 아끼지 않으신 선생님께 마음 깊이 감사드린다. 정승철 선생님께서는 늘 부족하고 미진한 제자를 인내심 있게 이끌어 주셨다. 필자의 다듬어지지 못한 생각까지도 언제나 성심껏 들어주시고 면밀하게 지도해 주신 선생님 덕분에 이 연구를 세상에 내놓을 수 있었다고 생각한다. 박사논문 심사위원장이신 김성규 선생님을 비롯하여 한성우 선생님, 김현 선생님께서는 심사 과정에서 핵심을 짚어 주시고 꼼꼼한 조언을 제공해 주시어 미비한 논문이 정리되고 발전할 수 있었다. 최명옥 선생님, 김창섭 선생님, 이현희 선생님, 장소원 선생님, 전영철 선생님, 박진호 선생님, 황선엽 선생님께서는 아무것도 모르던 필자가 국어학의 영역과 깊이를 조금이나마 이해할 수 있도록 가르쳐 주셨다. 언제나 유익한 조언을 주셨던 배주채 선생님, 정인호 선생님, 임석규 선생님, 김봉국 선생님, 이진호 선생님, 이상신 선생님을 통해서 필자는 음운론의 학문적 재미를 깨달을 수 있었다. 선생님들께서 베풀어 주신 은혜에 진심으로 감사드린다. 학문적 영역을 넘어 삶의 여러 면에서도 든든한 힘이 되어 주신 김소영 선생님, 김아름 선생님, 홍은영 선생님과 304호의 여러 동학·선후배님들께도 이 자리를 빌려 감사의 뜻을 표하고 싶다.

부족한 글을 국어학총서로 선정해 주신 심사위원 선생님들과 국어학회의 선생님들께 감사드리며, 출판을 맡아 주시고 정성스럽게 편집해 주신 태학사의 관계자 여러분께도 깊이 감사드린다. 기나긴 공부의 길을 걷는 필자를 늘 이해하고 배려해 주는 가족들과, 곁에서 언제나 변함없는 지지를 보내주는 반려에게도 감사의 마음을 전한다.

2026년 1월
이현주

차례

머리말 ··· 3

1. 서론 ·· 7

  1.1. 연구 목적 ·· 7

  1.2. 연구 대상 및 방법 ·· 9

  1.3. 선행 연구 검토 ·· 12

  1.4. 논의의 구성 ·· 15

2. 모음체계 ·· 17

  2.1. 단모음 ·· 17

    2.1.1. 위(ü), 외(ö) ··· 19

    2.1.2. 에(e), 애(ɛ) ··· 33

  2.2. 이중모음 ·· 39

    2.2.1. 하향이중모음 ··· 41

    2.2.2. 상향이중모음 ··· 52

  2.3. 체계의 변화 ·· 61

    2.3.1. 단모음의 변화 ··· 61

    2.3.2. 이중모음의 변화 ··· 64

3. 모음현상 ·· 72

　3.1. 고모음화 ··· 72

　　3.1.1. '어〉으' 고모음화 ···························· 73

　　3.1.2. '에〉이' 고모음화 ···························· 85

　　3.1.3. '오〉우' 고모음화 ···························· 95

　3.2. 움라우트 ·· 104

　　3.2.1. 형태소 내부에서의 움라우트 ·············· 105

　　3.2.2. 형태소 경계에서의 움라우트 ·············· 113

　3.3. 전설모음화 ··· 118

　　3.3.1. 형태소 내부에서의 전설모음화 ··········· 118

　　3.3.2. 형태소 경계에서의 전설모음화 ··········· 122

　3.4. 모음조화 ·· 124

　　3.4.1. 개음절 어간의 모음조화 ···················· 125

　　3.4.2. 폐음절 어간의 모음조화 ···················· 130

4. 모음음운론의 관점에서 본 충남방언 ················· 139

　4.1. 모음체계의 측면 ·································· 139

　4.2. 모음현상의 측면 ·································· 143

　　4.2.1. 고모음화 ····································· 143

　　4.2.2. 움라우트 ····································· 146

　　4.2.3. 전설모음화 ·································· 148

　　4.2.4. 모음조화 ····································· 150

5. 결론 ··· 154

참고문헌 ·· 161

부 록 ·· 171

1. 서론

1.1. 연구 목적

　방언 연구에 있어서 그동안 충청도 방언은 중부방언권의 일부 정도로만 다루어지는 경우가 많았다. 특히 충남방언은 타 방언에 비하여 해당 방언만의 두드러진 특징이 눈에 띄지 않는다는 이유로 방언 연구자들의 관심을 비교적 덜 받아왔다. 충남방언의 대략적인 면모를 다룬 연구나 충남방언에 속하는 개별 지역어에 대해 서술한 몇몇 연구가 있지만 이들 연구가 충남방언이 가지는 특징을 온전히 기술하였다고 보기에는 모자란 감이 있으며, 양적인 면에 있어서도 타 방언에 비해 현저히 적다.

　대방언권을 설정한 많은 연구들은 대체로 충남방언을 중부방언에 속하는 것으로 간주하였다. 방언에 대해 다룬 초창기 연구인 小倉進平(1918, 1944), 河野六郎(1945) 등은 충남방언을 경기방언 혹은 중선방언(中鮮方言)의 하위 방언으로 설정하여 충남방언의 독립성을 인정하지 않았다. 이후 충남방언의 독자성을 인정하고 그에 따른 구체적인 논의를 진행하기까지, 충남방언은 단지 중부방언의 일부로만 취급되었다. 지리적으로 보았을 때 충남방언이 경기방언, 강원방언과 함께 중부방언권에 속하는 것은 틀림없는 사실이다. 그러나 충남방언이 가지는 독자성은 분명히 존재하기에, 단순히 경기방언이나 강원방언과 함께 묶어서만 다루는 것은 적절치 못하다.

무엇보다 충남방언은 특히 모음과 관련하여 타 방언과 구별되는 독자적인 특징을 가진다. 모음체계의 면에서, 충남방언의 노년층에는 이미 대부분의 방언에서 사라진 음소가 실현되어 그것의 변화 과정을 여실히 보여주기도 한다. 또한 모음과 관련된 음운현상의 면에서, 충남방언은 인접한 방언들과 영향을 주고받으며 다양한 양상을 보여주기도 하는 한편 타 방언과는 무관한 특징을 보이기도 하며 나아가 특정 음운현상의 개신지가 되기도 한다. 이러한 사실이 바로 이 책이 충남방언의 모음에 주목하고 있는 이유이다.

한편 한반도는 평야 지대인 서부와 산악 지대인 동부 사이에 현격한 방언 차가 존재하므로 이 두 지역은 대방언권으로 구획될 수 있는데, 이때 중부방언과 서남방언은 서부의 대방언권을 형성하게 될 가능성이 있다(이기갑 2001:234). 여기에 같은 음장 방언권인 서북방언까지 포함한다면 한반도의 서쪽을 아우르는 서부방언권을 상정할 수 있을 것이다. 이병근(2001:24)도 낭림산맥-태백산맥-소백산맥으로 이어지는 지대를 경계로 하여 국어 방언을 성조 방언인 동부방언과 음장 방언인 서부방언으로 양분할 수 있다고 보았다. 충남방언이 속한 중부방언이 서울을 포함한 경기도, 충청남북도, 황해도 재령 이남, 함남 영흥 이남 및 강원도 지역을 포함하는 국어 대방언권의 하나라고 한다면(김봉국 2001:322), 이중 서부방언이라 함은 서울과 경기도, 충청남도, 황해도 재령 이남 정도를 포함할 수 있을 것이다. 여기에 서북방언과 서남방언을 포함하면 앞서 언급한 한반도 서쪽을 아우르는 서부방언권이 상정된다.[1] 이 책에서는 이러한 서부방언의 일부를 구성하고 있는 충남방언에 주목하여 논의를 진행하고자 한다. 서부방언권을 상정한다면 충남방언

---

1) 충청북도 역시 서부방언권에 속한다고 볼 수도 있으나 충북방언은 충남방언뿐만 아니라 강원방언 및 경상방언과 상당 부분 인접해 있어 매우 복잡한 양상을 보이므로 일단 제외하고자 한다. 그렇지만 충남방언과 관련하여 필요한 경우 따로 언급하도록 한다. 이병근(2001:24)에 따르면 제주도 방언도 서부방언에 포함되지만 충남방언과 직접적인 연관이 없다고 생각되므로 역시 제외한다.

과 직접적인 영향을 주고받을 수 있는 지역은 우선적으로 서부방언에 속한 지역이 될 것이기 때문이다. 보다 널리 본다면 동부방언과의 관계도 고려해야 하지만 이 책에서는 우선적으로 서부방언과의 관계에 한정하여 접근하기로 한다. 충남방언은 서부방언 중 서울·경기방언 및 서남방언과 인접해 있다. 따라서 이 두 방언과의 관계가 주로 언급되겠지만 필요에 따라 서북방언 및 황해방언 역시 언급하게 될 것이다.

가능하면 서부방언 전체를 대상으로 하는 것이 방언 연구에 있어서 궁극적으로 옳은 일이겠지만, 연구의 대상을 충남방언으로 하고자 함에는 다음과 같은 이유가 있다. 첫째, 전술하였듯이 타 방언에 비해 그동안의 충남방언 연구 성과는 상당히 미진한 편이다. 따라서 단순히 중부방언의 일부가 아닌, 충남방언 그 자체의 특징을 본격적으로 살펴본다는 점에서 이 연구는 의의를 가진다. 그리고 둘째, 이를 바탕으로 기존에 타 방언에 비해 별다른 특징이 없다고 여겨지던 충남방언의 독자적인 특징을 밝혀내어 충남방언이 하나의 독립적인 방언으로서 국어방언 내에서 갖는 위상을 공고히 하고자 함도 그 이유 중 하나이다.

종합하자면 그동안 다소 소홀히 다루어졌던 충남방언의 음운론적 면모를 모음을 중심으로 정밀하게 살펴보는 동시에, 충남방언이 국어방언 내에서 가지는 음운론적 위상을 밝혀내는 것이 이 책의 궁극적인 목적이라고 할 수 있다.

1.2. 연구 대상 및 방법

이 책은 충남방언의 모음체계 및 모음 관련 음운현상을 중심으로 논의를 진행한다. 전술하였듯이 충남방언은 특히 모음과 관련하여 타 방언과 구별되는 주요한 특징을 지닌다. 따라서 충남방언의 모음을 주 연구 대상으로 삼는 것은 충남방언의 음운론적 면모를 살피는데 있어서 보다 효과적일 것으로 생각된다. 한편 충남방언의 자체적인 특징과 더불어 다른 서부방언과의 영향 관계로 인해 비롯된 충남방언의 특징 또한 다루게 될 것이므로 논의 과정에서 서울·경기방언과 서남방언, 황해방언 및 서북방언도 참조하게 된다. 필요에 따라 충북방언을 언급하는 경우도 있을 것이다.

본 연구에서 활용하는 방언 자료는 기본적으로 세 가지이다. ≪한국방언자료집(충청남도편)≫(1990), ≪지역어(보완) 조사 보고서≫(2005-2020), ≪세대별·지역별 언어 다양성 조사≫(2021)가 그것인데,[2] 이 세 자료는 각각 다른 세대의 충남방언을 반영하고 있다. 현재 나이로 환산한다면 A(1990)은 100∼120대, B(2005)는 80∼90대, C(2021)은 50대 충남방언 화자의 언어를 반영한다.[3] 충남방언 외 서부방언, 즉 서울·경기방언과 서남방언, 황해방언 및 서북방언의 자료는 개별 연구 논문에서 조사된 자료들을 주로 활용하고자 한다.[4] 또한 필요에 따라서는 필자가 직접 조사한 방언 자료 역시 참고하고자 한다.

이 책의 주요 자료인 A(1990), B(2005), C(2021)은 각각 30∼40년의 세대 차이를 반영하고 있다. 이 세 세대의 방언 자료를 중심으로 충남방언 모음체계 및 모음 관련 음운현상의 세대별 변화에 대해 논의하는 것이 이 책에서 중점적으로 다루게 될 첫 번째 부분이다. 세대별 실현 양상을 관찰함으로써 충남방언 모음체계 및 모음 관련 음운현상의 변화 과정을 논의할 수 있다는 점에서, 이는 충남방언의 음운론적 면모를 세밀하게 살펴볼 수 있는 작업이라고 할 수 있을 것이다.

그 다음으로는 모음체계 및 모음 관련 음운현상의 충남방언 내 지역별 분포 양상을 살펴본다. 이를 바탕으로 충남방언의 자체적인 특성뿐만 아니라 다른 서부방언과의 영향 관계로 인해 나타나는 충남방언의 특성까지 밝힐

---

2) 이하 각각 A(1990), B(2005), C(2021)로 약칭한다.
3) 2022년을 기준으로 하였을 때의 나이이다.
4) 각 자료의 출처는 본문에 직접 밝히거나 각주를 통하여 명시한다.

수 있을 것이라 생각된다. 이 책에서는 충남방언 내 지역별 분포 양상을 제시하는 방법으로 해석지도를 활용할 것이다. 해석지도는 진열지도와는 달리, 의미 없는 차이는 무시되고 의미 있는 차이에만 근거하여 만들어진 지도를 말한다(정승철 2013:141). 본고에서는 본문에 제시된 모든 충남방언 어형의 지역별 분포를 각각 지도로 그린 후, 이를 통합·해석하여 논의의 대상이 되는 모음 및 음운현상별로 해석지도를 작성하였다. 본문에는 이러한 해석지도의 근거가 되는, 각각의 어형이 출현하는 개별 지역을 표시해 주었는데 편의상 논의에 있어 필요한 부분만 본문에 제시하였으며 전체 목록은 부록으로 첨부하였다. 그리고 C(2021)의 경우는 현재 충남 지역 중 아산과 대전만 조사가 완료되었으므로 두 지역의 자료만 제시하였음을 여기에 밝혀둔다.

아래에 본 연구의 주요 대상인 충청남도의 지도를 첨부한다.5)

〈지도 1〉 충청남도 지도

---

5) A(1990)의 조사 시기와 B(2005)의 조사 시기 사이에 행정 구역의 개편이 있어 두 자료의 개별 지역 표시에는 차이가 존재한다. 대덕은 1989년 대전으로 편입되었으며 천원은 1995년 천안으로 편입되었다. 태안은 1989년 서산으로부터 분리되었고 계룡은 2003년 논산으로부터 분리되었다. 〈지도 1〉은 이를 반영한다. 다만 현재 연기군 전역과 공주시 일부는 세종특별자치시로 편입되면서 충청남도에서 분리되었다.

1.3. 선행 연구 검토

충남방언에 대해 다룬 초창기 연구로는 小倉進平(1918, 1944)와 河野六郎
(1945)가 있다. 이들 연구는 충남방언을 경기방언 혹은 중선방언(中鮮方言)
의 하위 방언으로 설정하여 개괄적으로 다루었다. 충남방언의 독립성을 따
로 인정하지 않은 것이다. 이후 최학근(1959), 김형규(1962) 등에서 충청방
언을 무조건 경기방언 또는 중부방언의 일부로만 다루기에는 무리가 있다는
논의가 있었지만, 충남방언의 독자성을 인정하고 구체적인 논의를 시도한
것은 도수희(1965)에 이르러서이다. 이 연구에서는 충남방언이 음운론적,
통사론적으로 독자적인 특징을 가지고 있으며 통시적 과정은 대체적으로 전
라방언에 근접하다는 가설을 제기하였다. 이어 도수희(1977)은 충남방언의
독자성에 대해 다시 한번 강조하면서 세 구역의 핵방언권을 설정하여[6] 모음
변화를 중심으로 충남방언의 방언적 특성을 밝히고자 하였고, 도수희(1981)
에서는 이 작업의 연장선상에서 충남 지역의 움라우트 현상에 대해 다루었
다. 또한 도수희(1979, 1987)은 충남방언의 특징에 대해 개괄적으로 기술하
였다.[7]

---

6) 도수희(1977:95-96)은 충청지역을 차령산맥을 분계선으로 하여 서북부와 동남부 지역으로
   크게 나누고, 중앙어의 개신파에 휩쓸린 동북지역과 그렇지 않은 동남지역으로 하위 구분할
   수 있을 것이라는 가설하에 세 구역의 핵방언권을 설정하였다.

   A지역: 서천, 보령, 부여, 청양, 공주, 논산, 연기, 대덕, 금산, 옥천(충북), 영동 일부(충북)
   B지역: 서산, 당진, 홍성, 예산
   C지역: 아산, 천원, 천안

7) 이 외에도 충청방언권을 포괄하는 중부방언권의 설정에 대한 논의가 있었다. 이병근(1967)
   은 중부방언의 어간형태소에 대해 다루면서 충청방언을 중부방언에 포함시켜 기술하였다.
   한편 전광현(1979)는 전통적으로 황해도, 강원도, 충청도, 경기도를 모두 합쳐 중부방언권으
   로 보는 의견에 대해 재고가 필요하며, 따라서 '중부방언'은 잠정적인 구획명으로서만 가능
   하다고 한 바 있다. 김충회(1983)에서도 기존의 중부방언권 설정에 대한 정밀한 재검토가 이
   루어져야함을 역설하며 충청북도의 하위 방언 구획을 시도하였다. 그러나 이러한 제의는 小
   倉進平(1918, 1944)와 河野六郎(1945)의 주장과 크게 다를 것이 없으며, 다만 그 용어가 경기

이후 충남방언의 하위 방언에 대한 연구가 종종 이루어졌지만 음운, 어휘, 문법 등 전반적인 면에서 충남방언의 특징을 상세하게 다룬 연구는 한영목(1991)로 이어진다. 이 연구에서는 도수희(1977)에 따라 충남 지역의 하위 방언권을 설정한 바 있으나, 차령산맥을 중심으로 하여 남북으로 등어선이 그어지고 해안과 내륙 쪽으로 언어분화가 이루어지고 있다는 사실을 제기하기도 하였다. 이어 한영목(1998, 1999)에서도 음운론, 어휘론, 통사론적 측면에서 그 현상과 특징에 대해 자세하게 고찰하여 충남방언의 전반적인 양상을 살폈다. 한영목(2007)은 충남방언의 음운, 형태와 어휘, 문법, 불규칙 용언에 대해 간략히 그 특질을 살폈으나 동 저자의 이전 연구들과 크게 다르지 않다. 한영목(2008)은 충남방언의 문법적인 특징을 종합적으로 다루었는데, 충남방언의 조사, 어미, 보조용언 구성에 대해 세밀하게 고찰하였다. 황인권(1999)는 충남방언 전반의 음운 및 어휘 변화에 대해 폭넓게 고찰한 연구이다. 충남 지역의 방언지도를 작성, 해석하여 충남방언의 유형과 분포의 양상에 대해 살펴보았다. 최명옥·한성우(2001)은 충남방언이 가지고 있는, 다른 중부방언과의 공통점과 차이점이 어떤 것인가를 구명하고자 하였다. 이 연구는 아산, 금산, 보령, 공주, 태안의 5개의 지점을 선정하여 이들 지점에서 현지조사로 수집된 언어자료를 바탕으로, 주로 공시적인 음운론에 그 범위를 한정하여 논의하였다. 김정태(2006ㄱ)은 충남방언의 용언 활용에서 이루어지는 음성모음화의 실태를 확인하고, 그 기제가 무엇인가를 규명하여 충남방언 모음변이의 특징을 고찰하고자 하였으며, 김정태(2006ㄴ)은 충남방언의 적극적인 모음관련 음운현상으로 알려진 움라우트, 전설모음화, 모음상승 등을 중심으로 충남방언의 음운론적인 특징을 살펴보았다.

이후에도 많은 수는 아니지만 충남의 하위 지역어에 대한 몇몇 연구가 이루어졌다. 지역별로 살펴보면 다음과 같다. 전광현(2000)은 서산지역어를

방언권(중선방언권)에서 중부방언권으로 약간 바뀌었을 뿐이다(도수희 1987:89). 한편 최학근(1978, 1982), 김형규(1972, 1982)에서는 전국적인 방언조사를 통해 충남지역의 군 단위 방언들을 다룬 바 있다.

대상으로 음운론적 고찰을 시도한 연구이다. 이원직·허삼복(1996)은 충남 서부지역의 음운체계에 대해 논의하였다. 곽충구(1982)에서는 아산지역어의 이중모음 변화에 대해 자세히 고찰하였고, 류구상(1996)은 천안지역어를 대상으로 주로 문법론적인 측면에서 논의하였다. 한성우(1996)은 당진지역어를 대상으로 종합적인 음운론적 고찰을 시도한 연구이다. 성낙수(2001)은 예산지역어를 대상으로 음운, 문법, 어휘에 대해 전반적으로 검토하였으며, 김원중(1988)은 음운론적인 측면에서 예산지역어를 살펴보았다. 김완진(1980)은 홍성지역어의 음운, 문법, 어휘에 대해 전반적으로 논의하였으며 김시중(1996)은 청양지역어를 대상으로 음운론적 논의를 시도하였다. 황인권(1991)은 보령지역어를 대상으로 종합적인 음운론적 고찰을 시도하였으며, 황인권(2004)는 서천지역어의 자음변화에 대해 논의하였다. 도수희(1963)은 논산지역어를, 박영환(1987)에서는 대덕지역어의 음운에 대해 논의하였으며 한영목(2000)에서는 금산지역어에 대해 종합적인 연구가 이루어졌다. 김정아(2003)은 대전지역어를 중심으로 충남 지역 언어의 언어적 특징과 지역적인 정체성을 밝히고자 하였다.

충남 지역 하위 방언의 언어분화에 대한 논의로는 최영희(1982)가 있다. 이 연구는 아산지역어를 5개의 소방언권으로 세분하여 언어분화에 대해 논의하였다. 그밖에 정원수(2002)는 충남 서해안 지역을 대상으로 해당 지역 대화문의 운율 분석을 시도하였다. 충남방언을 대상으로 사회언어학적인 고찰을 시도한 연구도 몇몇 존재한다. 전병철(1997)은 금산지역어를 대상으로, 손명기(2008)은 대전지역어를 대상으로 하여 음운현상 분석을 통하여 사회언어학적 고찰을 시도하였다. 전술한 바와 같이, 충남방언에 대한 연구는 전반적으로 소략한 편이다.

1.4. 논의의 구성

먼저 2장에서는 충남방언의 모음체계와 관련하여 논의한다. 2.1은 단모음을 대상으로 하는데, 충남방언의 단모음 목록 중 '위(ü)'와 '외(ö)', '에(e)'와 '애(ɛ)'를 중심으로 논의를 진행한다. 그 외 다른 단모음들에 비해 이들 모음은 충남방언 단모음체계의 변화와 직접적으로 관련되어 있기 때문이다. 2.2에서는 이중모음에 대해 하향이중모음과 상향이중모음으로 나누어 살펴본다. 하향이중모음은 '위(uy)'와 '외(oy)'를 중심으로 논의하는데, 이들의 존재는 충남방언 이중모음체계의 가장 큰 특징 중 하나이기 때문이다. 상향이중모음의 경우는 충남방언의 상향이중모음 중 세대별 변화를 비교적 뚜렷하게 보여주는 'wi'와 'we(wE)'의 실현 양상을 중심으로 논의를 진행한다. 2.3에서는 2.1과 2.2의 논의를 바탕으로 충남방언 단모음의 변화와 이중모음의 변화에 대해 살펴보고 이로 인하여 비롯된 충남방언 모음체계의 변화에 대해 논의한다.

3장에서는 충남방언의 모음 관련 음운현상에 대해 다룬다. 3.1에서는 충남방언의 고모음화에 대해 '어〉으' 고모음화, '에〉이' 고모음화, '오〉우' 고모음화로 나누어 살펴본다. 3.2에서는 충남방언의 움라우트에 대해 형태소 내부와 형태소 경계로 나누어 논의하며, 3.3에서는 충남방언의 전설모음화에 대해 마찬가지로 형태소 내부와 형태소 경계로 나누어 논의를 진행한다. 3.4에서는 충남방언의 모음조화에 대해 환경별로 나누어 서술한다. 3장에서 다루는 대상을 이들 음운현상에 한정한 이유는 이들이 충남방언에 존재하는 여러 모음 관련 음운현상 중 충남방언의 세대별·지역별 특징을 뚜렷하게 드리내준다고 할 수 있기 때문이다.[8]

---

8) 예를 들어 원순모음화도 충남방언에 존재하는 모음 관련 음운현상 중 하나이지만, 이 현상은 충남방언 내에서 의미 있는 세대별·지역별 차이를 드러내지 않으므로 제외하였다.

　4장에서는 앞의 논의를 바탕으로 충남방언의 모음체계 및 모음 관련 음운 현상들과 관련하여 충남방언이 갖는 음운론적 위상에 대해 고찰한다.

　5장은 결론으로 앞의 논의를 요약하고 남은 문제를 제시한다.

2. 모음체계

2.1. 단모음

충남방언의 모음체계는 대체적으로 중부방언권과 크게 다르지 않으나[1] 몇몇 주요한 특징을 가진다.

〈표 1〉 충남방언의 단모음(10모음체계)

혀의 높이 ＼ 혀의 위치	전설모음		후설모음	
고모음	이	위	으	우
중모음	에	외	어	오
저모음	애		아	

〈표 1〉은 충남방언 노년층 화자의 모음체계로, 10개의 모음은 각각 장모음을 짝으로 가지고 있다. 그런데 젊은 세대로 내려갈수록 모음체계는 축소되는 경향을 보인다. 곽충구(2003:76)은 중부방언 노년층 화자들의 10모음체계가 연소한 계층으로 내려갈수록 점차 8모음체계에서 7모음체계로 축소

---

[1] 본 연구에서 '중부방언권' 또는 '중부방언'이라 함은 서울을 포함한 경기도, 충청남북도, 황해도 재령 이남 등 서쪽 지역을 일컫는다.

되고 있다고 언급한 바 있다. 즉 70세 이상의 노년층은 10모음체계, 40~60 대는 8모음체계(이, 에, 애, 으, 어, 아, 우, 오), 30세 이하 세대는 7모음체계 (이, 애(E), 으, 어, 아, 우, 오)를 갖는다는 것이다. 충남방언도 이와 크게 다르지 않다. 다만 위 연구와의 시간차를 고려하였을 때, 현재 이 방언에서 10모음체계는 적어도 90대 이상의 초고령층에서만 나타나며 50대 이하의 화자들은 대부분 '에'와 '애'의 변별을 상실하였다고 보아도 무리가 없다.

한편 '위, 외'가 단모음으로 실현된 'ü'와 'ö'는 중부방언권에서 그 분포가 제한적이라고 알려져 있는데, 충남방언의 노년층 화자는 'ü'와 'ö'를 정확히 실현하는 편이다. 곽충구(2003:76)에 따르면 'ü'는 충남방언에서 선행자음이 치조음이나 경구개음일 때 출현한다. 그런데 지역에 따라 선행자음이 연구개음일 때도 'ü'로 실현되기도 한다. 김완진(1980:707)은 'ü'가 실현되는 홍성지역어의 예로 '귀(耳), 뉘(쌀에 섞인 벼), 뒤(後), 쉬(蛆), 쥐(鼠)' 등을 들면서 자음이 앞에 있을 때는 'wi'보다 'ü'로 발음하는 일이 많고, 원순성을 잃어 '이' 로 발음되는 것도 자주 들을 수 있다고 하였다. 한영목(1998)은 'ü'가 단모음으로 실현되는 예로 '뒤[tü], 쉬[sü], 쥐[cü], 귀경[kügyəŋ]'을 들고 있다. A(1990)에서도 지역에 따라 다양한 자음 뒤에서 'ü'가 출현하는 것을 볼 수 있다. 'ö'의 경우도 그 음운론적 환경이나 지역에 따라 조금씩 다르지만 충남방언에서는 정확히 실현되는 편이다. 한영목(1998:170)은 충남방언에서 'ö'는 거의 정확하게 유지되고 있는 것으로 보인다고 언급한 바 있으며, 서산지역어를 다룬 전광현(2000:3)에서도 '위, 외'에 대해 음운론적 환경에 따라 원순성의 상실을 보이기도 하지만 보통 확실한 단모음으로 실현된다고 하였다. 김완진(1980:706)은 홍성지역어에서 단모음 '외'는 순음 이외의 대부분의 자음 아래에서 발음되는 것을 들을 수 있다고 하였다. 그런데 현재 충남방언에서 단모음 '위, 외'는 아주 높은 연령층에서만 남아있으며 낮은 연령층으로 갈수록 상향이중모음 'wi, we, wɛ(또는 wE)' 또는 여기서 w가 탈락한 단모음 'i, e, ɛ(또는 E)'로 실현되는 경향이 있다.

이 절에서는 A(1990)과 B(2005), C(2021)의 조사 결과를 바탕으로 단모음

'위, 외'와 '에, 애'를 중심으로 충남방언 단모음체계의 실현 양상을 살펴볼 것이다. 〈표 1〉에 제시된 모음 목록 중 '위, 외', '에, 애'를 중심으로 논의하는 이유는 이들의 변화가 충남방언 단모음체계의 변화와 직접적으로 관련되어 있기 때문이다. 그 외 다른 단모음들은 충남방언 내 세대별·지역별 변화를 거의 드러내지 않으므로 여기서는 목록 제시 정도로만 그치고자 한다.

2.1.1. 위(ü), 외(ö)

충남방언의 모음체계와 관련하여 가장 먼저 살펴볼 것은 '위, 외'의 실현이다. 충남방언은 '위, 외'가 세대에 따라 하향이중모음으로 실현되기도 하는 거의 유일한 지역이라고 할 수 있으며, 또한 단모음으로 실현되기도 하는 지역이다. 이 절에서는 충남방언의 단모음 '위, 외'가 어떠한 실현 양상을 보이는지 검토해 보기로 한다.

충남방언에서 80세 이상의 노년층 화자의 발화에서 '위'는 하향이중모음 'uy' 또는 단모음 'ü'로 나타난다. 대체로 주로 치조음이나 경구개음 뒤에서 'ü'로 실현된다고 알려져 있는데(곽충구 1982:31, 곽충구 2003:76), 지역에 따라 연구개음 또는 후음 뒤에서도 활발하게 나타난다. 여기에서는 A(1990)과 B(2005), C(2021)의 조사 결과를 바탕으로 단모음 'ü'의 실현 양상을 살펴본다. 먼저 어두 위치에서, 선행자음이 있을 때 'ü'는 다음과 같이 나타난다.

(1)[2] ㄱ. kü(대부분)~kwi(보령){귀, 耳}

　　　küp'ap(대부분)~kwip'ap(부여){귓불}

　　　küts'ok(대부분)~kwits'ok(서천){귀지}

---

2) 해당 번호에서 ㄱ은 A(1990), ㄴ은 B(2005), ㄷ은 C(2021)의 자료를 의미한다. 이후 본고의 모든 자료는 이와 같은 형식으로 제시된다.

ㄴ. kü(부여, 논산)~kwi(대부분){귀, 耳}

küt'urami(아산, 부여)~kwit'urami(대부분){귀뚜라미}

küsin(아산, 논산)~kwisin(서산, 천안, 서천, 계룡, 금산){귀신}

ㄷ. kwi{귀, 耳} kwit'urami{귀뚜라미} kwisin{귀신}

(2) ㄱ. nü(그 외 대부분)~nwi(서산, 당진, 아산, 연기, 서천, 대덕){뉘, 쌀에

섞인 벼}

nüda(대부분)~nwida(아산, 홍성){뉘다, 排便}

tü(그 외 대부분)~twi(서산, 아산, 천원, 홍성, 연기){뒤, 後}

tüǰibə(대부분)~twiǰibə(연기, 금산){뒤집다}

tʰünda(대부분)~tʰwinda(천원, 서천){튀다}

ㄴ. nüda(아산)~nwida(대부분){뉘다, 排便}

nübiibul(대전)~nwibiibul(대부분){누비이불}

tüǰi(아산)~twiǰi(대부분){뒤주}

tütʰoŋsu(아산)~twitʰoŋsu(대부분){뒤통수}

twik'ət(대부분){뒤꼍}

ㄷ. nwida{뉘다, 排便}

twi{뒤, 後}   twitʰoŋsu{뒤통수}

(1)은 선행자음이 'ㄱ'인 경우의 예이다. (1ㄱ, ㄴ)을 보면 A(1990)과 B(2005)에는 'ü'가 나타나는 것을 볼 수 있다. 그렇지만 A(1990)에는 'ㄱ' 뒤에서 'ü'가 나타나는 경우가 월등하게 많은 반면, B(2005)에는 'ü'가 거의 나타나지 않고 'wi'로 변화한 예가 많다.[3] 이는 선행자음이 'ㄴ, ㄷ'일 때도 마찬가지이다. (2ㄱ), (2ㄴ) 양쪽 모두 'ü'가 존재하지만 A(1990)에는 'ü'가 더 많이 출현하는 반면 B(2005)에는 대부분 'wi'로 나타난다. 다만 A(1990)에서는 'ㄴ,

---

3) 한편 선행자음이 'ㅂ'인 경우는 전단계인 'uy'에서 'i'로 변화하기 때문에 'ㅂ'를 선행자음으로 갖는 'ü'는 출현하지 않는다. 이 방언에서 양순음 뒤 'uy'는 'uy〉iy〉i'의 변화 과정을 겪는다.

ㄷ’ 뒤에서보다 ‘ㄱ’ 뒤에서 ‘ü’로 나타나는 경향이 비교적 높은 것을 알 수 있다. 한편 (1ㄷ), (2ㄷ)에 따르면 C(2021)에는 아예 ‘ㄱ, ㄴ, ㄷ’ 뒤 ‘ü’가 사라진 것을 알 수 있다. B(2005) 세대까지는 어느 정도 유지되던 ‘ㄱ, ㄴ, ㄷ’ 뒤 ‘ü’가 C(2021) 세대에서는 모두 ‘wi’로 변화한 것이다.

그렇다면 이러한 실현 양상이 충남 내의 지역별로는 어떠하게 나타나는지 살펴보기로 한다. 선행자음이 ‘ㄱ’일 때 ‘ü’는 대부분의 지역에서 실현된다. (1ㄱ)에 따르면 몇몇 지역에서 ‘wi’로 실현되기도 하지만 큰 경향성을 발견하기는 어렵다. B(2005)에서는 대부분 ‘wi’로 변화하게 되는데, ‘ü’는 몇몇 지역에서 산발적으로 존재한다. 그런데 (2ㄱ)에서 보듯이 ‘ㄴ, ㄷ’ 뒤에서는 ‘ㄱ’ 뒤에서보다 ‘wi’로의 변화 양상이 비교적 두드러지게 나타난다. 이에 따르면 ‘ü’는 주로 동쪽 북부 또는 동쪽 중부에 위치한 지역들에서 비교적 덜 적극적으로 실현되는 것을 알 수 있다. 이로 미루어 보았을 때 충남방언의 ‘ü’의 변화는 동쪽의 중북부로부터 시작되었을 가능성을 생각해 볼 수 있다. 그런데 이에 대해 인접한 경기방언이나 충북방언의 영향을 받았다고 보기는 어려울 듯하다. A(1990)을 기준으로 하였을 때 경기방언이나 충북방언 역시 ‘ㄴ, ㄷ’ 뒤 ‘ü’의 실현이 충남방언 못지않게 나타나기 때문이다. 따라서 충남방언의 ‘ü’의 변화 원인은 다른 데에 있는 것으로 보는 것이 타당할 듯하다. 한편 (2ㄴ)에서 확인할 수 있듯이 B(2005)에서 ‘ㄴ, ㄷ’ 뒤 ‘ü’는 대부분 ‘wi’로 변화하였기 때문에 뚜렷한 지역별 양상을 알기는 어렵다.[4]

그런데 같은 중자음인데도 ‘ㅅ, ㅈ’ 뒤의 ‘ü’는 다소 다른 양상을 보인다. 다음은 각각 선행자음이 ‘ㅅ, ㅈ’인 경우의 예들이다.

(3) ㄱ. sü(대부분){쉬, 蠅卵}

　　　 süpt’a(대부분){쉽다}

---

4) (2ㄴ)에서 주로 아산 지역에서 ‘ü’가 실현되는 것은 개인 발화의 특성으로 생각된다.

ㄴ. sü(천안, 서천)~swi(대부분){쉬, 蠅卵}

swida(서산, 서천, 천안, 예산){쉬다}

ㄷ. swiə(쉬다) swipt'a{쉽다}

(4) ㄱ. čübullori(대부분)~čwibullori(연기){쥐불놀이}

ㄴ. čü(부여)~čwi(대부분){쥐, 鼠}

ㄷ. čwi{쥐, 鼠} čwibullori{쥐불놀이}

　

(3ㄱ)을 보면 A(1990)에서 'ㅅ' 뒤에 'ü'만 나타나는 것을 알 수 있다. 앞에서 살펴본 'ㄴ, ㄷ' 뒤에서는 'ü'와 'wi'가 모두 출현하는 것과는 다른 양상이다. 이는 (4ㄱ)의 경우도 마찬가지이다. (4ㄱ)에서 'wi'가 나타나기는 하지만 단일 예로서 나타난다. 즉 앞에 'ㄴ' 또는 'ㄷ'가 올 때보다 'ㅅ' 또는 'ㅈ'가 올 때 단모음 'ü'가 비교적 느리게 변화하는 경향을 보이는 것이다. 이 'ㅅ'는 'ü' 앞에서 경구개 변이음으로 실현된다는 사실이 주목을 요한다. 즉 경구개 마찰음 [ʃ]로 실현되는 것이다. 여기서 동시 조음(coarticulation)의 개념을 생각해 볼 필요가 있다. 동시 조음이란 두 소리의 조음 동작이 겹치는 현상을 말한다. 즉 두 소리가 이어 나올 때 앞소리의 조음 동작이 뒷소리를 조음할 때까지 남아 있어 뒷소리의 조음 동작과 겹치기도 하고, 앞소리를 조음할 때 뒷소리의 조음을 위한 조음 기관의 이동이 시작되어 뒷소리의 조음 동작이 앞소리의 조음 동작과 겹치기도 하는 현상을 가리킨다(Ladefoged 2001, 이호영 1996:68). 이러한 동시 조음은 이중 조음이나 이차 조음을 초래하기도 하는데, 치조 마찰음, 연구개 파열음, 연구개 비음, 그리고 성문 마찰음이 구개음으로 실현되면 이차 조음은 수반하지 않고 주조음점 자체가 이동하게 된다(이호영 1992: 158). 즉 'ㅅ'의 경우 전설 구개 모음인 'ü' 앞에서 경구개 변이음으로 실현되는데, 이때 주조음점 자체가 경구개쪽으로 이동하게 되어 다른 치조음의 경우와는 다르게 'ü' 발음에 다시 영향을 미쳐 'ü'의 변화를 늦춘 것이 아닌가 한다. 앞에서 'ㄱ' 뒤에도 'ü'가 실현되는 경향이 비교적 높은 것을 확인한 바 있는데, 이 또한 같은 이유로 설명이 가능할 것이라 생각된

다. 이는 선행자음이 'ㅎ'인 경우에도 마찬가지이다.

(5) ㄱ. hü:nda(대부분){휘다}
    ㄴ. hügo(대부분){휘다}
    ㄷ. hwida{휘다} hüpʰaram{휘파람}

(5)에 따르면 선행자음이 'ㅎ'일 때 모든 세대에 'ü'가 나타나는 것을 알 수 있다. 주목할 만한 것은 A(1990)과 B(2005)에서 'ㅎ' 뒤에 'wi'가 전혀 출현하지 않고 'ü'만 출현한다는 사실이다.[5] 또한 C(2021)의 경우 다른 선행자음 뒤에서는 전혀 나타나지 않는 'ü'가 'ㅎ' 뒤에서는 남아있는 것을 볼 수 있다. 'ü' 앞에서 'ㅎ'는 'ㅅ'의 경우와 마찬가지로 경구개 변이음으로 실현된다. 즉 경구개 마찰음 [ç]로 실현되는데, 이 변이음은 원순음의 특성을 동시에 가진다.[6] 앞에서 구개음으로 실현될 때 주조음점 자체가 경구개쪽으로 이동하는 자음의 종류 중 성문 마찰음이 포함되어 있음을 확인한 바 있다. 이에 따르면 'ㅎ'의 경우도 'ㅅ'의 경우와 같은 원리로 설명이 가능할 듯하다. 다만 'ㅎ' 뒤에 오는 'ü'의 경우 단모음으로 가장 오래 남아 있는 모습을 보이는데 이는 조음 위치가 안정적이지 못하고 후행하는 모음의 영향을 가장 많이 받는 'ㅎ' 자체의 특성이 관여한 것이 아닌가 한다.[7] 또한 후술하겠지만 'ㅎ' 뒤에서는 'uy'의 단모음화가 다른 자음 뒤에서에 비해 느리게 진행되었다는 사실도 영향을 미쳤을 것으로 보인다.

(3)~(5)의 내용을 종합하면 선행자음이 'ㅅ, ㅈ, ㅎ'일 때 A(1990)에서는 거의 대부분의 지역에서 'ü'가 실현된다고 할 수 있겠다. 선행자음이 'ㅎ'일

---

5) 물론 'uy'가 출현하는 경우도 있다.
6) 이호영(1996:87)에서는 해당 변이음을 원순 경구개 마찰음([çʷ])이라 명명하였다.
7) 김영송(1993)에서는 실험음성학적인 방법으로 'ㅎ'의 음성학적 특성을 명확하게 보여주었다. 이 연구에 따르면 'ㅎ'는 조음점이 후속 모음과 일치하며, 마찰의 정도 역시 후속 모음에 따라 다르게 실현된다.

때는 B(2005)에서도 대부분의 지역에서 'ü'가 실현된다. 한편 (3ㄴ), (4ㄴ)에 따르면 B(2005)에서 'ㅅ, ㅈ' 뒤 'ü'는 대부분 'wi'로 변하였으며 따라서 'ㄴ, ㄷ' 뒤에서와 마찬가지로 지역별 양상을 특정하기는 어렵다.

다음은 비어두 위치에서 선행자음이 있을 때의 예이다.

> (6) ㄱ. sʼɨmbagü(공주)~sʼɨmbagwi(서산, 당진){씀바귀}
>
>   tolčʼəgü(공주)~tolčʼəgwi(당진, 아산, 보령, 서천){돌쩌귀}
>
>   pa:kčʼü(그 외 대부분)~pa:kčʼwi(서산, 연기, 보령, 금산){박쥐}
>
>   taramǰü(당진, 예산, 공주, 부여, 서천, 논산)~taramǰwi(서산, 아산, 천
>
>   원, 연기, 금산){다람쥐}
>
>   ㄴ. sʼɨmbagwi(서산, 당진, 천안, 예산, 연기, 서천){씀바귀}
>
>   pa:kčʼwi(대부분){박쥐}
>
>   taramǰwi(서산, 당진, 천안, 청양, 공주, 연기, 부여, 대전){다람쥐}
>
>   ㄷ. sʼɨmbagwi{씀바귀}
>
>   pakčʼwi{박쥐}   taramǰwi{다람쥐}

(6)의 예들을 보면 비어두 위치에서 선행자음이 있을 때 선행자음의 종류와는 관계없이 'ü'는 A(1990)에만 남아있고 B(2005)와 C(2021)에는 'wi'만 출현하는 것을 알 수 있다.[8] 어두 위치에서의 양상과 비교해 보았을 때 'ü'가 비

____

8) 비어두 위치에서 'ü' 앞에 오는 선행자음으로 'ㄷ'를 추가할 수 있다. A(1990)이나 B(2005), C(2021)에서는 해당 예를 찾아볼 수 없으나, 충남 아산지역어를 대상으로 한 이현주(2010:59)에는 다음과 같은 예가 제시되어 있다.

60~80대: paldikʼumčʰi(발뒤꿈치)
30~60대: paldikʼumčʰi(발뒤꿈치)

위 연구에서 60~80대와 30~60대는 각각 B(2005)와 C(2021)에 반영된 세대와 어느 정도 일치한다고 할 수 있다. 즉 이에 따르면 B(2005) 및 C(2021) 세대에서 비어두 위치일 경우 'ㄷ' 뒤에서 역시 'ü'가 사라졌음을 짐작해 볼 수 있다.

교적 이른 시기에 사라진 것이다. 이는 비어두 위치라는 특수성 때문인 것으로 생각된다. 김성규(2015ㄱ:22)에 따르면 제1음절에는 의미 변별을 위한 기능부담량이 쏠려 있기 때문에, 어두 위치는 비어두 위치에 비해 변화에 저항하는 힘이 강하다. 다시 말하면 비어두 위치에서 변화가 더 빨리 일어날 가능성이 높다는 것인데, (6)의 예들 역시 이러한 해석이 가능하다. 후술하겠지만 'e'와 'ɛ'의 합류도 비어두 위치에서 먼저 일어난다는 사실 또한 같은 이유로 볼 수 있겠다.

한편 형태소 내부에서는 비어두의 'ü' 자체가 잘 나타나지 않는데, 이는 역사적으로 비어두의 'uy'가 다른 모음으로 바뀌는 경우가 많았기 때문이다. A(1990)에서도 's'ɨmbagü(씀바귀)' 보다는 's'ɨmbagu(씀바귀)'가 더 많이 출현한다.[9]

다음은 선행자음이 없는 경우이다.[10]

(7) ㄱ.　*

　　 ㄴ. wi(당진, 청양, 보령){위, 上}

　　　　 wit'oŋne(당진, 예산, 청양, 연기, 서천, 논산){윗마을}

　　　　 pawi(서산, 당진, 예산, 연기, 보령, 서천, 논산, 대전){바위}

　　　　 sawi(서산, 당진, 예산, 청양, 연기, 보령, 서천, 대전){사위}

　　　　 təwi(서산, 당진, 예산, 청양, 공주, 보령, 연기, 서천, 논산, 계룡){더위}

　　 ㄷ. wi{위, 上}

　　　　 pawi{바위}　 sawi{사위}

---

9) 곽충구(1982:32)에서도 아산지역어에서 2음절 이하의 'uy'가 'u'로 변화한 몇몇 예를 제시하였다. 'pa:ŋgu(방귀), agu(아귀), pak'u(바퀴)' 등의 예가 그것이다. 한편 (6ㄱ)에 따르면 비어두 위치에서 선행자음이 있을 때 'ü'가 실현되기도 하지만 이와 같은 이유로 지역별 양상을 특정하기는 어렵다.

10) 아래 예에서 * 기호는 해당 예에서 논의의 대상이 되는 어형이 존재하지 않는다는 의미를 나타낸다. 예를 들어 본 절의 (7ㄱ)의 * 표시는 A(1990)에서 선행자음이 없을 때 'ü'는 실현되지 않는다는 뜻이다.

(7)에서 알 수 있듯이 A(1990) 및 B(2005), C(2021) 모두에서 단모음 'ü'는 출현하지 않는다. A(1990)에서는 어두와 비어두에서 모두 주로 'uy'로 실현되며 B(2005)에서도 'wi'로 실현되는 경우가 있으나 'uy'로 실현되는 경우가 더 많다. C(2021)에서는 선행자음이 있을 때와 마찬가지로 'wi'로 실현된다. 충남방언에서 선행자음이 없을 때 이중모음 'uy'의 변화가 비교적 더디게 일어나는 것은 주지의 사실이다. 아산지역어를 대상으로 한 곽충구(1982:32)는 선행자음이 없는 'uy'는 단모음화의 동인을 전혀 가지고 있지 못하여 여전히 'uy'로 남아 있다고 하였으며, 곽충구(2003:76)은 충남방언에서 선행자음이 없는 어두 위치에서는 세대를 막론하고 '위'가 이중모음 'uy'로 실현된다고 하였다. 문제는 (7)에서 단모음 'ü'가 전혀 출현하지 않는다는 점이다. 마치 선행자음이 없는 경우에는 'uy〉wi'의 변화를 겪은 것처럼 보이는 것이다. 그렇다면 충남방언에서 선행자음이 없을 때 'ü'가 존재하였던 시기는 없었던 것일까. 이에 대한 보다 자세한 논의는 하향이중모음의 변화와 관련지어 2.3.2에서 진행하도록 한다.

다음은 '외'의 실현 양상을 살펴보기로 한다. 충남방언에서 80세 이상의 노년층 화자의 발화에서 '외'는 하향이중모음 'oy' 또는 단모음 'ö'로 실현된다. 이중 단모음 'ö'는 선행자음 종류에 관계없이 대개 확실한 단모음으로 실현된다고 알려져 있다.11) '위'는 선행자음이 없는 경우 거의 'uy'로만 나타나지만, '외'는 선행자음이 없는 환경에서도 단모음화한 형태가 실현되기도 한다.

다음은 선행자음이 각각 'ㄱ, ㄷ, ㅅ, ㅈ'인 경우의 예들이다.

(8) ㄱ. kö:nda(대부분){괴다, 渟}

　　 ㄴ. kögo(서산, 예산, 서천, 대전)～kwego(천안){괴다, 渟}

---

11) 곽충구(1982:34)는 선행자음으로 [+grave] 자질을 갖는 자음이 오는 경우 단모음화가 약하게 일어나는 것으로 보았는데, 지역에 따라 'ㄱ' 뒤에서도 'ö'가 적극적으로 실현되기도 한다. 해당 연구에서 제시한 예인 'koi(猫)'의 경우도 A(1990)에서 단독형으로 'kö'로 나타나는 경우는 없지만 부를 때 'köya'라고 한다는 보고가 언급되어 있다.

　　　ㄷ. kwEda{괴다, 淳}

(9) ㄱ. tönda(대부분){되다, 卦}

　　　tö:da(대부분){되다, 硬}

　　　sö(대부분){쇠, 鐵}

　　　sök'ori(대부분){쇠꼬리}

　　ㄴ. tögo(대부분)～twego(대전){되다, 卦}

　　　tögo(대부분)～twego(대전){되다, 硬}

　　　sö(대부분)～swe(공주){쇠, 鐵}

　　　söbidɨm(대부분)～swebidɨm(천안, 예산){쇠비름}

　　ㄷ. twE{되} tweda{되다, 硬}

　　　swe{쇠, 鐵} swEda{명절을 쇠다}

(10) ㄱ. čö:(대부분){죄, 罪}

　　　ㄴ. čöamčöam(당진, 천안, 연기, 대전)～čweamčweam(계룡){죄암

　　　　죄암}

　　　ㄷ. čwE{죄, 罪}

　　(8ㄱ), (9ㄱ), (10ㄱ)의 예를 보면 A(1990)에서 선행자음이 'ㄱ, ㄷ, ㅅ, ㅈ' 일 때 단모음 'ö'가 강력하게 실현되는 것을 알 수 있다. 이는 B(2005)에서도 마찬가지이다. 이들 자음 뒤에서 'we'로 실현되는 경우도 있지만 대부분 'ö' 로 나타난다. 그런데 C(2021)에 이르러서 'ㄱ, ㄷ, ㅅ, ㅈ' 뒤 'ö'는 완전히 사라 지고 'wE'로 실현된다. B(2005) 세대까지는 비교적 강력하게 유지되던 이들 자음 뒤 'ö'가 C(2021) 세대에서는 모두 'wE'로 변화한 것이다.[12]

　　그런데 선행자음이 'ㅅ'일 때 'ö'의 실현 양상을 앞에서 살펴본 선행자음이

---

12) 선행자음이 'ㅂ'인 경우는 이화에 의한 비원순모음화를 경험하므로 'ㅂ'를 선행자음으로 갖
　　는 'ö'는 찾아보기 힘들다. 이 방언에서 양순음 뒤 'oy'는 'oy〉ö〉e'의 변화 과정을 겪는다. 다
　　만 '보이다'의 준말인 '뵈다'의 경우 A(1990)에서 'pönda(뵈다)'와 같은 형태가 출현하기도
　　하는데 이는 특수한 경우로 보인다.

'ㅅ'일 때 'ü'의 실현 양상과 비교하여 다루어 볼 필요가 있다. 앞의 논의에서 'ㅅ' 뒤 'ü'는 다른 치조음이 선행자음으로 올 경우에 비해 비교적 오래 단모음으로 유지되는 경향을 보였었다. 그런데 (9)에서 보듯이 'ㅅ' 뒤 'ö'는 다른 치조음의 경우와 차이를 보이지 않는다. 아마도 여기서의 'ㅅ'는 어떠한 변이음이 아닌 기본음인 치조음으로 실현되어 뒤에 오는 'ö'에 특별한 영향을 미치지 못했기 때문으로 생각된다.

한편 (8)~(10)을 보면 선행자음이 'ㄱ, ㄷ, ㅅ, ㅈ'일 때 A(1990)에서는 대부분의 지역에서 'ö'로 실현되며 'we'는 나타나지 않지만, B(2005)에서는 몇몇 지역에서 'we'로 실현되는 예를 확인할 수 있다. 그런데 이 'we'로 실현되는 지역들이 앞서 살펴본 'ü'가 덜 적극적으로 실현되는 지역들과 일치하는 경향을 보인다는 사실이 주목된다. B(2005)에서도 'ㄱ, ㄷ, ㅅ, ㅈ' 뒤에서 대부분 'ö'가 실현되기 때문에 확실한 경향을 알기는 어려우나, 대체적으로 보았을 때 충남방언의 'ö'의 변화 역시 동쪽의 중북부로부터 시작되었을 가능성을 생각해 볼 수 있겠다.

다음은 선행자음이 'ㅎ'일 때 'ö'의 실현 양상이다.

(11) ㄱ. hö(대부분){회충, 蛔}

　　　hööribaram(대부분){회오리바람}

　　ㄴ. höčʰari(대부분){회초리}

　　　hööribaram(대부분)~hweoribaram(청양){회오리바람}

　　ㄷ. hwEčʰuŋ{회충, 蛔} höčʰori{회초리}

(11)의 경우 A(1990), B(2005)뿐만 아니라 C(2021)에 이르기까지 'ö'가 출현하는 것을 볼 수 있다. 즉 다른 선행자음에 비해 선행자음이 'ㅎ'일 때 단모음 'ö'가 비교적 오래 유지되는 경향을 보이는 것이다. 이는 앞에서 살펴본 선행자음이 'ㅎ'일 때 'ü'의 실현 양상과 비슷하다. 단모음 'ü' 역시 앞에 다른 선행자음이 올 때보다 'ㅎ'가 올 때 비교적 오래 유지되는 경향을 보였다. 그런

데 'ö' 앞에서의 'ㅎ'는 양순 변이음으로 실현된다. 양순 마찰음 [Φ]로 실현되는 것이다. 즉 'ㅎ'가 'ü' 앞에서 경구개 마찰음([ç])으로 실현되어 'ü'에 영향을 미쳤듯이 'ö' 앞의 'ㅎ'는 양순 마찰음으로 실현되어 'ö'에 영향을 미쳤을 가능성도 고려해 볼 수 있을 것으로 생각된다. 또한 후술하겠지만 'ㅎ' 뒤에서는 'oy'의 단모음화가 다른 선행자음의 경우에 비해 느리게 진행되었다는 사실도 영향을 미쳤을 것으로 보인다.

(12)는 비어두 위치에서 선행자음이 있을 때의 예이다.

(12) ㄱ. handö(대부분){한 되}

tu:dö(대부분){두 되}

čəks'ö(대부분){석쇠}

yɨ:ls'ö(대부분){열쇠}

ㄴ. sɨ:dwe(예산, 홍성, 청양, 공주, 보령, 서천){세 되}

tat'we(홍성, 청양, 공주, 서천, 부여){다섯 되}

čəks'we(예산, 홍성, 청양, 공주, 연기, 서천){석쇠}

yɨ:ls'we(천안, 홍성, 청양, 공주, 서천, 논산){열쇠}

ㄷ. sEdwE{세 되}

səks'wE{석쇠} yəls'wE{열쇠}

(12ㄱ)을 보면 선행자음이 있는 비어두 위치에서도 A(1990)은 'ö'를 잘 유지하는 것을 알 수 있다. 비어두 위치에서 선행자음이 있을 때 'ü'의 양상과 비교해 보면 'ö'의 경우가 비교적 변화가 더딘 것으로 보인다. 그런데 B(2005) 및 C(2021)에는 'ö'가 더 이상 출현하지 않는다.[13] 'ü'의 경우와 마찬가지로,

---

13) 비어두 위치에서 'ö' 앞에 오는 선행자음으로 'ㄱ'를 추가할 수 있다. 충남 아산지역어를 대상으로 한 이현주(2010:61)에는 다음과 같은 예가 제시되어 있다.

60~80대: mokʰeja(목회자)

어두 위치에서의 양상과 비교하였을 때 단모음 'ö'가 비교적 이른 시기에 사라진 것이다. 이는 역시 비어두 위치라는 특수성 때문으로 보인다. 또한 2음절 이하의 음절 위치에 있던 'oy'는 단모음화 이전에 'o' 상승규칙의 적용으로 'uy'가 되었기 때문에(곽충구 1982:34),[14] 형태소 내부에서는 비어두의 'ö' 자체가 잘 나타나지 않는다.

다음은 선행자음이 없는 경우의 예이다.

(13) ㄱ. ö:guk(대부분){외국, 外國}

　　　ö:nč'ok(대부분){왼쪽}

　　ㄴ. ösamčhun(대부분)~wesamčʰun(청양, 보령){외삼촌}

　　　öharabuǰi(대부분)~weharabuǰi(공주){외할아버지}

　　ㄷ. wEnč'ok{왼쪽}　wEsamčʰun{외삼촌}

(13)에 따르면 'ü'가 선행자음이 없을 때 A(1990) 및 B(2005), C(2021) 모두에서 출현하지 않는 것과는 완전히 다른 양상을 보이는 것을 알 수 있다. (13ㄱ)을 보면 A(1990)에서 선행자음이 없을 때 어두에서 'ö'가 실현되는 것을 확인할 수 있다. 'oy'로 실현되는 경우도 있지만 대부분 'ö'로 실현된다.[15] B(2005)에는 'we'로 나타나기도 하지만 'ö'로 나타나는 비율이 높다. C(2021)에서는 선행자음이 있을 때와 마찬가지로 'wE'로 실현된다.[16] 우리는 앞의

30~60대: mokʰeǰa(목회자)

이에 따르면 B(2005) 및 C(2021) 세대에서 비어두 위치일 경우 'ㄱ' 뒤에서 역시 'ö'가 출현하지 않을 것임을 예상할 수 있다.

14) 곽충구(1982:34)에서는 단모음화 이전에 'o' 상승규칙이 적용된 예로 'čačʰü(〈자최, 자취), pusi(〈부쇠, 부시), čʰami(〈춤외, 참외)' 등을 제시하였다. 이들 예는 'o' 상승규칙을 겪은 후 단모음화, 비원순화, '으'탈락 규칙 등을 겪어 현재 모습에 이르렀다.

15) 선행자음이 없을 때 'oy'로 실현되는 예는 2.2.1에서 다루고 있다.

16) 선행자음이 없는 비어두 위치의 예는 이현주(2010:72)을 참고할 수 있다.

논의에서 A(1990) 및 B(2005)에서 선행자음이 없을 때 어두와 비어두에서 모두 'ü'가 실현되지 않고 주로 'uy'로 실현되는 것을 확인할 수 있었다. 이를 (13)과 비교하면 'oy'가 'uy'보다 더 이른 시기에 단모음화를 경험하였음을 짐작할 수 있다. 역시 이에 대한 보다 자세한 논의는 하향이중모음의 변화와 관련지어 2.3.2에서 진행하도록 한다.

지금까지의 논의를 종합하면 다음과 같다. 어두 위치에서 선행자음이 있을 때 'ü'는 'ㄱ, ㅅ, ㅈ' 뒤에서 단모음으로 비교적 오래 남아 있으며 'ㅎ' 뒤에서 단모음으로 가장 오래 남아 있는 반면, 'ö'는 'ㅎ' 뒤에서만 단모음으로 더 오래 유지되는 것을 확인할 수 있었다. 그리고 이는 변이음과 관련이 있는 것으로 보았다. 비어두 위치에서는 'ü'와 'ö' 모두 어두 위치에서보다 이른 시기에 사라지는 것을 알 수 있었다. 선행자음이 없을 때는 'ü'와 'ö'가 현저하게 다른 양상을 보여주었는데, 이는 하향이중모음의 변화와 관련하여 설명할 필요가 있어 후술하기로 한다. 한편 선행자음이 있을 때, 전반적으로 'ö'에 비해 'ü'가 빠르게 변화하는 경향을 확인할 수 있었다. 즉 'ü'가 'wi'로 변화하는 속도가 'ö'가 'we'로 변화하는 속도에 비해 비교적 빠른 것처럼 보이는 것이다. 이 또한 2.3.2에서 종합적으로 논의하고자 한다.

한편 충남방언 내에서의 지역별 양상을 살펴보았을 때, 'ü'의 경우 선행자음이 'ㄱ, ㅅ, ㅈ, ㅎ'일 때 A(1990)에서는 거의 대부분의 지역에서 'ü'가 실현되며 선행자음이 'ㅎ'일 때는 B(2005)에서도 대부분의 지역에서 'ü'가 실현되는 것을 확인하였다. 다만 A(1990)에서 선행자음이 'ㄴ, ㄷ'인 경우 'wi'로의 변화 양상이 주로 동쪽의 중북부에서 비교적 두드러지게 나타나는 것을 알 수 있었다. 이에 기대어 충남방언의 'ü'의 변화는 동쪽의 중북부로부터 시작

60~80대: nɛö~nɛwe(내외)
30~60대: nɛwe~nɛʷe(내외)

위의 예들을 참고하면 비어두 위치에서 선행자음이 없을 때, B(2005) 및 C(2021) 세대에서 'ö'가 실현되는 양상은 어두 위치에서와 크게 다르지 않을 것으로 보인다.

되었을 가능성을 제기해 볼 수 있었다. 'ö'의 경우 A(1990)에서는 대부분의 환경, 대부분의 지역에서 'ö'로 실현되며 'we'는 나타나지 않았다. 그런데 B(2005)에서는 몇몇 지역에서 'we'로 실현되는 예를 확인할 수 있었는데, 이 'we'로 실현되는 지역들이 'wi'로의 변화가 비교적 두드러지게 나타나는 지역들과 일치하는 경향을 보인다는 사실을 알 수 있었다. B(2005)에서도 대부분 'ö'가 실현되기 때문에 확실한 경향을 알기는 어렵지만, 대체적으로 보았을 때 충남방언의 'ö'의 변화 역시 동쪽의 중북부로부터 시작되었음을 이를 통해 짐작해 볼 수 있지 않을까 한다.

이를 종합하여 충남방언의 'ü'와 'ö'의 주된 분포 양상을 지도로 나타내면 다음과 같다.

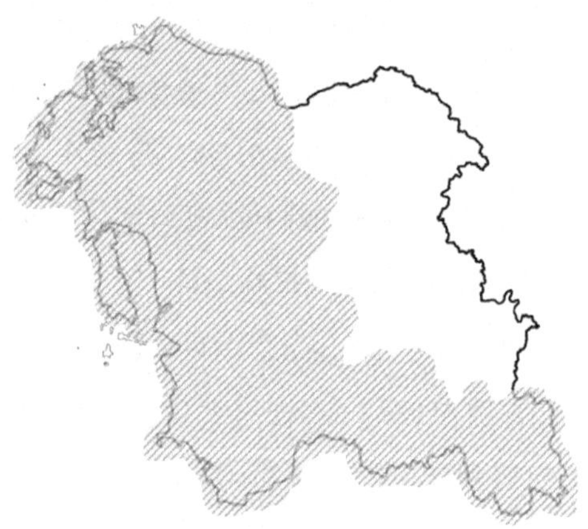

〈지도 2〉 충남방언의 'ü, ö'의 실현

〈지도 2〉를 통해 노년층을 기준으로 하였을 때 충남방언에서 여전히 'ü'와 'ö'가 대체로 잘 실현되지만, 충남의 동쪽 중북부 지역으로부터 'wi' 또는 'we'로의 변화가 시작되었음을 짐작할 수 있다. 이는 인접한 방언의 영향을 받은 것은 아닐 가능성이 높다고 생각되는데, 전술하였듯이 해당 지역들과 인접한 경기방언이나 충북방언에서도 충남방언 못지않게 'ü'와 'ö'가 적극적으로 실현되기 때문이다. 이러한 단모음 'ü', 'ö'는 C(2021) 세대에 이르러서는 모

두 'wi', 'wE' 또는 'i', 'E'로 변화하여 충남방언에서 사라지게 된다.

2.1.2. 에(e), 애(ɛ)

모음의 합류는 모음체계의 변화를 야기하는 중대한 요인 중 하나이다. 이 절에서는 국어 방언 전반에 나타나는 현상인 'e', 'ɛ'의 합류 양상이 충남방언에서 어떠하게 나타나는지 논의해 보고자 한다. 'e'와 'ɛ'가 후기중세국어 시기에 하향이중모음 'əy', 'ay'이었다가 18세기 말에 각각 'e', 'ɛ'로 단모음화되었다는 것은 잘 알려진 사실이다(이기문 1972). 이러한 'e', 'ɛ'가 점차 변별력을 잃어 'E'로 실현되는 현상은 개별 방언 연구들을 통해 꾸준히 논의되어 왔다.[17] 특히 동남방언은 'e'와 'ɛ'의 합류가 가장 이른 시기에 일어난 것으로 알려져 있다. 백두현(1992:128)에 따르면 이 지역에서는 18세기 중엽 이후부터 시작된 'e', 'ɛ'의 합류가 19세기의 어느 시점에서 상당한 발달을 경험하여 지금에 이르렀다. 서부방언에서 'e', 'ɛ'의 합류는 서남방언, 그중에서도 전남방언에서 먼저 일어난 것으로 보인다. 전남방언의 단모음 체계는 대체로 동부와 서부가 다르게 나타나는데, 전남 서부의 대부분 지역은 'e'와 'ɛ'가 합류되어 현재 9모음 체계를 갖는다.[18] 이 지역을 제외한 다른 서부방언은 여전히 'e'와 'ɛ'가 변별적으로 기능한다. 충남방언의 노년층 화자는 어두 위치뿐만 아니라 비어두 위치에서도 'e'와 'ɛ'를 구분한다. 그렇지만 아래 세대로 내려올수록 비어두 위치에서부터 'e'와 'ɛ'의 합류가 일어나고, 대체로 40~50대 이하의 연령층에서는 변별력을 완전히 상실한 것으로 보인다.[19]

---

17) 'E'는 'e'와 'ɛ'의 대립이 사라져 중화된 원음소를 나타내는 기호이다.

18) 이기갑(1986:23)은 전남지역의 'e, ɛ' 합류의 물결이 전남 중서부에서 전남 동부로 전파된 것으로 파악하였다. 또한 이웃한 경남지역의 경우 합류의 물결이 동부로부터 시작되었는데, 따라서 양 물결의 영향을 받지 않은 중간지대인 전남 동부와 경남 서남부가 가장 보수적인 모음체계를 보이는 것이라고 하였다.

19) 곽충구(2003:76)은 중부방언에서 대체로 30세 이하 세대에서 'e'와 'ɛ'의 변별력을 상실하였다면서, 50대 중후반의 서울 토박이 화자와 40대 초반의 충남방언 화자가 'e, ɛ'를 구분하지

본 절에서는 A(1990)과 B(2005), C(2021)의 조사 결과를 바탕으로 충남방언의 'e', 'ɛ' 합류 양상을 살펴본다. 먼저 어두 위치에서 선행자음에 따른 'e', 'ɛ'의 실현 양상은 다음과 같다.

(1) ㄱ. pe{베, 布} / pɛ{배, 梨} pɛk'op{배꼽} pewəra{배우다}

　　　　mejo{메조} me:gu{메다, 擔}[20] / mɛ:{매, 鷹} mɛbu{매부}

　　　　mɛdallyə{매달다}

　　ㄴ. pe{베, 布} / pɛ{배, 腹} pɛk'op{배꼽} pɛugo{배우다}

　　　　megi{메기} memul{메밀} meju{메주} / mɛ:{매, 鷹} mɛmi{매미}

　　　　mɛupt'a{냅다}

　　ㄷ. pEgE{베개}/ pE{배, 腹} pEk'op{배꼽} pEčhu{배추}

　　　　mEgi{메기} mEju{메주} / mEmi{매미} mEdɨp{매듭} mEhyəŋ{매형}

(2) ㄱ. keulləsə{게으르다} / kɛ:{개, 犬} kɛguri{개구리} kɛ:da{이불을 개다}

　　ㄷ. kEɨllida{게으르다} / kE{개, 犬} kEguri{개구리} kEmi{개미}

(1)은 선행자음이 'ㅂ, ㅁ'일 때 'e', 'ɛ'의 실현 양상이다. (1ㄱ, ㄴ)을 보면 A(1990)과 B(2005)에서는 'e'와 'ɛ'를 정확하게 변별하고 있다. 그런데 (1ㄷ)에서 보듯이 C(2021)에 이르러서는 'e'와 'ɛ'의 변별이 사라져 'E'로 실현된다. 이러한 양상은 (2)의 예들로부터 알 수 있듯이 선행자음이 'ㄱ'인 경우에도 동일하게 나타난다.

다음은 선행자음이 중자음(中子音)인 예들이다.

못하였던 사례를 제시하였다. 충남 아산지역어를 대상으로 한 이현주(2010:22)에서도 대체로 30대 이하의 화자에게서 'e, ɛ'가 합류한 'E'가 나타나고 있음을 언급한 바 있다. 이들 연구 이후의 시간의 흐름을 고려하면 현재 적어도 40~50대 충남방언 화자들은 'e, ɛ'의 변별력을 거의 잃어버렸을 것으로 생각된다.

20) '메:다(擔)'의 경우 e가 i로 고모음화한 형태인 '미:다'가 더 많이 출현한다.

(3) ㄱ.[21] terigu{데리다} t'e{떼, 群} / tɛgari{대가리} tɛmadi{대마디} t'ɛ{때, 垢}

ne:gɛ{네 개} / nɛ:{내, 川} nɛč'oč'i{내쫓다}

se:sup'inu{세숫비누} se:nda{세다, 計} / sɛ:{새, 鳥} sɛ:t'a{새다, 漏}

če:{제, 祭} če:gi{제기} / čɛroŋ{재롱} čɛčʰigi{재채기} čɛ:nda{김을 재
우다}

ㄴ. tepʰigo{데우다} t'e{떼, 群} / tɛdilp'o{대들보} tɛməri{대머리}
tɛǰəŋk'an{대장간}

ne:t{넷} ne:gɛ{네 개} / nɛ:k'al{내, 川} nɛnyən{내년} nɛsačʰun{고종
사촌}

sesut'ɛ{세숫대야} se:gɛ{세 개} se:nda{세다, 計} / sɛ:{새, 鳥} sɛ:t'a{새
다, 漏}

če:sa{제사} če:bi{제비} / čɛčʰigi{재채기} čɛǰaŋnyən{재작년}

ㄷ. tErigo{데리다} t'E{떼, 群} / tEgari{대가리} tEǰaŋk'an{대장간} tEyəsət
{대여섯}

nEt{넷} nEgɛ{네 개} / nEk'a{내, 川} nEl{내일} nEnyən{내년}

sEsu{세수} sEbən{세 번} sEnda{세다, 計} / sE{새, 鳥} sEt'a{새다, 漏}

čEsap'ap{제삿밥} čEbi{제비} čEbu{제부} / čEčʰEgi{재채기}

čEǰaŋnyən{재작년}

(3)의 예들에 따르면 선행자음이 [+설정성] 자음인 경우에도 위에서 살펴
본 [-설정성] 자음의 경우와 그 양상이 크게 다르지 않음을 알 수 있다. 즉 선
행자음이 'ㄷ, ㄴ, ㅅ, ㅈ,'일 때 A(1990)과 B(2005)에서는 'e'와 'ɛ'를 정확하게
변별하지만, C(2021)에서는 'e'와 'ɛ'의 변별이 사라져 'E'로 실현된다. 그리고
다음의 (4), (5)와 같이 선행자음이 'ㅎ'인 경우와 선행자음이 없는 경우에도

---

21) '네: 개, 세:다(計), 제:(祭)'의 경우 e가 i로 고모음화한 '니: 개, 시:다, 지:'와 같은 형태가 출현
하기도 한다.

이러한 양상은 동일하게 나타난다.

   (4) ㄱ. heŋgunda{헹구다} / hɛbarɛgi{해바라기} hɛmmaru{햇무리}

      ㄴ. heŋgunda{헹구다} heəǰida{헤어지다} / hɛbaragi{해바라기}

         hɛgərim{해거름}

      ㄷ. hEŋgunda{헹구다} hEəǰida{헤어지다} / hEbaragi{해바라기}

         hEnmuri{햇무리}

   (5) ㄱ. enuri{에누리} / ɛk'u{애꾸} ɛt'yəsə{앳되다}

      ㄴ. enuri{에누리} / ɛk'u{애꾸} ɛŋdu{앵두} ɛt'ida{앳되다}

      ㄷ. Enuri{에누리} / Edil{애들} Eŋdu{앵두} Et'ida{앳되다}

   (1)~(5)에 따르면 어두 위치에서는 'e', 'ɛ'의 합류 양상이 선행자음의 종류나 선행자음의 유무와는 상관없이 일관적인 모습으로 나타난다는 것을 알 수 있다. 즉 A(1990) 및 B(2005) 세대까지는 'e'와 'ɛ'의 대립이 유지되나, 그 이후 급격하게 합류가 일어나 C(2021) 세대에서 'e', 'ɛ'는 변별력을 상실한 것으로 보인다.

   한편 주지하다시피 'e'와 'ɛ'의 합류는 비어두 위치에서부터 시작된다고 보는 것이 일반적인데, 충남방언에서도 비어두 위치에서는 어두 위치에서에 비해 그 양상이 다소 복잡하게 나타난다.

   (6) ㄱ. ku:mbeŋi(그 외)~ku:mbEŋi(청양, 공주){굼벵이} / tambɛtʒʼɛ{담뱃대}

         to:kpʼɛ{돌배}

         ×[22] / sʼəlme{썰매} kʼomɛda{꿰매다}

      ㄴ.[23] sambe~sambE{삼베} / tambɛ~tambE{담배}

---

22) 해당 기호는 조사된 어형이 없다는 의미를 나타낸다.

23) B(2005)에서, 선행자음이 있는 비어두 위치에서 'e'와 'E' 또는 'ɛ'와 'E'는 비슷한 비율로 출현하는 경우가 많으며 지역별 양상을 특정하기가 상당히 어렵다. 따라서 (6ㄴ), (7ㄴ), (8ㄴ)에

×/ s'əlmɛ~s'əlmE{썰매} k'omɛda~k'omEda{꿰매다}

ㄷ. kumbEŋi{굼벵이} / tambE{담배} tobE{도배}

×/ s'əlmE{썰매} k'omEda{꿰매다}

(7) ㄱ. ka:ge(그 외)~ka:gE(부여){가게} / čiǰigɛ(아산, 천원, 공주, 논산)~
čiǰigE(서산, 예산, 홍성, 대덕, 금산)~čiǰige(당진, 청양, 연기, 보
령, 부여, 서천){기지개}

ㄴ. ka:ge~ka:gE{가게} čige~čigE{지게} / pəngɛ~pəngE{번개}
čiǰigE{기지개}

ㄷ. kuməŋk'agE{구멍가게} čigE{지게} / pəngE{번개} čiǰigE{기지개}

(8) ㄱ. pənde(그 외)~pəndE(예산){번데기} / pʰədɛgi{포대기} čakt'ɛgi{작
대기}

kine{그네} / korinnɛ{고린내}

s'ɨ:re(그 외)~s'ɨ:rE(대덕){써레} / ta:rɛ(홍성, 연기, 보령, 대덕, 금산)
~ta:rE(예산, 논산)~ta:re(서산, 당진, 아산, 천원, 청양, 부여, 서
천){다래}

kase{가-세} / kasɛ(그 외)~kasE(청양){가위} toŋsɛŋ{동생}

mɛǰe{매제} suǰebi{수제비} / koǰɛŋi(그 외)~koǰEŋi(서산, 예산, 홍성)
{고쟁이}

ㄴ. pəndegi~pəndEgi{번데기} / pʰədɛgi~pʰədEgi{포대기}
kine~kinE{그네} čine~činE{지네} / koraŋnɛ~koraŋnE{고린내}
s'ɨ:re~s'ɨ:rE{써레} / ta:rE{다래}
s'usemi~s'usEmi{수세미} / toŋsɛŋ~toŋsEŋ{동생}
mɛǰe~mɛǰE{매제} suǰebi~suǰEbi{수제비} / kəpč'ɛŋi~kəpč'Eŋi
{겁쟁이}

서는 개별 지역 표시를 생략하도록 한다.

ㄷ. pəndEgi{번데기} kaundE{가운데} / pʰodEgi{포대기} čakt'Egi{작대기}

　　kinE{그네} činE{지네} / kurinnE{구린내} maŋnE{막내}

　　sarE{사례} irE{이레} / arE{아래} čʰamdarE{키위}

　　susEmi{수세미} / palnEmsE{발냄새} toŋsEŋ{동생}

　　mɛǰE{매제} suǰEbi{수제비} / padak'aǰE{바닷가재} kəpč'Eŋi{겁쟁이}

(6)은 비어두 위치에서 'e', 'ɛ' 앞에 'ㅂ, ㅁ'가 올 때, (7)은 'ㄱ'가 올 때의 예이다. 이를 살펴보면 비어두 위치에서는 A(1990)에서부터 'e'와 'ɛ'의 구분이 흔들리고 있음을 알 수 있다. 이러한 경향은 B(2005)에 이르러서 뚜렷해져 (6ㄴ), (7ㄴ)에서는 'E'로 나타나는 비율이 비슷하거나 아예 'E'로 변화한 예도 볼 수 있다. C(2021)에서는 어두 위치에서와 마찬가지로 비어두에서도 'e'와 'ɛ'의 합류가 완료된 것을 알 수 있다. (8)에 따르면 선행자음이 'ㄷ, ㄴ, ㄹ, ㅅ, ㅈ'인 경우에도 비슷한 양상으로 나타난다.

한편 (6)~(8)을 살펴보면 A(1990)에서도 지역별 양상을 특정할 수 없다는 것을 알 수 있다. 선행자음이 'ㄱ, ㄷ, ㄹ'일 때 'e', 'ɛ', 'E'가 비교적 복잡하게 나타나는 경향이 있다는 사실과 'e'보다는 'ɛ'가 'E'와 교체하는 경향이 비교적 높다는 사실 정도만 확인할 수 있다. 이는 B(2005)의 경우도 마찬가지로, B(2005)에서는 합류가 일어난 것과 아닌 것이 비슷한 비율로 출현할 때가 대부분이며 역시 지역별 양상을 특정하기 어렵다.

그런데 선행자음이 존재하지 않을 때는 그 양상이 다소 다르게 나타난다.

(9) ㄱ. nue{누에} čarue{자루에} / ×

　　ㄴ. nue(그 외)~nuE(태안, 당진, 금산){누에} / ×

　　ㄷ. nuE{누에} / yəŋE{영애}

이 경우 A(1990)에서 'e'가 혼동되는 일이 없으며, B(2005)에서도 'e'와 'ɛ'를 구분하는 경우가 더 많은 것을 알 수 있다. 즉 비어두 위치에서 선행자음이 존재하지 않는 경우, 'e'와 'ε'의 변화가 자음이 선행하는 경우에 비해 비교적 늦게 이루어지는 듯이 보이는 것이다. 이에 따르면 앞에서 살펴본 어두 위치에서의 'e', 'ε' 역시 선행자음이 존재하지 않을 경우에 비해 선행자음이 존재할 경우 비교적 이른 시기에 합류가 이루어졌을 것임을 예상해 볼 수 있다.

지금까지의 논의를 종합하면 다음과 같다. 충남방언의 A(1990) 및 B(2005) 세대는 어두 위치에서는 'e'와 'ε'의 대립을 명확하게 유지하고 있지만 비어두 위치에서는 자음의 뒤에서부터 그 대립이 흔들리는 모습을 보인다. C(2021) 세대에 이르러서는 어두 위치에서든 비어두 위치에서든 관계없이 'e', 'ε'의 대립이 사라진 것을 볼 수 있었다. 이러한 'e', 'ε' 합류의 원인 및 결과, 전파 양상 등에 대한 논의는 2.3.1에서 이루어질 것이다.

2.2. 이중모음

충남방언의 이중모음체계 역시 세대별로 상당한 차이를 보인다. 다음 표는 10모음체계를 가지는 노년층 화자에게서 나타나는 이중모음 목록이다.

〈표 2〉 충남방언의 이중모음

y계 이중모음	예(ye), 얘(yε), 으(yɨ),[24] 여(yə), 야(ya), 유(yu), 요(yo), 의(ɨy), 위(uy), 외(oy)
w계 이중모음	위(wi), 웨(we), 왜(wε), 워(wə), 와(wa)

---

24) ≪훈민정음≫ 합자해에서는 이 발음의 표기에 대해 'ㅢ'를 제시하고 있으나 이 책에서는 충남방언을 대상으로 한 선행연구들에서 주로 사용한 표기를 참조하여 '으'로 표기하기로 한다.

충남방언 이중모음체계의 특징 중 가장 먼저 언급할 점은 하향이중모음 'uy, oy'가 노년층에서 여전히 실현되고 있다는 사실이다. 80대 이상의 높은 연령층에서만 존재하지만, 다른 방언권에서 거의 찾아볼 수 없는 'uy, oy'가 단모음화하지 않고 남아있다는 사실은 주목할 만하다.

다음으로 언급할 특징으로는 대체로 젊은층에서는 'wi, we(wE)'에서 w가 완전히 탈락하여 단모음으로 되는 경우가 존재한다는 것이다. 즉 특정 세대에서는 어떠한 특정 환경에서 w계 이중모음 'wi, we(wE)'가 더 이상 실현되지 않는다고 볼 수 있다. 이 절에서는 A(1990)과 B(2005), C(2021)의 조사 결과를 바탕으로 충남방언에서 하향이중모음 'uy, oy'가 어떻게 실현되고 있는지, 그리고 상향이중모음 'wi, we(wE)'에서의 w탈락 양상이 어떻게 나타나고 있는지 고찰해 보고자 한다.[25]

그 전에 충남방언 이중모음체계의 또 다른 특징으로 'yɨ'의 존재에 대해 잠시 언급할 필요가 있다. 'yɨ'는 일부 단어에서 '여'가 장모음인 경우에만 나타난다. 도수희(1977:98)에서는 'yɨ'의 존재를 충남방언이 가지는 모음적 특징으로 보았고, 경기방언의 '여'가 충남방언에서는 대체적으로 'yɨ'로 발화된다면서 다양한 예를 제시하고 있다. 또한 당진지역어를 대상으로 한 한성우(1996:19)에서는 'yɨ'에 대해 그 분포가 매우 제약되어 있기는 하나 '여: : 으:'의 대립을 화자들이 인식하고 있을 뿐만 아니라 장모음인 '여:'가 모두 '으:'로 바뀐 것은 아니라는 점에서 '으'를 독립된 이중모음으로 인정할 수 있다고 하였다. 이러한 양상은 충남방언 전반에 동일하게 나타나므로 충남방언 이중모음체계에 'yɨ'를 포함시키는 것에는 문제가 없어 보인다.[26] 'yɨ'의 변화에 대

---

25) 충남방언 이중모음체계가 갖는 또 하나의 특징으로는 하향이중모음 'ɨy'가 다른 음으로 변하지 않고 그대로 실현된다는 사실을 들 수 있다. 통상적으로 'ɨy'는 환경에 따라 다른 음으로 실현되는 경우가 많다. 그렇지만 노년층을 기준으로 하였을 때 충남방언에서 'ɨy'는 그대로 하향이중모음으로 실현되는 경우가 많으며 자음 뒤에서도 '으'나 '이'로 변하는 일이 거의 없다(김완진 1980:707).

26) 김정태(2004:53)에서도 천안지역어에서 '응감[yɨːŋgam], 은애질[yɨːnɛʝil], 응선이(인명)[yɨːŋsɛni], 은해서[yɨːŋnɛsəl]' 등 'yɨ'가 다양하게 실현되는 예를 들고 있다.

해서는 3.1.1에서 고모음화와 함께 다루기로 한다.

2.2.1. 하향이중모음

충남방언 이중모음체계의 가장 큰 특징 중 하나는 하향이중모음 'uy, oy'
가 존재한다는 것이다. 'uy, oy'는 'əy, ay'와 마찬가지로 현대국어에 이르러
단모음화하였는데 이 방언에서는 아직 단모음화가 일어나지 않고 남아 있는
것이다. 다만 'uy, oy'는 대체로 80대 이상의 높은 연령대에서만 남아 있다.
이 방언의 'uy, oy' 변화에 대해서는 다양한 논의가 있어 왔다. 도수희
(1977:99)에서는 중세국어의 잔영으로서 'uy, oy'가 남아 있는 예를 제시하며
이들이 아래 세대에 의해 각각 'ü, ö'로 단모음화하고 있음을 언급하였다.[27]
곽충구(1982)에서는 아산지역어를 대상으로 선행자음의 유무, 선행자음의
자질, 음절 위치, 음장의 유무 등 여러 요인에 따른 y계 하향이중모음의 변화
를 설명하였다. 'uy, oy'의 존재는 충남방언 모음체계의 주요 특징이라고 할
수 있지만, 현재 충남방언에서는 초고령층의 화자에게서만 나타나는 것이
사실이다. 현재 충남방언에서 하향이중모음 'uy, oy'는 단모음 또는 상향이
중모음으로 대개 실현된다고 보아도 무방할 것이다.[28] 이 절에서는 하향이
중모음 'uy, oy'가 A(1990) 및 B(2005)에서 환경에 따라 어떠한 양상으로 나타
나는지 고찰하도록 한다. C(2021) 세대에서는 하향이중모음 'uy, oy'가 전혀
나타나지 않고 'wi, wE' 또는 'i, E'로만 실현되므로, 이 절에서 C(2021)의 예는
생략하기로 한다.

먼저 선행자음에 따른 'uy'의 실현 양상을 살펴본다. 다음은 선행자음이

---

27) 물론 모든 환경에서 'ü, ö'로의 변화가 일어났다는 것은 아니다. 이 논의에서는 'uy'가 'i' 또는
'u'로, 'oy'가 'o'로 변화한 예도 다루고 있다.

28) 한편 충남 일부 지역의 몇몇 어휘에서는 또 다른 하향이중모음 'əy, ay'의 흔적을 볼 수 있다.
하지만 그 출현이 아주 일부에만 국한되어 있기 때문에 독립된 이중모음으로 보기에는 다
소 무리가 있다. 반면 'uy, oy'의 경우는 어두 위치 또는 선행자음의 부재 등의 특정 환경에서
고정적으로 실현되기도 하므로 독립된 이중모음으로 인정할 수 있다.

‘ㄱ, ㅎ’일 때의 예들이다.

    (1) ㄱ. kuy(천원, 홍성, 청양, 연기, 대덕)~kü(대부분){귀, 耳}

          kuyp’ap(홍성, 청양, 연기, 대덕)~küp’ap(대부분){귓불}

          kuyts’ok(홍성, 청양, 연기)~küts’ok(대부분){귀지}

      ㄴ. kuy(홍성)~kü(부여, 논산){귀, 耳}

          küt’urami(아산, 부여){귀뚜라미}

          kuysin(공주)~küsin(아산, 논산){귀신}

    (2) ㄱ. huynda(예산, 홍성, 연기, 대덕)~hü:nda(대부분){휘다}

      ㄴ. huygo(예산)~hügo(서산, 천안, 공주, 서천, 논산, 대전){휘다}

(1), (2)를 살펴보면 선행자음이 ‘ㄱ, ㅎ’인 경우 A(1990)과 B(2005)에 모두 ‘uy’가 출현하는 것을 알 수 있다. ‘uy’에 비해 그것이 단모음화한 ‘ü’가 더 많이 출현한다는 점은 공통적이지만, A(1990)보다 B(2005)에서 ‘uy’가 나타나는 일이 훨씬 적다. 그렇지만 충남의 젊은층에서는 완전히 사라진 것으로 보이는 하향이중모음 ‘uy’가 선행자음이 ‘ㄱ, ㅎ’일 때 B(2005) 세대까지 남아있다는 사실은 주목할 만하다.

아산지역어를 대상으로 한 곽충구(1982:31)는 선행하는 자음의 조음위치에 따라 ‘uy〉ü’의 변화가 달리 진행되었음을 시사하였다. 즉 ‘ㄱ, ㅎ’는 조음기관의 뒤쪽에서 조음되는 음이라는 점이 ‘uy’의 단모음화를 막았고, 반면 ‘ㄴ, ㄷ, ㅈ, ㅊ, ㅅ’와 같은 [+설정성] 자질을 가진 자음은 ‘uy’의 핵모음 ‘u’와 조음상 거리가 멀기 때문에 단모음화가 비교적 이른 시기에 이루어질 수 있었다는 것이다. (1), (2)에서 살펴본 바와 같이 연구개음 또는 후음 뒤에서, B(2005) 세대에까지 ‘uy’로 나타나는 경우도 있다는 사실로 미루어 볼 때 이는 타당성 있는 논의로 생각된다. 이러한 사실은 [+설정성] 자질을 가진 선행자음 뒤에서의 ‘uy’ 실현 양상을 살펴보면 더욱 명확해 진다.

(3) ㄱ. nuy(대덕)∼nü(대부분){뉘, 쌀에 섞인 벼}

　　　　nuyda(연기)∼nüda(대부분){뉘다, 排便}

　　　　tü(대부분){뒤, 後}

　　　　tüǰibə(대부분){뒤집다}

　　　　tʰünda(대부분){튀다}

　　　　sü(대부분){쉬, 蠅卵}

　　　　süptʼa(대부분){쉽다}

　　ㄴ. nüda(아산){뉘다, 排便}

　　　　nübiibul(대전){누비이불}

　　　　tüǰi(아산){뒤주}

　　　　tütʰoŋsu(아산){뒤통수}

　　　　sü(천안, 서천){쉬, 蠅卵}

(4) ㄱ. čübullori(대부분){쥐불놀이}

　　ㄴ. čü(부여){쥐, 鼠}

　(3)은 선행자음이 'ㄴ, ㄷ, ㅅ'일 때, (4)는 선행자음이 'ㅈ'일 때의 예이다. (3ㄱ)을 보면 'ㄴ' 뒤에 'uy'가 나타나는 것을 볼 수 있지만, 이는 몇 지역에 한정된 예로 'ㄴ' 뒤의 'uy'는 A(1990)에서부터 거의 사라졌다고 봐도 무방할 듯하다. B(2005)에는 선행자음이 'ㄴ'일 때 'uy'가 출현하는 경우가 전혀 없다는 사실도 이를 뒷받침한다. 선행자음이 'ㄷ, ㅅ, ㅈ'인 경우 'uy'의 부재는 더욱 명확하게 드러난다. A(1990)에서부터 이들 자음 뒤 'uy'는 실현되지 않는다. 결론적으로 [+설정성] 자질을 가진 선행자음 뒤에서 'uy'는 비교적 이른 시기에 변화를 경험하였다는 사실을 짐작할 수 있다.

　한편 'ㄱ, ㅎ' 뒤 'uy'의 충남방언 내 지역별 실현 양상을 살펴보면 'uy'는 주로 충남의 중부에 위치한 지역들을 중심으로 두드러지게 실현되는 것을 알 수 있다. A(1990)을 기준으로 하였을 때 충남 대부분의 지역에서 주로 'ü'가 실현된다는 사실로 미루어 보았을 때, 충남의 중부지역은 'uy'가 단모음 'ü'로 모두 변화하지 않고 남아있는 경향이 비교적 높은 지역이라고 할 수 있겠다. 다시 말하면 선행자음이 있을 때 하향이중모음 'uy'의 단모음화는 충남 중부에서 가장 더디게 이루어졌을 가능성을 생각해 볼 수 있을 듯하다. 한편 (1ㄴ), (2ㄴ)에서 확인할 수 있듯이 B(2005)에서도 'ㄱ, ㅎ' 뒤 'uy'가 나타나기는 하지만, 대부분 'ü' 또는 'wi'로 변화하였기 때문에 뚜렷한 지역별 양상을 알기는 어렵다.

　　다음은 비어두 위치에서 선행자음이 있을 때 'uy'의 실현 양상을 살펴본다.

　　(5) ㄱ. saguynda(연기, 대덕)～sagünda(대부분){사귀다}

　　　　　tolč'əguy(부여)～tolč'əgü(공주){돌쩌귀}

　　　　　pa:kč'ü(대부분){박쥐}

　　　　　taramjü(당진, 예산, 공주, 부여, 서천, 논산){다람쥐}

　　　ㄴ. sagünda(공주, 대전){사귀다}

　　(5ㄱ)으로부터 알 수 있듯이 비어두 위치에서 선행자음이 'ㄱ'일 때 A(1990)에는 'uy'가 남아있다. 이는 어두 위치에서 선행자음이 'ㄱ'일 때 'uy'가 실현되었던 것과 궤를 같이 한다. 그런데 (5ㄴ)을 보면 B(2005)에는 'uy'가 나타나지 않는 것을 알 수 있다. 어두 위치에서 'ㄱ' 뒤 'uy'가 B(2005) 세대에까지 남아있던 것과 다른 양상을 보이는 것이다. 즉 어두 위치에서의 양상과 비교해 보았을 때 'uy'가 비교적 이른 시기에 사라진 것이다. 이는 전술한 바와 같이 어두 위치에 비해 비어두 위치에서 보다 빠른 변화가 일어났기 때문으로 생각된다. 비어두 위치에서 'ㅈ' 뒤 'uy'는 어두 위치에서의 양상과 다르지 않다. 어두 위치에서든 비어두 위치에서든, 선행자음이 'ㅈ'일 때 'uy'는 A(1990) 이전 세대에 거의 자취를 감춘 것이다. 앞에서도 언급하였듯이 역사적으로 비어두의 'uy'는 다른 모음으로 바뀌는 경우가 많았기 때문에 출현 빈도 자체는 많지 않은 편이다.

　　다음은 선행자음이 없을 때 'uy'의 실현 양상이다.

(6) ㄱ. uy(대부분){위, 上}

　　uynmal[29](예산, 홍성, 청양, 보령, 부여, 서천, 대덕){윗마을}

　　pauy(대부분){바위}

　　sauy(대부분){사위}

　　təuy(대부분){더위}

ㄴ. uy(대부분){위, 上}

　　uyt'oŋne(아산, 부여, 계룡){윗마을}

　　pauy(태안, 아산, 홍성, 공주, 청양, 부여, 계룡){바위}

　　sauy(태안, 아산, 천안, 홍성, 공주, 부여, 계룡){사위}

　　təuy(태안, 아산, 홍성, 부여){더위}

(6)에 따르면 어두 위치든 비어두 위치든 관계없이 A(1990)과 B(2005) 모두에서 'uy'가 강력하게 실현된다. 이는 선행자음이 존재하지 않을 때, 'uy'가 비교적 오래 유지된다는 사실을 말해준다. 또 한 가지 주목할 만한 점은 2.1.1에서도 언급하였듯이 양쪽 모두에서 단모음 'ü'가 출현하는 일이 없다는 사실이다. A(1990)에서 'y'가 약하게 발음되거나 탈락하는 형태는 존재하지만 'ü'는 실현되지 않으며, B(2005)에서도 'wi'가 실현되는 경우는 있지만 'ü'는 나타나지 않는다. 이러한 양상에 대해서는 하향이중모음의 변화 과정과 관련하여 생각해 볼 필요가 있다. 따라서 여기서는 현상의 서술에 그치고 자세한 논의는 2.3.2에서 종합적으로 수행하고자 한다.

한편 선행자음이 없을 때 A(1990)에서는 충남 대부분의 지역에서 'uy'가 실현되지만 B(2005)에서는 비어두 위치에서 'wi'로 실현되는 경우가 상당수 존재한다.[30] 그런데 (6ㄴ)에서 비어두 위치의 'uy'가 분포하는 양상과 2.1.1에서 살펴본 비어두 위치에서 'wi'가 분포하는 양상을 비교하여 살펴보면 어

---

29) 'unmal'로 실현되는 경우도 다수 존재한다.

30) 2.1.1의 (7ㄴ) 참조.

떤 지역에서 어떤 형태가 주로 나타나는지 특정하기 어렵다는 것을 알 수 있다. 즉 선행자음이 없을 때 'uy' 또는 'wi'가 주로 실현되는 지역이 뚜렷하게 드러나지 않는 것이다. 그렇다면 선행자음이 없는 경우 'uy〉wi'의 변화를 상정하였을 때,31) 이 변화는 충남의 어떤 특정한 지역이 아닌 충남방언 전반에서 동시에 일어난 변화였을 가능성이 높은 것으로 생각된다.

　다음은 하향이중모음 'oy'의 실현 양상을 살펴본다. (7), (8)은 선행자음이 각각 'ㄱ, ㅎ'일 때 'oy'가 어떠한 양상으로 나타나는지를 보여주는 예들이다.

　　(7) ㄱ. koynda(당진, 천원, 연기, 부여, 대덕)〜kö:nda(대부분){괴다, 淬}

　　　　ㄴ. koygo(공주, 논산)〜kögo(서산, 예산, 서천, 대전){괴다, 淬}

　　(8) ㄱ. hoy(연기)〜hö(대부분){회충, 蛔}

　　　　hoyoribaram(연기)〜höoribaram(대부분){회오리바람}

　　　　ㄴ. höčʰari(대부분){회초리}

　　　　höoribaram(대부분){회오리바람}

　(7)의 예를 보면 선행자음이 'ㄱ'일 때 A(1990)과 B(2005) 모두에서 'oy'가 실현되는 것을 확인할 수 있다. 이러한 양상은 'ㄱ' 뒤 'uy'의 그것과 일견 일치하는 것처럼 보이지만, 앞서 살펴본 'ㄱ' 뒤 'uy'와 비교하였을 때 다소 소극적인 양상을 보이는 것을 알 수 있다. 이는 선행자음이 'ㅎ'인 경우에도 마찬가지이다. (8)의 예를 살펴보면 'ㅎ' 뒤 'oy'는 A(1990)에만 남아있고 B(2005)에서는 그 모습이 보이지 않는다. 'ㅎ' 뒤 'uy'가 B(2005) 세대에 이르기까지 등장하였던 것과는 다른 양상이다. 이를 종합하면 'uy'에 비해 'oy'가 비교적 이른 시기에 변화를 경험하였음을 짐작해 볼 수 있다. 다만 'uy'와 'oy' 모두 선행자음이 있는 경우, 'ㄱ' 뒤에서 제일 오래 유지되며 그 다음으로 'ㅎ' 뒤에서 오래 남아있는 것으로 생각된다. 앞의 예 (1), (2)에서 우리는 'ㄱ' 뒤 'uy'가

---

31) 이에 대해서는 2.3.2에서 다시 논의한다.

A(1990) 및 B(2005)에서 일정 수 출현하지만 'ㅎ' 뒤 'uy'는 B(2005)에서 유일 예로 출현하는 것을 보았다. 'oy'의 경우 A(1990)에는 'ㄱ' 뒤와 'ㅎ' 뒤에서 모두 출현하나 B(2005)에는 'ㅎ' 뒤 'oy'는 출현하지 않는다. 정리하자면 'uy'는 'oy'에 비해 비교적 오래 유지되고 있으며, 'uy'와 'oy' 모두 선행자음이 있을 때는 'ㄱ, ㅎ' 뒤에서 오래 유지되는 편인데 'ㄱ' 뒤에서 가장 오래 남아 있고 그 다음으로 'ㅎ' 뒤에서 오래 유지된다고 할 수 있다.[32]

　'oy'가 'ㄱ, ㅎ' 뒤에서 이중모음으로 비교적 오래 남아 있는 요인은 'uy'의 경우와 다르지 않을 것으로 생각된다. 앞서 우리는 'ㄱ' 및 'ㅎ'가 'uy'의 핵모음 'u'와 같이 조음기관의 뒤쪽에서 조음되는 음이기 때문에, 'uy'가 다른 선행자음 뒤에서에 비해 변화의 동인을 갖지 못해 'ㄱ, ㅎ' 뒤에서 비교적 변화의 속도가 더뎠음을 확인한 바 있다. 'oy'의 핵모음 'o' 역시 'u'와 같은 후설모음으로 조음기관의 뒤쪽에서 조음되는 음이라는 점이 'oy'의 단모음화 속도에 영향을 미친 것으로 보인다. 그런데 선행자음이 'ㄱ'인 경우와 'ㅎ'인 경우 그 양상이 다소 차이를 보이는 이유를 살펴볼 필요가 있다. 'uy'와 'oy' 모두 'ㄱ' 뒤에서 가장 오래 유지됨을 보았는데, 결론적으로 말하면 이 역시 조음 위치 와 관련이 있는 것으로 생각된다. 주지하다시피 'ㅎ'는 조음위치가 안정적이 지 못하다. 반면 'ㄱ'는 정확하게 연구개에서 발음되는데, 후설을 연구개에 접근시켜 조음하는 'u', 'o'와 동일한 조음위치 자질을 공유하고 있기 때문에 비교적 강력하게 'uy', 'oy'의 단모음화를 저지할 수 있었을 것으로 생각된 다.[33]

---

32) 한편 'oy'가 'uy'에 비해 비교저 이른 시기에 단모음화를 겪은 듯한 양상은 선행자음이 있는 경우뿐만 아니라 선행자음이 없을 때에도 마찬가지로 나타난다. 이에 대한 자세한 논의는 2.3.2에서 종합적으로 진행하도록 한다.

33) 곽충구(1982:33-37)에서는 'oy'의 변화를 비분절음소인 성조와 관련하여 설명하였다. 즉 상 성으로부터 전환된 음장이 'oy'의 단모음화를 저지하였다는 것이다. 다만 ':괴·다'와 ':되· 다'의 경우 둘 다 상성을 가진 어간임에도 후자의 경우 단모음화를 경험하는데, 그 까닭에 대해 결국 음장보다는 선행자음이 단모음화에 더 큰 힘으로 작용한 사실을 말해주는 것이 라 언급한 바 있다.

한편 'ㄱ, ㅎ' 뒤 'oy'의 경우, A(1990)을 기준으로 했을 때 'oy'로 남아있는 어형이 충분하지 않아 충남방언 내 지역별 실현 양상을 확실하게 알기는 어렵다. 다만 앞서 선행자음이 있을 때 'uy'의 단모음화가 충남 중부에서 가장 더디게 이루어졌을 가능성을 언급한 바 있는데, 이에 따르면 비슷한 변화 과정을 거쳤다고 생각되는 선행자음이 있을 때의 'oy' 역시 충남 중부에서 더딘 변화를 겪었을 가능성이 있다.[34]

다음은 선행자음이 'ㄷ, ㅅ, ㅈ'일 때의 예들이다.

(9) ㄱ. tönda(대부분){되다, 升}

　　 tö:da(대부분){되다, 硬}

　　 sö(대부분){쇠, 鐵}

　　 sök'ori(대부분){쇠꼬리}

　　 čö:(대부분){죄, 罪}

　 ㄴ. tögo(서산, 천안, 예산, 공주, 서천){되다, 升}

　　 tögo(서산, 천안, 예산, 공주, 서천){되다, 硬}

　　 sö(서산, 천안, 예산, 서천, 대전){쇠, 鐵}

　　 söbidim(서산, 부여, 계룡, 금산, 대전){쇠비름}

　　 čöamčöam(당진, 천안, 연기, 대전){죄암죄암}

(9)에 따르면 'uy'의 경우와 마찬가지로 'oy' 역시 [+설정성] 자질을 가진 자음들 뒤에서 일찍이 자취를 감춘 것을 알 수 있다. 다만 (7), (8)에 대한 논의를 참조하면 이 경우에도 'oy'가 'uy'보다 이른 시기에 변화를 경험하였을 것으로 짐작된다.[35]

---

34) 단일 예이기는 하지만 A(1990)에서 'ㅎ' 뒤 'oy'가 실현되는 지역이 충남 중부에 속하는 연기 지역이라는 사실이 이를 뒷받침해 줄 수 있다. 'oy'의 변화 과정에 대해서는 2.3.2에서 다시 논의한다.

35) 앞선 논의에서 적은 예이지만 'ㄴ' 뒤에 'uy'가 남아있는 경우가 있기도 했다는 사실이 이를

다음은 비어두 위치에서 선행자음이 있을 때의 예들이다.

(10) ㄱ. handö(대부분){한 되}

　　　 tu:dö(대부분){두 되}

　　　 čəks'ö(대부분){석쇠}

　　　 yɨls'ö(대부분){열쇠}

　　 ㄴ. sɨ:dwe(예산, 홍성, 청양, 공주, 보령, 서천){세 되}

　　　 tat'we(홍성, 청양, 공주, 서천, 부여){다섯 되}

　　　 čəks'we(예산, 홍성, 청양, 공주, 연기, 서천){석쇠}

　　　 yɨls'we(천안, 홍성, 청양, 공주, 서천, 논산){열쇠}

(10)에 따르면 비어두 위치에서 선행자음이 'ㄷ, ㅅ'일 때 어두 위치에서와 마찬가지로 'oy'는 이미 실현되지 않는 것을 알 수 있다. 이 경우에도 'oy'는 A(1990) 이전 세대에 일찍이 사라졌음을 짐작할 수 있다. 또한 앞에서도 언급하였듯이 2음절 이하의 음절 위치에 있던 'oy'는 단모음화 이전에 'o' 상승 규칙의 적용을 받아 다양한 모습으로 변화하였다.

다음은 선행자음이 존재하지 않을 때 'oy'의 실현 양상이다.

(11) ㄱ. oyguk(청양)～ö:guk(대부분){외국, 外國}

　　 ㄴ. oyharabuǰi(홍성)～öharabuǰi(대부분){외할아버지}

(11)에 따르면 A(1990)과 B(2005)에 모두 'oy'가 남아있는 것을 확인할 수 있다. 그런데 선행자음이 없을 때 'uy'의 실현 양상과 비교해 보면 상당한 차이를 보이는 것을 알 수 있다. 우선 선행자음이 없을 때 'uy'는 어두 위치든 비어두 위치든 관계없이 A(1990)과 B(2005) 모두에서 강력하게 실현되는 것을

뒷받침해 줄 수 있다.

확인한 바 있다. 그런데 'oy'의 경우 A(1990)에서도 'ö'로 실현되는 경우가 많으며 B(2005)에서는 (11ㄴ)의 'oyharabuǰi(외할아버지)'가 거의 유일한 예라고 할 수 있다. 이는 선행자음이 존재하지 않을 때, 'oy'에 비해 'uy'가 상당히 오랫동안 변화하지 않고 유지된다는 사실을 말해준다. 또한 선행자음이 없을 때 단모음 'ü'가 출현하는 일이 없었던 것과는 다르게 'ö'는 A(1990)과 B(2005) 모두에서 다수 출현하는 것을 알 수 있다. 이는 'uy'와 'oy'의 단모음화 양상이 다르게 진행되었음을 시사하는데, 보다 자세한 논의는 2.3.2에서 종합적으로 진행하기로 한다.

한편 선행자음이 없을 때 'oy'의 경우 역시, A(1990)을 기준으로 하였을 때 'oy'로 실현되는 어형이 충분하지 않아 충남방언 내 지역별 실현 양상을 뚜렷하게 알기는 어렵다. 다만 선행자음이 존재하는 경우와 같은 변화 과정을 상정하였을 때,36) 선행자음이 없는 'oy' 역시 충남 중부에서 더딘 변화를 겪었을 가능성을 생각해 볼 수 있겠다.37)

지금까지의 논의를 종합하면 다음과 같다. 어두 위치에서 선행자음이 있을 때 'uy'와 'oy'는 'ㄱ, ㅎ' 뒤에서 이중모음으로 비교적 오래 남아 있는 경향을 보이며 특히 'ㄱ' 뒤에서 가장 변화가 더딘 모습을 보이는데, 이는 조음 위치와 관련이 있는 것으로 보았다. 비어두 위치에서는 'uy'와 'oy' 모두 어두 위치에서보다 이른 시기에 사라지는 것을 알 수 있었다. 또한 선행자음이 없을 때 'uy'는 상당히 강력하게 이중모음으로 실현되는 반면 'oy'는 'ö'로 실현되는 경우가 많으며, 같은 선행자음 뒤에서는 'uy'에 비해 'oy'가 비교적 빨리 단모음화되는 경향이 있다는 사실을 확인하였다. 즉 'oy'가 'uy'에 비해 단모음화를 이른 시기에 겪은 듯한 양상을 보이는 것이다.

다음으로 충남방언 내에서의 지역별 양상을 살펴보았을 때, 선행자음이 있는 경우 'uy'는 주로 충남의 중부에 위치한 지역들을 중심으로 두드러지게

---

36) 이에 대해서는 2.3.2에서 다시 논의한다.
37) 적은 예이지만 A(1990)과 B(2005)에서 선행자음이 없을 때 'oy'가 실현되는 지역이 충남 중부에 속하는 홍성, 청양지역이라는 사실이 이를 뒷받침해 줄 수 있다.

실현되는 것을 알 수 있었다. 즉 선행자음이 있을 때 'uy'의 단모음화는 충남 중부에서 가장 더디게 이루어진 듯하다. 'oy'의 경우 남아있는 어형이 충분하지 않아 뚜렷한 경향을 확인할 수는 없지만, 선행자음이 있는 'uy'와 비슷한 변화 과정을 거쳤다고 가정하였을 때 'oy' 역시 충남 중부에서 더딘 변화를 겪었을 가능성을 생각해 볼 수 있었다. 한편 선행자음이 없을 때 'uy'의 경우, 'uy' 또는 'wi' 둘 중 하나가 주로 실현되는 지역이 뚜렷하게 드러나지 않는 것을 알 수 있었는데, 이로 미루어 보아 선행자음이 없을 때의 'uy'의 변화는 충남의 어떤 특정한 지역이 아닌 충남방언 전반에서 동시에 일어난 변화였을 가능성이 높은 것으로 생각된다.

이를 종합하여 충남방언의 'uy'와 'oy'의 주된 분포 양상을 지도로 나타내면 다음과 같다.

〈지도 3〉 충남방언의 'uy, oy'의 실현

〈지도 3〉에 따르면 노년층을 기준으로 하였을 때 충남방언에서 하향이중모음 'uy'와 'oy'는 충남 중부에서 비교적 적극적으로 실현되는 경향을 확인할 수 있다. 즉 'uy', 'oy'의 단모음화는 충남 중부에서 가장 더디게 이루어지고 있는 것이다. 하향이중모음 'uy', 'oy'는 일련의 변화 과정을 거쳐 C(2021)

세대에 이르러서는 충남방언에서 사라지게 된다.

2.2.2. 상향이중모음

2.2의 〈표 2〉에 따르면 충남방언의 상향이중모음은 y계 이중모음으로 'ye, yɛ, yɨ, yə, ya, yu, yo', w계 이중모음으로 'wi, we, wɛ, wə, wa'가 존재한다. 이중 y계 상향이중모음 'ye, yɛ, yə, ya, yu, yo'는 A(1990) 세대에서 다음과 같이 실현된다.[38]

  (1) yesun(예순) yɛgi(얘기) yədɨre(여드레) yaŋnyəm(양념) yuri(유리)

      yo(요)

  (1)에서 'ye, yɛ'의 경우 자음 뒤에서 y가 탈락하여 'kehek(계획), kɛ(개)'로 실현된다. 50대 이하에서는 'ye, yɛ'가 'yE'로 발음되지만 그 외에 세대별 변화는 거의 드러나지 않는다. 다음은 A(1990) 세대의 w계 상향이중모음의 예이다.

  (2) wennyil(웬일) wɛguk(왜국) wənmaŋ(원망) waŋ(왕)

A(1990)에서 선행자음이 없을 때 'wi'는 실현되지 않지만 선행자음이 있을 때는 'kwi(귀)'와 같이 실현되기도 한다. 한편 충남방언에서 'wi, we(wE)'는 w가 완전히 탈락하여 단모음으로 실현되기도 한다. 이러한 양상은 대체로 젊은층의 발화에서 관찰할 수 있다. 아산지역어를 대상으로 한 이현주(2010)에서는 50대 이하의 세대에서 선행자음이 존재할 때, 제2음절 이하의 환경에서 'wi, we(wE)'의 w가 탈락하여 'i, e(E)'로 실현되는 예를 다양하게 제시하였

------

38) 'yɨ'에 대해서는 3.1.1에서 고모음화와 관련하여 논의한다.

다.[39] 세부적인 실현 정도의 차이는 있지만 이는 충남방언 전역의 젊은 세대
에서 볼 수 있는 현상이다.

　이 절에서는 충남방언의 상향이중모음 중 세대별 변화를 비교적 뚜렷하게
보여주는 'wi, we(wE)'의 변화 양상을 중심으로, A(1990) 및 B(2005), C(2021)
의 자료를 대상으로 하여 고찰해 보고자 한다. 먼저 선행자음에 따른 'wi'의
w탈락 양상을 살펴본다.

(3) ㄱ. kwi(보령){귀, 耳}

　　　　kwip'ap(부여){귓불}

　　　　kwits'ok(서천){귀지}

　　ㄴ. kwi(대부분)~ki(태안, 서산, 아산){귀, 耳}

　　　　kwit'urami(대부분)(귀뚜라미)~kit'urami(태안, 연기, 청양, 논산)
　　　　　　{귀뚜라미}

　　　　kwisin(서산, 천안, 서천, 계룡, 금산){귀신}

　　ㄷ. kwi~ki{귀, 耳} kwit'urami~kit'urami{귀뚜라미} kwisin~kisin{귀신}

(4) ㄱ. nwi(서산, 당진, 아산, 연기, 서천, 대덕){뉘, 쌀에 섞인 벼}

　　　　nwida(아산, 홍성){뉘다, 排便}

　　　　twi(서산, 아산, 천원, 홍성, 연기)~ti(홍성){뒤, 後}

　　　　twiǰibə(연기, 금산){뒤집다}

　　　　tʰwinda(천원, 서천)~tʰinda(청양, 논산){튀다}

　　ㄴ. nwida(대부분)~nida(태안, 논산){뉘다, 排便}

　　　　nwibiibul(대부분)~nibiibul(서산, 보령, 논산, 금산){누비이불}

　　　　twiǰi(대부분)~tiǰi(보령){뒤주}

---

39) 이 논의에서는 'wi, we' 외에 다른 w계 이중모음 'wɛ, wə, wa' 역시 환경에 따라 탈락 정도에
　　차이를 보여주지만 'wi, we'의 경우와는 다르게 이들은 음소적인 차원이라기보다는 음성적
　　인 차원 정도의 차이를 보여준다고 생각된다면서, 그 차이는 자연부류와 관련하여 설명할
　　수도 있지만 무엇보다 발달 과정에의 차이에서 비롯된 것으로 보았다.

twit^{h}oŋsu(서산, 천안, 예산, 청양, 공주, 서천, 대전, 금산)~tit^{h}oŋsu

(태안, 당진, 홍성, 연기, 보령, 부여, 논산, 계룡){뒤통수}

twik'ət(대부분)~tik'ət(태안, 연기){뒤꼍}

ㄷ. nwida~nida{뉘다, 排便}

twi~ti{뒤, 後} twit^{h}oŋsu~tit^{h}oŋsu{뒤통수}

(3), (4)는 선행자음이 각각 'ㄱ, ㄴ, ㄷ'인 경우 'wi'가 실현되는 양상이다. 예들을 살펴보면 A(1990)에도 상향이중모음 'wi'가 나타나는 것을 볼 수 있다. 그렇지만 이들은 소수의 예이며 대체로 'uy' 또는 'ü'로 실현되는 것이 일반적이다. B(2005)에 이르러서는 A(1990)에 비해 'wi'가 다수 출현하게 된다. w가 탈락하여 단모음으로 실현되는 경우도 있는데, 이러한 경향은 C(2021)에 이르러 더 강화된다. C(2021)에서 선행자음이 'ㄱ, ㄴ, ㄷ'일 때 'wi'와 'i'는 비슷하게 출현하거나 'i'가 조금 더 많이 나타나는 경향을 보인다.

다음은 선행자음이 'ㅅ, ㅈ, ㅎ'인 경우 'wi'가 실현되는 양상이다.

(5) ㄱ. sipt'a(홍성, 보령){쉽다}

ㄴ. swi(대부분){쉬, 蠅卵}

swida(서산, 서천, 예산, 천안)~sida(대전, 논산){쉬다}

ㄷ. swiə~siə{쉬다} swipt'a~sipt'a{쉽다}

(6) ㄱ. čwibullori(연기)~čibullori(홍성){쥐불놀이}

ㄴ. čwi(대부분)~či(서산, 홍성, 공주, 논산){쥐, 鼠}

ㄷ. čwi~či{쥐, 鼠} čwibullori~čibullori{쥐불놀이}

(7) ㄱ. *

ㄴ. *

ㄷ. hwida~h^{w}ida{휘다}

(5), (6) 및 (7)은 각각 선행자음이 'ㅅ, ㅈ, ㅎ'일 때의 예이다. 우리는 다른 선행자음이 올 때보다 'ㅅ, ㅈ' 또는 'ㅎ'가 올 때 단모음 'ü'가 비교적 오래 유지되는 경향을 보인다는 사실을 2.1.1에서 확인한 바 있다. 앞에서 살펴본 바와 같이 (5ㄱ)과 (7ㄱ)을 보면 A(1990)에 'ㅅ, ㅎ' 뒤에서 상향이중모음 'wi'로 변화한 예가 없는 것을 알 수 있다. 'ㅈ' 뒤의 경우 'wi'가 나타나기는 하지만 선행자음 'ㄴ'나 'ㄷ'의 경우와는 달리 한정된 예로 출현한다. B(2005)에는 'ㅅ, ㅈ' 뒤에서도 'wi'가 다수 출현하게 되며 C(2021)에 이르러서는 'w'가 탈락하여 단모음으로 실현되는 경향이 높아진다. 그런데 'ㅎ'가 선행자음일 때는 B(2005)에서도 'wi'를 발견할 수 없다. 이러한 경향은 C(2021) 세대에도 이어져 다른 선행자음 뒤에서보다 비교적 'wi'를 더 많이 유지하는 것을 볼 수 있는데, 선행자음이 'ㅎ'인 경우 C(2021)에서도 w가 완전히 탈락하여 단모음화한 형태가 출현하지 않는다. 앞에서 살펴본 'uy'와 'ü'의 경우와 마찬가지로 'ㅎ' 뒤의 'wi'가 변화를 늦게 경험하는 양상을 보이는 것이다. 이러한 양상이 나타나는 요인 역시 'ㅎ'의 변이음과 관련이 있는 것으로 보인다. 'wi' 앞에서 'ㅎ'는 양순 마찰음 [Φ]로 실현된다. 이러한 'ㅎ'의 특성이 다른 자음 뒤에서보다 'ㅎ' 뒤의 'wi'가 w탈락을 늦게 경험하는 데에 영향을 준 것으로 생각된다. 또한 앞에서 살펴본 바와 같이 'ㅎ' 뒤에서 'ü'가 가장 늦게 변화를 경험하는데, 이러한 사실 또한 복합적으로 영향을 미치지 않았을까 한다.

다음은 비어두 위치에서 선행자음이 있을 때 'wi'가 실현되는 양상이다.

(8) ㄱ. s'ɨmbagwi(서산, 당진){씀바귀}

　　tolč'əgwi(당진, 아산, 보령, 서천)~tolč'əgi(서산, 예산, 청양){돌쩌귀}

　　pa:kč'wi(서산, 연기, 보령, 금산)~pa:kč'i(홍성){박쥐}

　　taramǰwi(서산, 아산, 천원, 연기, 금산)~taramǰi(홍성, 청양, 보령)

　　　{다람쥐}

ㄴ. s'ɨmbagwi(서산, 당진, 천안, 예산, 연기, 서천)~s'ɨmbagi(아산, 청양, 금산){씀바귀}

pa:kč'wi(대부분)~pa:kč'i(예산, 홍성, 공주, 연기, 부여){박쥐}

taramǰwi(서산, 당진, 천안, 청양, 공주, 연기, 부여, 대전)~taramǰi

(태안, 예산, 홍성, 보령, 서천, 논산, 계룡){다람쥐}

ㄷ. s'imbagwi~s'imbagi{씀바귀}

pakč'wi~pakč'i{박쥐}　taramǰwi~taramǰi{다람쥐}

(8)에 따르면 A(1990)에도 'wi'가 출현하지만 소수의 예이다. B(2005)에는 'wi'가 보다 많이 실현되지만 w가 탈락하여 단모음화한 형태도 눈에 띄게 출현한다. C(2021)에 이르러서는 w가 탈락한 형태가 더욱 강하게 실현된다. (8)에서 주목할 만한 것은 A(1990)에서도 어두 위치에서와 비교하였을 때 w가 탈락한 형태가 눈에 띄게 발견된다는 사실이다. 이를 통해 비어두 위치에서 비교적 변화가 빨리 일어난다는 사실을 다시 한번 확인할 수 있다.

　다음은 선행자음이 존재하지 않는 경우의 예이다.

(9) ㄱ. *

　　ㄴ. wi(당진, 청양, 보령){위, 上}

　　wit'oŋne(당진, 예산, 청양, 연기, 서천, 논산){윗마을}

　　pawi(서산, 당진, 예산, 연기, 보령, 서천, 논산, 대전){바위}

　　sawi(서산, 당진, 예산, 청양, 연기, 보령, 서천, 대전){사위}

　　təwi(서산, 당진, 예산, 청양, 공주, 보령, 연기, 서천, 논산, 계룡){더위}

　　ㄷ. wi{위, 上}

　　pawi{바위}　sawi{사위}

(9)에 따르면 A(1990)에서는 어두와 비어두에서 모두 주로 'uy'로 실현되며 'wi'로 실현되지는 않는다. B(2005)에서도 'wi'로 실현되는 경우가 있으나 'uy'로 실현되는 경우가 더 많다. 주목할 만한 점은 선행자음이 없을 때

C(2021)에서 'wi'로만 실현된다는 사실이다. 선행자음이 존재할 때 w가 탈락하거나 약화되었던 것과는 다르게 단모음화를 경험하지 않고 'wi'로 남아있는 것이다. 이는 같은 환경에서 'uy'가 단모음화하지 않고 상당히 강하게 유지되는 것과 비슷한 양상이다. 이에 대해서는 2.3.2에서 하향이중모음의 단모음화 양상과 더불어 논의하기로 한다.

다음은 'we'의 w탈락 양상이 선행자음에 따라 어떠하게 나타나는지 살펴본다.

    (10) ㄱ. *

        ㄴ. kweda(천안){괴다, 淳}

        ㄷ. kwEda∼kEda{괴다, 淳}

    (11) ㄱ. *

        ㄴ. čweamčweam(계룡){죄암죄암}

        ㄷ. čwE∼čE{죄, 罪}

(10)과 (11)은 각각 선행자음이 'ㄱ, ㅈ'일 때 'we'가 실현되는 양상이다. A(1990)에는 모두 'ö'로 실현되고 'we'는 나타나지 않지만 B(2005)에는 'we'가 출현하는 것을 볼 수 있다. 그런데 B(2005)에서 w가 탈락하여 단모음화한 'e'가 실현되지 않는다는 사실이 주목을 요한다. 이러한 경향은 C(2021)에서도 발견된다. C(2021)에서 선행자음이 'ㄱ, ㅈ'일 때 w를 유지하는 비율은 같은 자음 뒤 'wi'의 경우에 비해 비교적 높다. 이러한 경향은 선행자음이 'ㅎ'인 경우에도 비슷하게 나타난다.

    (12) ㄱ. *

        ㄴ. hweoribaram(청양){회오리바람}

        ㄷ. hwEčʰuŋ∼hEčʰuŋ{회충, 蛔}

(12)의 예를 보면 선행자음이 'ㅎ'일 때 'we'가 실현되는 양상은 앞의 (10), (11)의 경우와 일견 유사해 보인다. 그런데 (12ㄷ)의 C(2021) 세대에서 'ㅎ'를 선행자음으로 가질 때는 (10ㄷ), (11ㄷ)에 비해 'w'를 유지하는 비율이 더 높다. 즉 앞의 자음들에 비해 'ㅎ' 뒤 'we'가 비교적 'w'를 늦게 탈락시키는 것으로 생각된다.[40] 'we'의 경우에도 선행자음이 'ㅎ'일 때 다른 선행자음 뒤에서보다 비교적 더디게 변화를 경험하는 것이다. 이러한 양상 역시 'wi'의 경우와 마찬가지로 'ㅎ'의 변이음과 관련이 있는 것으로 보인다. 'ㅎ'는 'wi' 앞에서와 같이 'we' 앞에서도 양순 마찰음 [Φ]로 실현되기 때문이다. 즉 같은 양순음의 성질을 갖는 w와 비슷한 위치에서 발음되어 변화의 동인이 비교적 약하게 작용한 것이 아닌가 한다. 이러한 'ㅎ'의 특성은 다른 자음 뒤에서보다 'ㅎ' 뒤의 'we'가 w탈락을 늦게 경험하는 데에 영향을 주었을 것이며, 아울러 'ㅎ' 뒤에서 'ö'가 가장 늦게 변화를 경험하였다는 사실 또한 관련이 있을 것으로 생각된다.

다음은 'ㄷ, ㅅ'가 선행자음으로 올 때의 양상을 살펴본다.

(13) ㄱ. teda(청양, 보령){되, 升}
se(서산, 청양){쇠, 鐵}
ㄴ. tweda(대전)~teda(논산){되다, 升}
twego(대전)~tego(논산){되다, 硬}
swe(공주)~se(논산){쇠, 鐵}
swebidɨm(천안, 예산)~sebidɨm(태안, 아산, 청양, 논산){쇠비름}
ㄷ. twE~tE{되} tweda~teda{되다, 硬}
swe~se{쇠, 鐵} swEda~seda{명절을 쇠다}

---

40) 이현주(2010:37-38)에서도 충남 아산지역의 30~50대(C(2021)에 반영된 세대)에서 다른 자음들에 비해 'ㅎ' 뒤에서 w가 비교적 잘 유지되는 경향이 있음을 언급하였다.

(13)은 각각 'ㄷ, ㅅ'가 선행자음으로 올 경우의 예이다. (13ㄱ)을 보면 A(1990)에 'we'는 출현하지 않지만 특이하게 'e'가 실현되는 것을 볼 수 있다. A(1990)에서 이들 예는 대체로 'ö'로 실현되는데, 'ö'에서 'we'를 거쳐 'e'로 단모음화한 것이 아니라 'ö〉e'의 변화를 겪은 것처럼 보이는 예들이 존재하는 것이다. 그런데 B(2005)에서는 분명히 'we'가 출현한다는 사실로 미루어 보았을 때 'ö〉e'의 변화를 겪었다고 보기는 어려울 듯하다. 다만 (13ㄴ, ㄷ)의 B(2005)와 C(2021)의 예를 살펴보면 위에서 언급했던 선행자음이 'ㄱ, ㅈ, ㅎ'인 경우에 비하여 선행자음이 'ㄷ, ㅅ'일 때 w가 탈락하는 비율이 비교적 높은 것을 알 수 있다. 앞서 살펴본 'wi'의 경우는 'ㅎ'일 때를 제외하면 다른 선행자음 뒤에서 'wi'의 w탈락 양상은 별다른 차이가 없었으므로, 'ㄷ, ㅅ' 뒤에서 비교적 'we'의 단모음화 경향이 높은 요인은 'we'의 핵모음인 'e'에서 비롯되었을 것으로 생각된다.

다음은 비어두 위치에서 선행자음이 존재할 때의 예이다.

(14) ㄱ. hande(예산){한 되}

tu:de(예산){두 되}

čəks'e(예산, 청양, 연기, 보령){석쇠}

yɨ:ls'e(연기, 부여){열쇠}

ㄴ. sɨ:dwe(예산, 홍성, 청양, 공주, 보령, 서천)~sɨ:de(그 외 대부분)

{세 되}

tat'we(홍성, 청양, 공주, 서천, 부여)~tat'e(그 외 대부분){다섯 되}

čəks'we(예산, 홍성, 청양, 공주, 연기, 서천)~čəks'e(태안, 서산, 당

신, 아산, 천안, 보령, 부여){석쇠}

yɨ:ls'we(천안, 홍성, 청양, 공주, 서천, 논산)~yɨ:ls'e(그 외 대부분)

{열쇠}

ㄷ. sEdwE~sEdE{세 되}

səks'wE~səks'E{석쇠}　yəls'wE~yəls'E{열쇠}

(14ㄱ)을 보면 (13ㄱ)과 마찬가지로 'we'는 실현되지 않지만 'e'가 실현되기도 한다. 한편 (14ㄴ, ㄷ)에 따르면 B(2005) 및 C(2021)에서 어두 위치에서에 비해 w가 탈락하여 단모음화하는 경향이 높게 나타나는 것을 볼 수 있다. 이를 통해 'we'의 경우 역시 어두 위치에 비해 비어두 위치에서 비교적 빠른 변화가 일어났음을 알 수 있다.

다음 예는 선행자음이 없을 때 'we'가 실현되는 양상을 보여준다.

  (15) ㄱ.　　*

      ㄴ. wesamčʰun(청양, 보령)~esamčʰun(태안){외삼촌}

        weharabuǰi(공주)~eharabuǰi(태안, 연기){외할아버지}

      ㄷ. wEnč'ok~Enč'ok{왼쪽}

        wEsamčʰun~Esamčʰun{외삼촌}

선행자음이 없을 때 A(1990)에서는 주로 'ö'로 실현되며 'we'로 실현되지는 않는다. B(2005)에서도 'we'로 실현되는 경우가 있으나 'ö'로 실현되는 경우가 더 많다. 그런데 주목할 만한 점은 선행자음이 없을 때 'wi'의 경우 B(2005)와 C(2021)에서 단모음화한 'i'가 나타나지 않았던 것에 비해 (15ㄴ, ㄷ)에서 보듯이 'we'의 경우는 w가 탈락하여 'e(E)'로 단모음화한 형태가 출현한다는 사실이다. 이는 같은 환경에서 'oy'가 'uy'에 비해 비교적 이른 시기에 단모음화를 겪은 것과 비슷한 양상이다. 이에 대한 자세한 논의는 역시 2.3.2에서 하향이중모음의 변화 과정과 관련지어 진행하기로 한다.

이 절에서의 논의를 종합하면 다음과 같다. 선행자음이 있을 때 'wi'와 'we'는 'ㅎ' 뒤에서 w탈락을 더디게 겪었는데, 이는 'ㅎ'의 변이음과 관련이 있는 것으로 생각된다. 'we'의 경우에는 선행자음이 'ㄷ, ㅅ'일 때 w가 탈락하는 경향이 비교적 높은 것을 알 수 있었다. 또한 선행자음이 없을 때 'wi'는 w가 탈락하지 않는 반면 'we'는 w가 탈락하여 단모음화한 형태가 출현하는 것을 확인하였다.

지금까지 살펴본 바와 같이 'wi, we(wE)'의 w가 탈락하여 'i, e(E)'로 실현되는 현상은 A(1990) 및 B(2005)에서는 잘 나타나지 않고 주로 C(2021) 세대, 즉 50대 이하 세대에서 보다 적극적으로 나타난다. 서론에서 언급하였듯이 C(2021)의 경우 아산과 대전 지역의 자료만 제시되어 있으므로 w탈락의 지역별 양상은 지금으로서는 파악이 어렵다. 추후 충남 대부분 지역의 조사가 완료된다면 앞서 살펴본 w탈락의 세대별 변화 양상과 더불어 충남 내의 지역별 양상 또한 논의해 볼 수 있을 것으로 생각된다.

2.3. 체계의 변화

2.3.1. 단모음의 변화

앞서 2.1.2에서 우리는 'e', 'ɛ'의 합류 양상이 충남방언에서 어떠하게 나타나는지 살펴보았다. 그에 따르면 충남방언의 A(1990) 및 B(2005) 세대는 어두 위치에서는 'e'와 'ɛ'의 대립을 명확하게 유지하고 있지만, C(2021) 세대에 이르러서는 어두 위치에서든 비어두 위치에서든 관계없이 'e', 'ɛ'의 대립이 사라진 것을 볼 수 있었다. 이 절에서는 다른 지역방언, 특히 서부방언과의 관계성에 초점을 두고 충남방언에서의 'e', 'ɛ' 합류 원인을 살펴보고 이것이 결과적으로 충남방언의 모음체계에 어떠한 변화를 가져오게 되었는지에 대해 논의하도록 한다.

앞에서도 언급하였듯이 서부방언에서 'e', 'ɛ'의 합류는 서남방언, 그중에서도 전남 서부에서 시작된 것으로 알려져 있다. 충남방언을 포함한 그 외 서부방언의 노년층에서는 'e', 'ɛ'의 대립이 비교적 잘 유지되고 있는 것으로 생각된다. 다만 젊은층으로 갈수록 'e', 'ɛ'의 대립이 약화되는 양상은 공통적이다. 가령 서남방언 중 전북방언의 노년층은 'e'와 'ɛ'를 구별하여 10모음 체계를 유지하고 있지만 젊은 세대로 갈수록 'e'와 'ɛ'의 구별이 없어지고 있다.[41] 전주지역어를 대상으로 한 최태영(1983:16-17)은 이 지역어에서 노년층은 'e', 'ɛ'를 확실하게 구별하지만 젊은층은 'e', 'ɛ'를 발음하지 않고 'E'로 발음하고 있음을 지적하였다. 경기방언 역시 이와 비슷한 양상을 보인다. 이병근·정승철(1989:50)는 용인, 이천, 안성 지역에서 대개 'e'와 'ɛ'가 뚜렷이 구별되어 쓰인다고 하였으며 김봉국(2006ㄱ:255)에서는 포천, 김포, 이천의 노년층 화자들이 'e'와 'ɛ'의 대립을 보이는 예를 제시하고 있다. 또한 한성우(2011:193-194)에서도 강화 토박이말에서 'e'와 'ɛ'는 지역이나 화자에 따른 차이 없이 완전한 대립을 이루고 있다고 하였다. 이로 미루어 보아 경기방언의 노년층 역시 'e', 'ɛ'의 대립을 비교적 잘 유지하고 있는 것으로 생각된다. 한편 황해도방언 및 서북방언은 서부방언 중 'e'와 'ɛ'의 대립이 비교적 가장 잘 유지되고 있는 듯하다. 김영배(1981:9-10)은 황해도방언에서 어두 위치의 'e', 'ɛ' 대립이 명확하며 2음절 이하의 'e', 'ɛ' 합류도 그 세력이 크지 않음을 지적하였다.[42] 서북방언을 대상으로 한 연구들 역시 이 지역에서 대부분 'e'와 'ɛ'가 변별력을 유지하고 있음을 보여준다.[43] 다만 서북방언에서도 낮은 연령층에 한해서는 'e', 'ɛ'의 합류 현상이 아예 없는 것은 아닌 듯 보인다. 가령 강순경(2001:40)은 음성 실험을 통해 평양지역어에서 'e'와 'ɛ'가 합류하였다고 보고하였는데, 이 실험의 피실험자는 대부분 평양 출신의 20대 화자들이다. 현재 여러 국어 방언에서 'e', 'ɛ'의 합류가 젊은 세대에서 활발하게 일어난다는 사실로 미루어 보았을 때, 서북방언 역시 젊은층에서 'e', 'ɛ'의 변별력이 약해지고 있음을 짐작해볼 수 있다.[44]

---

41) 다만 전북 서남부에 위치한 고창의 일부 지역은 'e'와 'ɛ'가 합류되어 9모음 체계를 갖는다(소강춘 1989:19).

42) 황해도 안악지역어를 대상으로 한 최소연(2020:20-21)도 해당 지역어에서 'e'와 'ɛ'의 구별이 뚜렷하다고 밝힌 바 있다.

43) 정인호(2006:25), 한성우(2006:34), 이금화(2007:39) 등 참조.

44) 평양지역어를 대상으로 한 또 다른 연구인 이금화(2007:41)은 해당 지역어의 화자들이 'e'와 'ɛ'를 분명히 구별하고 있다고 하였는데, 노년층에 비해 변별력이 약화된 40-50대 보다 그 아

그런데 서울방언에서 'e', 'ɛ'는 다른 방언에 비해 상대적으로 앞선 세대에서 합류가 시작된 것으로 보인다. 유필재(2006:38-44)은 서울지역어의 1920년대생 제보자의 경우 어두 위치의 'e'와 'ɛ'를 거의 구별하지 못하며, 비어두 위치에서는 'e'와 'ɛ'가 완전히 합류하였음을 밝혔다. 즉 'e', 'ɛ'의 합류는 중부방언 중 특히 서울지역에서 가장 이른 시기에 시작된 것으로 생각된다. 이상의 내용을 종합하면, 서부방언에서 'e'와 'ɛ'는 이미 합류를 완료한 전남 중서부를 제외하면 노년층에서 대립을 유지하고 있지만 젊은 세대에서 전반적으로 합류되어 가는 과정을 겪고 있음을 알 수 있다. 그리고 합류의 경향은 서울을 중심으로 가장 강하게 나타나며 황해도를 포함한 서북방언은 비교적 합류의 정도가 약한 것으로 생각된다. 그렇다면 이제 'e'와 'ɛ' 합류의 원인에 대해 논의해 볼 필요가 있다.

우선 'e'와 'ɛ' 합류의 음성적 요인은 조음의 편의성과 관련이 있다. 즉 'e', 'ɛ'의 합류는 조음의 편의를 위해 개구도 차이가 조정됨으로써 혀의 고저 대립이 부분적으로 상실된 변화라는 것이다(곽충구 2003:77). 동남방언에서 'e', 'ɛ'의 합류는 보통 'i', 'ə'의 합류와 함께 다루어지는데, 고저 대립의 축소라는 면에서 두 변화는 궤를 같이 한다. 그런데 음성적 요인만으로 서부방언 및 충남방언에서의 'e', 'ɛ' 합류 양상을 설명하기는 부족해 보인다. 전남 중서부 지역에서 'e'와 'ɛ'의 합류가 시작되었고 이미 합류가 완료되었음에도, 그 인접 지역에 비해 서울과 같은 대도시에서 'e', 'ɛ' 합류 양상이 적극적인 이유와 젊은 세대를 중심으로 'e', 'ɛ' 대립의 약화가 일어나는 점을 설명해줄 수 없기 때문이다.

앞서 중부방언 중 서울방언에서 눈에 띄게 'e', 'ɛ'의 합류가 이른 시기에 시작되었음을 확인한 바 있다. 결론적으로 말하자면 이는 방언 접촉에 의한 것일 가능성이 있다. 인천 토박이말을 조사한 한성우(2010:52-53)은 이러한 사

래 세대가 교육의 영향으로 모음을 더욱 잘 변별하고 있음을 지적하였다. 이는 강순경(2001)의 피실험자들이 탈북민이라는 데에서 오는 차이로 생각된다. 이들은 남한에 정착하는 과정에서 서울말의 영향을 받았을 가능성이 높다.

실을 뒷받침해 준다. 이 논의에 따르면 인천의 노년층 제보자는 'e'와 'ɛ'를 정확히 구별하지만 도심의 영향을 많이 받은 비슷한 연령대의 제보자는 'e'와 'ɛ'를 구별하지 못하였는데, 이것이 방언 접촉에 의한 현상일 가능성을 제시한 것이다.[45] 황해도를 포함한 서북방언에서 비교적 'e', 'ɛ' 합류의 정도가 약하다는 사실 역시 같은 이유로 설명이 가능할 것으로 생각된다. 서북방언 화자들은 남한의 중부방언 화자들에 비해 'e', 'ɛ'가 합류된 화자의 영향을 덜 받을 수밖에 없었을 것이다. 같은 이유로, 충남방언의 C(2021) 세대에서 'e'와 'ɛ'가 변별력을 잃고 'E'로 완전히 합류하게 된 것 역시 음성적인 요인 등에 의한 자생적 변화의 결과가 아니라 방언 접촉에 기인한 것으로 생각된다. 결과적으로 이는 충남방언 모음체계가 축소되는 변화를 가져오게 되었다.

2.3.2. 이중모음의 변화

앞서 우리는 단모음 'ü', 'ö'와 하향이중모음 'uy', 'oy', 그리고 상향이중모음 'wi', 'we'가 충남방언에서 어떠한 양상으로 나타나는지 차례로 살펴보았다. 해당 내용을 종합하여 정리하면 다음과 같다.

1) 전반적으로 'uy'에 비해 'oy'가 비교적 빨리 변화한다.
2) 선행자음이 없을 때, 'ü'는 출현하지 않지만 'ö'는 다수 출현한다.
3) 선행자음이 있을 때, 'ö'에 비해 'ü'가 비교적 빨리 변화한다.
4) 선행자음이 있을 때, 'we'에 비해 'wi'에서 w탈락이 비교적 잘 일어난다.
5) 선행자음이 없을 때, 'wi'는 w가 탈락한 형태가 출현하지 않지만 'we'는 w가 탈락한 형태가 출현한다.

---

45) 김수영(2021:299)에서도 타 방언에 비해 중부방언에서 'e'와 'ɛ'의 합류가 늦게 일어났고, 그 실현 정도가 연령에 따른 차이를 보인다는 점에서 중부방언에서 'e'와 'ɛ'의 합류는 방언 접촉에 의한 것일 가능성을 제시한 바 있다.

이 절에서는 하향이중모음의 통시적 변화 과정을 중심으로 위에서 정리한 내용을 종합적으로 논의해 보고자 한다. 이 변화들은 모두 하향이중모음 'uy', 'oy'로부터 비롯된 것들이기 때문이다.

하향이중모음 'uy'의 단모음화와 'oy'의 단모음화가 시기상으로 차이를 두고 일어났음은 문헌어를 대상으로 한 연구에서도 언급된 바 있다(이숭녕 1954:355, 이병근 1970:382). 즉 'uy'보다는 'oy'가 더 이른 시기에 단모음화를 경험하였을 것이라는 추측인데, 이는 충남방언에서도 마찬가지인 것으로 생각된다. 우리는 2.2.1에서 선행자음이 없을 때 'uy'는 상당히 강력하게 이중모음으로 실현되는 반면 'oy'는 'ö'로 실현되는 경우가 많으며, 같은 선행자음 뒤에서는 'uy'에 비해 'oy'가 비교적 빨리 단모음화하는 경향이 있다는 사실을 확인하였다.[46] 즉 'oy'가 'uy'에 비해 이른 시기에 단모음화를 겪는 듯한 양상을 보이는 것이다. 문제는 이들이 단모음화의 시기뿐만이 아니라 변화 과정에 있어서도 주요한 차이를 보여 주고 있다는 사실이다. 선행자음이 있는 경우에는 그 시기의 차이는 있을지언정 'uy'와 'oy' 모두 각각 'ü'와 'ö'로 단모음화한 것을 확인하였지만, 선행자음이 없을 때는 'uy'가 'ü'로 변화한 예를 찾을 수 없었다. 마치 선행자음이 없는 경우에는 'uy>wi'의 변화를 겪은 것처럼 보이는 것이다. 충남방언을 대상으로 하는 다른 연구에서도 이 방언에서 선행자음이 없을 때는 '위'가 'uy'로 실현됨을 언급하고 있다(도수희 1977:99, 김완진 1980:707, 곽충구 1982:31 등). 그렇다면 충남방언에서 'uy'는 선행자음이 있을 때와 없을 때, 각각 다른 변화 과정을 겪었을 가능성이 있다.

그동안 하향이중모음의 통시적 변화 과정에 대한 연구는 다방면으로 이루어졌으며 학자들 간의 이견 또한 다양하게 제시되었다. 이는 우선 단선적인 변화와 복선적인 변화로 나누어 볼 수 있는데, 단선적인 변화는 일련의 변화 과정이 한 가지 방향으로만 이루어진 것으로 보는 것이고, 복선적인 변화는

---

46) 곽충구(1982:35)에서도 아산지역어에서 상성의 성조를 갖지 않았던 'oy'는 모두 'ö'로 단모음화한 반면 'uy'는 선행자음이 없을 때 단모음화가 이루어지지 않았다는 사실에 비추어 'oy'가 'uy'보다 더 이른 시기에 단모음화를 경험하였음을 추측하였다.

일련의 변화 과정이 시간적인 선후 관계에 따라서 한 방향으로 이루어진 것이 아닌 둘 이상의 방향으로 함께 이루어진 것으로 이해하는 것이다(김봉국 2010:39). 또한 하향이중모음 'uy', 'oy'가 각각 'uy〉ü〉wi', 'oy〉ö〉we'의 변화 과정을 거쳤는지 아니면 'uy〉wi〉ü', 'oy〉we〉ö'의 변화 과정을 거쳤는지에 대한 것도 주요 쟁점 중 하나였다.

충남방언의 경우, 선행자음이 있을 때의 하향이중모음 'uy'는 'uy〉ü〉wi'의 변화 과정을 거친 것으로 생각된다. 앞에서 살펴본 바와 같이, 선행자음의 종류에 따라 차이를 보이긴 하지만 'uy'는 A(1990) 세대에서 주로 'ü'로 실현된다.47) 'ㄱ, ㅎ' 뒤에서 'uy'로 남아 있는 경우도 있지만 'wi'로 나타나는 경우는 거의 없고, 그 외의 자음 뒤에서 'wi'로 나타나기도 하지만 역시 'ü'에 비해서는 그 실현 빈도가 현저하게 적은 것을 알 수 있었다. 또한 '우'가 움라우트된 형태 또한 대부분 'ü'로 실현될 뿐 'wi'로 나타나는 경우는 볼 수 없다.48) 그런데 B(2005) 및 C(2021)에서 젊은 세대로 갈수록 'wi'로 실현되는 경향이 강해지는 것을 확인하였다. 심지어 C(2021)에 이르러서는 어떤 환경에서도 'ü'가 출현하지 않는다. 만약 충남방언의 'uy'가 'uy〉wi〉ü'의 변화를 겪었다면 노년층에서 주로 'ü'로 실현되고 젊은 세대로 갈수록 'wi'로 실현되는 것을 설명하기 어렵다. 또한 'uy'가 'uy〉wi〉ü' 변화를 겪었다면 이후의 변화 과정은 'uy〉wi〉ü〉wi'와 같이 될 것인데, 이러한 변화 과정은 다소 자연스럽지 못하다.49)

그런데 선행자음이 없을 때는 'uy〉ü〉wi'와 같은 변화 과정을 상정하기 어

---

47) 물론 'i'나 'u'로 실현되는 경우도 있다. '비(〈뷔)(篝), 구신(〈귀신)(鬼)' 등이 그 예인데, 이들은 uy〉ü〉wi 변화와는 직접적인 관련이 없다. 전자의 경우는 원순성을 가진 자음 'ㅂ' 뒤에서의 'uy〉iy' 변화 이후 자음 뒤의 'i'가 탈락하여 'i'가 된 것이다. 후자의 경우는 후행음절의 'i'가 존재할 때 [+전설성] 자음 앞에서 'y'가 탈락한 것이다(곽충구 1982:31-32, 정인호 2006:83).
48) nübiibul(누비이불), k'mbügi(깜부기), küphida(굽히다), mükhida(묵히다) 등.
49) 박경래(1995:95)에서도 일반적으로 자연언어에서 어떤 음이 변화를 거친 다음 다시 변화를 입기 이전 모습으로 되돌아가는 것이 자연스러운 현상이 아니라는 점에서 'uy〉wi〉ü〉wi'나 'oy〉we〉ö〉we'와 같은 변화 과정이 자연스럽지 않아 보인다고 언급한 바 있다.

렵다. 계속해서 언급했다시피 'ü'가 실현되는 경우가 없기 때문이다. 이는 충남방언에서 'uy'는 선행자음이 있을 때와 없을 때 각각 다른 변화 과정을 겪었을 가능성이 높다는 의미이고, 따라서 충남방언의 'uy'는 변화 과정이 두 가지 방향으로 이루어진 복선적 변화를 경험하였다고 생각된다. 즉 선행자음이 있는 경우에는 'uy〉ü〉wi'와 같은 변화 과정을, 선행자음이 없는 경우에는 'uy〉wi'와 같은 변화 과정을 겪었음을 추측해 볼 수 있는 것이다.[50]

　한편 'uy'와 마찬가지로 'oy' 또한 그 변화 순서에 대해 다양한 이견이 존재한다. 대표적인 쟁점은 'oy'가 'oy〉ö〉we'의 변화 과정을 거쳤는지 아니면 'oy〉we〉ö'의 변화 과정을 거쳤는지 하는 문제이다. 충남방언의 경우, 'oy'는 'oy〉ö〉we'의 변화 과정을 거친 것으로 생각된다. 앞에서 살펴본바 A(1990)에 따르면 충남방언 노년층 화자의 발화에서는 어두 음절 위치일 때 자음이 선행하는 경우 'oy'는 대개 확실한 단모음 'ö'로 실현되며,[51] 선행자음이 없는 경우 'oy' 또는 'ö'로 실현된다.[52] 'uy'가 노년층에서 'wi'로 실현되는 일이 적은 것과 같이, 'oy'의 경우도 'we' 보다는 'oy'나 'ö'로 실현되는 것이 일반적이다. 그리고 'wi'와 마찬가지로 'we'는 B(2005) 및 C(2021) 세대로 갈수록 실현

---

50) 김봉국(2010:40)은 'uy〉wi' 변화와 관련하여, 음절핵이 서로 뒤바뀌는 현상에 대한 음성적인 타당성을 제공받기 어려우므로 이는 음성적으로 부자연스러운 변화로 보일 수 있음을 지적한 바 있다. 이에 대한 해결책을 모색한 논의로 백두현(1992), 정인호(2004, 2006), 김봉국(2006ㄴ)을 들 수 있다.

51) 단어에 따라 'e'로 실현되는 경우도 있다. '베(〈뵈)(布), 메띠기(〈묏도기)(메뚜기)' 등이 그것인데, 이들은 단모음화(oy〉ö)와 비원순모음화(ö〉e)의 단계를 거쳐 이루어진 변화이다(곽충구 1982:35).

52) 단어에 따라 'o'로 실현되는 경우도 보이는데, '오삼춘(외삼촌)'과 같은 예가 그것이다. 곽충구(1982:35)는 이를 '구신(〈귀신)'과 같은 예와 동궤의 것으로 파악하였다. 즉 [+전설성] 자음 앞에서 'y'가 탈락한 것으로 본 것이다. 그런데 '외숙모'의 경우 *osuŋmo로 실현되는 경우는 없다. 또한 도수희(1977:100)에서도 충남방언에서 'oy〉o'의 변화를 보이는 예를 다수 제시하였는데 그 조건이 되는 환경을 명확히 제시하지는 못하였다. 즉 'oy〉o'의 변화는 개별 어휘에 따른 것으로 보이는데 '오삼춘'과 같은 예 또한 같은 선상의 것으로 생각된다. 한편 천안지역어를 대상으로 한 류구상(1996)은 '오삼춘'에 대해서 문자 구조상의 i가 탈락한 것으로 설명하고 있다. 그런데 이를 문자 구조상에서 일어난 일로 본다면 문자를 습득한 화자에게서 이러한 현상이 일어나야 하는데, 실제로는 그렇지 않다. 오히려 '오삼춘'은 비교적 문자의 영향을 덜 받은 노년층에서 주로 일어나는 현상이다.

정도가 강해지며,53) C(2021)에 이르러서는 어떤 환경에서도 'ö'가 실현되지 않는다. 만약 충남방언의 'oy'가 'oy〉we〉ö'의 변화를 겪었다면 노년층에서 주로 'ö'가 실현되고 젊은 세대로 갈수록 'we'로 실현되는 것을 설명하기 어렵다. 또한 만약 'oy'가 'oy〉we〉ö' 변화를 겪었다면 이후의 변화 과정은 'oy〉we〉ö〉we'와 같이 될 것인데, 'uy〉wi〉ü〉wi'와 마찬가지로 이러한 변화 과정은 다소 부자연스럽다. 결론적으로 'oy'는 'oy〉ö〉we'와 같은 변화 과정을 겪었음을 추측해 볼 수 있다.

한편 선행자음이 있을 때, 'ö'에 비해 'ü'가 비교적 이른 시기에 변화하는 것을 볼 수 있었다. 'ö'의 'we'로의 변화보다 'ü'의 'wi'로의 변화가 비교적 빠른 시기에 이루어지는 것을 확인할 수 있었던 것이다. 앞서 살펴본바 'ü'는 A(1990)에서는 다수 출현하였지만 B(2005)에서부터 'wi'에 비해 실현 빈도가 급격하게 적어진 반면, 'ö'는 B(2005)에까지 출현하는 경향이 강했다. 또한 'ö'는 'ü'와는 달리 선행자음이 없는 환경에서도 다수 출현하는 것을 볼 수 있었다. 즉 'ö'는 B(2005) 세대까지 강력한 음소의 지위를 가지는 것에 비해 'ü'는 이 세대에서 음소의 지위를 거의 잃은 것으로 생각된다. 그리고 'ö'와는 달리 'ü'가 선행자음의 유무에 따라 달리 변화를 겪은 것이 그 요인 중 하나가 될 수 있었지 않을까 한다. 물론 C(2021) 세대에 이르게 되면 'ü'와 'ö'는 모두 상향이중모음으로 변화하여 음소의 지위를 완전히 잃게 된다.

한편 'ü'와 'ö'가 변화한 상향이중모음 'wi', 'we'는 w가 탈락하여 각각 'i', 'e(E)'로 실현되기도 하는데, 이러한 경향은 젊은 세대로 갈수록 뚜렷하게 드러난다. 'wi'와 'we' 역시 그 실현 양상이 각각 다르게 나타나는데, 선행자음이 있을 때 전반적으로 'we'에 비해 'wi'가 비교적 빨리 w가 탈락하는 경향을 보여주는 것이다. 또한 선행자음이 없을 때 'wi'에서는 w가 탈락하지 않는 반면 'we'는 w가 탈락하여 단모음화한 형태가 출현하기도 한다.54)

---

53) 다만 'ü'의 경우와는 달리 'ö'는 B(2005)에서까지 비교적 강하게 실현되는 경향을 보인다.
54) 상향이중모음 'wi', 'we'의 단모음화는 아직 변이 단계에 머물러 있는 것으로 보이고, 이현주(2010)에서 소략하게나마 논의를 진행한 바가 있으므로 여기서는 실현 양상에 대한 경향 정

지금까지의 논의를 종합하여 충남방언 '위', '외'의 변화 과정을 정리하면 다음과 같다.

〈표 3〉 충남방언 '위', '외'의 변화 과정[55]

	위	외
선행자음이 존재할 경우	uy〉ü〉wi(〉i)	oy〉ö〉we(〉e)
선행자음이 존재하지 않을 경우	uy〉wi	

위와 같은 변화는 2.3.1에서 살펴본 '에'와 '애'의 합류와 더불어 결과적으로 충남방언 모음체계의 변화를 가져오게 된다. 지금까지 A(1990) 및 B(2005), C(2021)을 대상으로 충남방언의 모음 실현 양상을 살펴본 결과, 10모음 체계를 갖는 A(1990) 세대부터 B(2005), C(2021) 세대를 거치면서 충남방언의 단모음 및 이중모음 목록은 상당한 변화를 겪었음을 확인할 수 있었다. 이러한 모음 목록의 변화는 곧 충남방언 모음체계의 변화이고, 이를 정리하면 다음과 같다.

〈충남방언의 모음체계〉

〈표 4〉 100세 이상(10모음체계)

혀의 높이 ＼ 혀의 위치	전설모음		후설모음	
고모음	이	위	으	우
중모음	에	외	어	오
저모음	애		아	

도만 제시하기로 한다.

55) 한편 'uy〉ü〉wi', 'oy〉ö〉we'와 같은 변화를 인정하게 될 경우 'ü'와 'wi', 그리고 'ö'와 'we'의 실현이 일정한 시기에 중복되어 나타난다는 점이 문제가 될 수 있다. 이는 언어변화는 점진적인 변화(Lass, 1984)라는 관점을 따른다면 해결될 수 있다. 즉 'uy〉ü', 'oy〉ö'의 변화가 완료되기 전에 'ü〉wi', 'ö〉we'의 변화가 시작되었다고 본다면 실현 시기의 중복에 대해 설명이 가능하다.

<표 5> 80대(9모음체계)

혀의 높이 \ 혀의 위치	전설모음		후설모음	
고모음	이		으	우
중모음	에	외	어	오
저모음	애		아	

<표 6> 50대 이하(7모음체계)

혀의 높이 \ 혀의 위치	전설모음		후설모음	
고모음	이		으	우
중모음	E		어	오
저모음			아	

〈충남방언의 이중모음체계〉

<표 7> 100세 이상

y계 이중모음	예(ye), 애(yɛ), 여(yə), 으(yɨ), 야(ya), 유(yu), 요(yo) / 의(ɨy), 위(uy), 외(oy)
w계 이중모음	위(wi), 웨(we), 왜(wɛ), 워(wə), 와(wa)

<표 8> 80대

y계 이중모음	예(ye), 애(yɛ), 여(yə), 으(yɨ), 야(ya), 유(yu), 요(yo) / 의(ɨy), * , *
w계 이중모음	위(wi), 웨(we), 왜(wɛ), 워(wə), 와(wa)

<표 9> 50대 이하

y계 이중모음	예(ye), 애(yɛ), 여(yə), * , 야(ya), 유(yu), 요(yo) / 의(ɨy), * , *
w계 이중모음	위(wi), * , 왜(wE), 워(wə), 와(wa)

위의 표들에 따르면 충남방언 모음체계의 변화 양상은 음소의 수가 감소하는 방향으로 이루어지고 있음을 알 수 있는데, 이는 충남방언뿐만 아니라

현대국어 전반에 걸쳐 나타나는 양상이다.[56] 충남방언은 비교적 최근까지
가장 많은 수의 모음을 가졌던 방언이지만, 이러한 경향에서 벗어나지는 못
한 것으로 생각된다.

___

56) 곽충구(2003:87)에 따르면 국어 각 방언의 모음체계는 모두 무표적 모음으로 구성된 단순한
체계로 변화하고 있다.

3. 모음현상

3.1. 고모음화

통상적으로 고모음화라고 일컬어지는 국어 모음체계 내에서의 수직적 모음상승 현상은 국어 전반에서 어렵지 않게 볼 수 있는 현상이지만, 그 세밀한 양상은 방언권별로 다르게 나타난다. 어떠한 종류의 고모음화가 주로 일어나는지, 고모음화가 일어나는 위치가 어두인지 비어두인지 등이 방언에 따라 다양한 양상을 보이는 것이다. 중부방언은 고모음화가 매우 활발하게 이루어지는 방언권으로 알려져 있다. 중부방언권에 속해 있는 충남방언 역시 고모음화가 상당히 적극적으로 이루어지는 편이다. 특히 충남 서부지역을 중심으로 한 고모음화의 양상은 특기할 만하다. 충남의 서부지역은 차령산맥의 이서 지역으로 서산, 홍성, 보령 등을 포함하며, 충남방언의 전형적인 모습을 보이는 지역으로 알려져 있다.[1] 이 절에서는 충남방언의 고모음화

---

[1] 김완진(1980:706)에서는 충청도 방언의 대표적인 특성이라고 할 수 있는 '느린 어조'가 같은 남도(충남)에서도 차령산맥 동쪽보다 서쪽의 태안반도 일원에서 더 특징적임을 관찰할 수 있다고 하였다. 한편 예로부터 차령산맥 서쪽 일대를 가리키는 말로 '내포'라는 용어가 사용되었는데, 박철희(2014)에 따르면 이 용어는 고려 말~조선 초기 이후부터 충남 서북부 지역을 가리켜 사용되었으며 특히 조선 초기에서 후기를 거쳐 차령산맥 서쪽 일대에 가야산을 중심으로 한 주변 지역을 의미하게 되었다고 한다. 즉 서산, 태안, 홍성, 당진, 보령 일대를 가리

양상을 지역별·세대별로 고찰해 보기로 한다. 일반적으로 고모음화는 중모음이 같은 계열의 고모음으로 상승하는 변화를 일컫는다. 따라서 국어의 모음체계상 가능한 고모음화는 '어〉으', '에〉이', '오〉우' 세 종류이다.

3.1.1. '어〉으' 고모음화

'어〉으' 고모음화는 가장 넓은 지역에서, 가장 적극적으로 일어난다고 알려져 있으며 어두 위치의 장모음에서, 그리고 중부방언에서 가장 활발하게 실현된다고 알려져 있다. 이 현상은 중부방언에서 이미 19세기 후기에 어두 위치의 장음 환경에서 나타나는 것을 볼 수 있으며(이병근 1970),[2] 19세기 말기 이후 중부방언권의 모음변화에 나타난 가장 두드러진 특징 중 하나이다(백두현 1997:16).[3] 이처럼 '어〉으' 고모음화가 중부방언을 중심으로 적극적인 모습을 보여주었기에, 국어의 여타 방언에 비해 중부방언을 대상으로 한 관련 연구가 많은 편이다. 이 절에서는 충남방언에 나타나는 '어〉으' 고모음화 양상을 A(1990), B(2005), C(2021)의 자료를 중심으로 살펴보기로 한다. 기존 연구들을 통해 알려진 바와 같이, 충남방언의 '어〉으' 고모음화는 어두 위치의 장모음에서 가장 활발하게 일어난다.

키는데, 이들 지역은 충남방언의 특성을 가장 잘 드러내는 지역으로 알려져 왔다.

2) 이병근(1970)에서 제시한 예는 다음과 같다.

스리지(《과화존신》 8a)
끄리나(《국한회화》)
으드리니(《조군영적지》 6a)

이들은 중세국어에서 고정적 상성을 포함하고 있던 것들로서, 19세기 후기 국어의 '어'의 음가가 보다 '으'에 가까웠던 사실을 반영한다(이병근 1970).

3) 백두현(1997:16)은 '어〉으' 고모음화의 원인에 대해 음성학적 측면과 음운론적 측면을 종합하여 설명하였다. 즉 '어〉으'는 18세기에 수행되었던 '오〉우'의 견인으로 인한 중모음의 고모음화라는 모음체계상의 변화와, 장음의 '어'를 발음할 때 조음의 후반부에서 개구도가 좁아져 혀의 위치가 상승하게 되는 음성적 기제가 공동으로 작용한 결과라는 것이다.

(1)[4]ㄱ. 쓰:레(전 지역){써레}

흥:겁(그 외)~홍겁(천안, 홍성)~형:겁(부여, 금산){형겊}

츠:녀(그 외)~처:녀(공주, 부여, 논산){처녀}

듬:(당진, 예산, 홍성, 청양, 부여, 논산, 대덕)~덤:(서산, 아산, 천원, 연기, 보령){덤}

그:머리(그 외)~거:머리(논산, 금산){거머리}

슴:달(전 지역){섣달}

ㄴ. 쓰:레(태안, 홍성, 청양, 연기, 보령, 부여, 계룡)~쓰레(서산, 당진, 천안, 예산, 공주, 서천, 논산, 대전, 금산)~써레(아산){써레}

홍겁(그 외)~홍:겁(청양)~형겁(공주, 보령){형겊}

츠녀(그 외)~츠:녀(태안)~처녀(홍성){처녀}

듬:(홍성, 청양, 보령)~듬(당진, 아산, 예산, 논산)~덤:(그 외){덤}

그:머리(보령, 부여)~그머리(서산, 천안, 홍성, 공주, 서천, 계룡, 대전)~거:머리(태안, 아산, 당진, 청양, 연기, 금산){거머리}

슴:달(태안, 아산, 홍성, 연기, 보령, 부여, 계룡)~슴달(서산, 예산, 서천, 논산, 대전, 금산)~섣:달(천안, 청양){섣달}

ㄷ. 츰~첨{처음}

으르신~어르신{어르신}

(1)은 어두 위치에서 '어〉으' 고모음화가 적용된 체언의 예이다. (1ㄱ)을 보면 A(1990)에서는 어두 음절이 장음일 경우에 '어〉으' 고모음화가 실현되는 것을 알 수 있다. 그런데 '으'가 장음으로 발음되지 않거나, 장음이지만 '어'로 실현되는 경우가 없는 것은 아니다. 예를 들어 (1ㄱ)의 '헝겊'의 경우 장음이 없는 '홍겁'으로 실현되기도 한다. 이러한 경향은 B(2005)에 이르러 보다

---

4) 2장과 3장 이후의 자료 제시 방식에는 차이가 있는데, 3장 이후의 자료는 한글로 제시하여도 논의를 전개하는 데에 무리가 없다고 판단하여 이와 같은 차이를 두었음을 밝혀 둔다.

뚜렷해진다. C(2021)에는 '어〉으' 고모음화 자체가 실현되는 경우가 드문 편이다. 그렇지만 '어〉으' 고모음화가 적용된 어휘에 어두 장음이 존재하지 않는 것을 알 수 있다. 이러한 양상은 용언 및 부사어의 경우에서도 볼 수 있다.

(2) ㄱ. 즉:다(그 외)~적:다(서산, 홍성){적다}

슬:다(그 외)~설:다(보령){섧다}

뜳:다(그 외){떫다}

읎:다(전 지역){없다}

드:럽다(그 외)~드럽다(부여)~더:럽다(보령){더럽다}

그:들다(서산, 당진, 홍성, 청양, 서천)~거:들다(아산, 예산, 공주)~
     거들다(연기, 보령, 부여, 논산, 대덕, 금산){거들다}

근:너다(그 외)~근너다(서천, 대덕)~건너다(천원, 공주, 연기, 논산,
     금산){건너다}

들:(그 외)~덜:(보령){덜, 少}

츤:츤이(당진, 청양, 부여, 대덕)~천:천이(당진, 아산, 홍성, 연기, 보
     령, 서천){천천히}

ㄴ. 즉:다(공주, 논산)~즉다(예산, 대전)~적:다(천안, 논산){적다}

스:럽다(예산)~스럽다(예산, 공주, 논산, 대전)~서:럽다(서산, 천안,
     서천, 논산, 대전) {서럽다}

읎:다(서산)~읎다(예산, 대전)~없:다(천안, 공주, 서천, 논산, 대전)
     {없다}

드:럽다(서산, 천안, 논산)~드럽다(예산, 공주, 대전)~더럽다(서천)
     {더럽나}

늫:다(예산)~늫다(서산, 공주, 논산, 대전)~넣:다(천안, 서천){넣다}

ㄷ. 드럽다~더럽다{더럽다}

읎다~없다{없다}

늫다~넣다{넣다}

(2)는 용언 및 부사어일 때 어두 위치에서 '어〉으' 고모음화가 적용된 예이다. (2ㄱ)에 따르면 체언일 때와 마찬가지로 A(1990)에서는 어두 음절이 장음인 경우에 '어〉으' 고모음화가 실현되는 것이 일반적이다. 그런데 이 경우에도 '으'가 장음으로 실현되지 않는 예가 드물게 보인다. 이러한 예들이 A(1990)에 이르러 보다 많이 나타나며 C(2021)에서는 어두 장음과 관계없이 '어〉으' 고모음화가 실현되는 것처럼 보인다는 점도 같다. 이렇듯 젊은 세대로 갈수록 음장과 관계없이 '어〉으' 고모음화가 실현되는 경향이 높아지는 듯 보이는 이유에 대해 생각하여 볼 필요가 있다.

A(1990)의 '어〉으' 고모음화는 어두의 장모음으로부터 시작된 것이 확실해 보인다. 이는 충남방언의 '어〉으' 고모음화에 대한 선행 연구들에서 두루 언급된 내용이기도 하고,5) (1ㄱ)과 (2ㄱ)의 예들은 모두 어두에 장음을 가지고 있는 어휘들이기 때문이다. 즉 '훙겁'과 같은 예는 원래 장음을 가진 '형:겁'에서 '어〉으' 고모음화가 일어난 뒤 장음이 사라진 것으로 보는 편이 타당할 듯하다. B(2005)의 예들 역시 같은 해석이 가능하다. 다시 '헝겊'의 예들 들면, 원래 장음을 가진 '형:겁'에서 '어〉으' 고모음화가 일어나 '훙:겁'이 되고, 이후 '형:겁, 훙:겁'에서 장음이 사라져 '형겁, 훙겁'과 같은 어형이 실현되는 것으로 생각된다. 다만 A(1990)에 비해 B(2005)에 이러한 예들이 많이 출현하는 것은 젊은 세대로 갈수록 장음의 실현 양상이 약화되는 경향을 띠기 때문인 것으로 보인다.6)

---

5) 도수희(1977:112-113)에서는 어두 위치의 장음에서 '어〉으' 고모음화가 적극적으로 실행되는 예들을 다수 제시하였다. 충남 서부방언(이 논의에서는 천안, 아산, 예산, 홍성, 당진, 서산, 보령)을 대상으로 한 이원직·허삼복(1996:12)은 장모음 '어'는 거의 '으'로 상승하지만 단모음 '어'는 '으'로 나타나지 않는다고 하였다. 또한 천안지역어를 대상으로 한 김정태(2004:23)에서도 어두에서 장모음 '어'의 '으'로의 상승은 필수적으로 보이는 반면 비어두의 '어'는 수의적으로 상승된다고 하였다.

6) 김혜림·박민희(2019:93)에 따르면 현재 20-30대는 물론이고 70-80대의 경우에도 장음에 대

한편 (1ㄷ)과 (2ㄷ)에서는 음장과 관계없이 '어〉으' 고모음화가 실현되는 듯한 모습을 볼 수 있다. C(2021) 세대를 기준으로 했을 때 해당 어휘들은 장음을 가지지 않기 때문이다. 그렇다면 (1ㄷ), (2ㄷ)의 예들은 어두 장음이 없는데도 '어〉으' 고모음화가 실현된 것으로 볼 수 있다. 그런데 이에 대해서는 재고의 여지가 있다. 우선 '어'의 음성 실현과 관련하여 생각해 볼 필요가 있다. 중부방언의 '어'가 음장에 따라 조음영역이 달라진다는 것은 잘 알려진 사실이다. '어'가 장음일 때는 중설중모음 [ə]로, 단음일 때는 후설저모음 [ʌ]로 실현되는 것이다. 그런데 이 '어'의 음성 실현이 세대에 따라 차이가 있음이 많은 연구 및 조사에서 드러났다(권경근 2001:33-34). 즉 젊은 세대일수록 긴 '어'를 짧은 '어'와 같은 음가로 발음할뿐더러 대부분은 모음의 장단을 구별하지 못하기 때문에 '어'를 후설저모음 [ʌ]로 발음하고, 따라서 젊은 세대의 말에서는 '어'의 음가가 후설저모음 [ʌ]로 고정되었다는 것이다. 이러한 경향이 충남방언의 젊은 세대 화자에게도 작용하였다고 본다면 (1ㄷ), (2ㄷ)의 예들은 위에 세대와 같은 '어〉으' 고모음화의 적용을 받았다고 보기 어려울 듯하다. C(2021) 세대 화자들의 '어'의 음가가 후설저모음 [ʌ]로 고정되었다면 통상적인 '어〉으' 고모음화가 일어나는 조건이 성립하지 않게 되기 때문이다. 이는 '여〉으' 고모음화의 예들을 살펴보면 보다 명확해진다.

(3) ㄱ. 응:감(전 지역){영감}

　　을:쇠(그 외)～열:쇠(부여, 서천){열쇠}

　　으:치(그 외)～여:치(아산, 보령){여치}

　　읏:보다(그 외)～엿:보다(서산, 보령, 서천){엿보다}

　ㄴ. 응:감(그 외)～영감(태안, 천안, 연기, 보령, 논산){영감}

　　을:쇠(서산, 예산, 홍성, 천안, 공주, 보령, 부여, 계룡, 대전, 금산)～열:

쇠(태안, 당진, 아산, 천안, 연기, 부여, 서천, 논산){열쇠}

은:치(그 외)~여:치(서산, 아산, 연기){여치}

웃듣다(그 외)~엿:듣다(아산, 청양, 연기, 보령, 부여, 논산){엿듣다}

ㄷ. *

　(3)은 '여〉으' 고모음화가 적용된 예들이다. 2장에서 언급하였듯이 'yɨ'의 존재는 충남방언 이중모음체계가 갖는 독자적인 특징 중 하나이다. 'yɨ'는 일부 단어에서 '여'가 장모음일 경우에만 나타나는데, (3)의 단어들이 이에 해당한다. (3ㄱ)에 따르면 A(1990)에서 '여〉으' 고모음화는 상당히 강력하게 실행되는 것을 알 수 있다. 그보다는 다소 덜하지만 B(2005)에서도 '여〉으' 고모음화는 활발하게 실현되는 편이다. 그런데 C(2021)에 이르러서 '여〉으' 고모음화는 완전히 자취를 감춘다. 이렇게 '여〉으' 고모음화가 세대별로 뚜렷한 차이를 보이는 이유 역시 '어'의 세대별 음성 차이에서 비롯된 것으로 생각된다. 즉 C(2021) 세대의 화자들은 장음의 실현 양상이 약할 뿐만 아니라 '어'의 음가가 주로 후설저모음으로 실현되기 때문에 '어〉으' 고모음화 및 '여〉으' 고모음화의 적용이 소극적일 수밖에 없었다고 보는 것이다.

　그렇다면 (1ㄷ)과 (2ㄷ)에서 장음에 관계없이 '어〉으' 고모음화가 적용된 것처럼 보이는 어휘들이 출현하는 것에 대해 다른 해석을 강구해 볼 필요가 있다. 본고에서는 이들 어휘에 표현적 장음이 관련되어 있을 가능성을 제시해 보고자 한다. 국어의 표현적 장음은 표현적 자질로서 표면에 부여된 것으로 지시대상이나 청자에 대한 화자의 어떤 심리를 반영하여 나타나는 것이기 때문에 화용론적 성격을 띤다고 할 수 있다(김창섭 1991:744).[7] (1ㄷ), (2ㄷ)의 예들은 주로 구술발화로부터 추출한 것들로, 표현적 장음이 수반될 만한 환경을 충분히 갖추고 있다고 할 수 있다. 즉 이 어휘들은 상황에 따라 표

---

7) 이에 대한 본격적인 연구는 이병근(1986)으로부터 시작되었다고 할 수 있다. 이 연구에서는 국어의 표현적 자질로서 프로미넌스와 장음을 검토하였는데, 프로미넌스에 수반되는 장음은 그에 따른 뉘앙스의 차이를 나타내는 듯하다고 하였다.

현적 장음이 얹히게 되면서 중설중모음에 가깝게 실현되고, 이에 따라 '어>으' 고모음화가 적용된 형태가 출현하기도 한다고 생각되는 것이다. 표현적 장음이 비교적 잘 실현된다고 알려진 형용사 및 부사(드럽다(더럽다), 읎다(없다), 들(덜))에서 고모음화된 형태가 다수 출현하는 것이 하나의 근거가 될 수 있겠다.[8]

지금까지 충남방언의 어두 위치에서의 '어>으' 고모음화 양상을 살펴본바 A(1990) 및 B(2005)에서는 주로 음장이 존재할 때 체언·용언 및 부사어에서 모두 '어>으' 고모음화가 적극적으로 실현되는 것을 알 수 있었다. 반면 C(2021) 세대의 화자들은 장음의 실현이 약할 뿐더러 '어'를 주로 후설저모음으로 발음하기 때문에 '어>으' 고모음화를 거의 실현하지 않는 것을 확인하였다. 그렇다면 이러한 어두 위치에서의 '어>으' 고모음화가 충남방언 내에서는 어떠한 분포 양상을 보이는지 살펴보도록 한다.

(1)~(3)에 따르면 충남방언 전반에서 어두 위치의 '어>으' 고모음화가 실현되지만 전북에 인접한 충남 남부는 비교적 덜 적극적인 실현 양상을 보이는 것을 알 수 있다. 전술하였듯이 어두 위치에서의 '어>으' 고모음화는 중부방언에서 가장 적극적으로 실현된다고 알려져 있다. 충남방언 또한 여타 중부방언과 크게 다르지 않은 모습을 보이지만,[9] 충남방언 내에서는 남부에 위치한 지역들이 보다 덜 적극적으로 '어>으' 고모음화를 실현하는 것이다. 즉 충남방언을 포함한 중부방언이 어두 위치 '어>으' 고모음화의 중심지이지만, 그중 서남방언과 인접한 충남의 남부 지역은 그 세력의 영향을 비교적 덜 받았다고 할 수 있겠다.

---

8) C(2021)에서 '어>으' 고모음화가 적용된 형태들에 대해, 이전 세대의 발음 습관이 이어진 것으로 해석해 볼 수도 있다. 예를 들어 '으르신(어르신)'과 같은 어휘는 표현적 장음과 크게 관련이 없어 보인다. 그렇지만 고모음화가 적용된 형태로 나타나는 어휘들이 대부분 표현적 장음이 잘 실현된다고 알려진 부류에 속한다는 점에서, 이들 어휘의 고모음화 실현에 있어서 표현적 장음이 관여하는 부분이 어느 정도 존재할 것으로 생각된다.

9) 김아름(2008:23)에 따르면 경기도, 강원 영서, 그리고 충남과 충북의 어두 위치 '어>으' 고모음화 실현 비율이 비슷하게 나타난다.

　그런데 B(2005)에서 드러나는 지역별 양상을 살펴보면 충남 중부에 위치한 지역들에 비해 북부와 남부에서 어두 위치의 '어〉으' 고모음화가 비교적 덜 일어나는 모습을 확인할 수 있다. A(1990) 세대와 비교해 보았을 때 B(2005) 세대는 '어〉으' 고모음화가 보다 약화되는 경향을 보이는데, 그러한 경향이 충남 북부 및 남부에 위치한 지역들에서 비교적 먼저 드러나고 있는 것이다. 앞서 살펴보았듯이 C(2021) 세대에 이르면 이러한 경향이 보다 더 강해져 어두의 '어〉으' 고모음화는 거의 나타나지 않게 된다.

　다음은 비어두 위치에서의 '어〉으' 고모음화에 대해 살펴본다.

(4) ㄱ. 재롱뜬다(서산, 당진)~재롱떤다(천원, 홍성, 청양, 보령, 부여, 논산)
　　　{재롱떨다}

　　　작은슬:(그 외)~작은설(서산, 금산){작은설}

　　　느닷읎이(연기)~느닷없이(그 외){느닷없이}

　　ㄴ. 작은슬(논산, 계룡, 대전)~작은설(서산, 예산, 공주, 논산, 대전, 금
　　　산){작은설}

　　ㄷ. 밥맛읎다~밥맛없다{밥맛없다}

　(4)의 예를 보면 비어두 위치에서 고모음화가 실현되는 경우가 어두 위치에서에 비해 현저히 적은 것을 알 수 있다.[10] 그렇지만 비어두 위치임에도 분명 고모음화가 적용되는 것을 볼 수 있는데, 이는 이들이 복합어이기 때문인 것으로 여겨진다. 즉 후행 요소의 첫 음절이라는 환경이 '어〉으' 고모음화가 일어날 수 있는 조건으로 적용하였을 가능성이 있는 것이다. 그런데 다음 (5)의 예들은 이와 같은 환경이 아님에도 비어두 위치에서 '어〉으' 고모음화가 적용되는 것처럼 보인다.

---

10) 다만 (4ㄱ)의 '작은설'의 경우 '작은슬:'로 실현되는 일이 더 많다. 이는 후행 요소의 첫 음절
　　인 '설'에 얹힌 음장 때문인 것으로 생각된다.

(5) ㄱ. 아부지(논산, 금산)~아버지(그 외){아버지}

　　 여들(홍성, 서천)~여덜(그 외){여덟}

　　 지끌이다(금산)~지껄이다(그 외){지껄이다}

ㄴ. 아부지(아산, 논산, 대전, 금산)~아버지(그 외){아버지}

　　 여들(서산, 예산)~여덜(천안, 공주, 서천, 논산, 대전){여덟}

　　 지끌이다(서천, 논산)~지껄이다(서산, 천안, 예산, 서천, 대전)

　　　 {지껄이다}

ㄷ. *

　(5)는 형태소 내부이면서 비어두 위치에서 '어〉으' 고모음화가 실현된 예
들이다. 역시 전반적으로 그 수가 많지는 않다. C(2021)에는 고모음화된 예
가 출현하지 않지만 A(1990) 및 B(2005)는 비슷한 양상을 보인다. 우선 '여들
(여덟)'과 '지끌이다(지껄이다)'는 애초에 '어〉으' 고모음화가 적용된 것이 아
닐 가능성이 있다. 이들의 중세어형은 각각 '여듧', '짓글히다'로 원래부터 '으'
를 갖고 있는 어휘들이기 때문이다. 그런데 '아부지(아버지)'에 대해서는 다
른 설명이 필요해 보인다. 충남방언을 대상으로 한 도수희(1977:118)에서는
다음과 같은 예를 제시하고 있다.

(6) 아부지(〈아브지〈아버지)

　 할아부지(〈할아브지〈할아버지)

　 어무니(〈어므니〈어머니)

　 할무니(〈할므니〈할머니)

　즉 이들 예에 대해 '어〉으' 고모음화가 적용된 이후 순음 뒤 원순모음화를
겪은 것으로 파악한 것이다. 이에 대해 강희숙(2017:420)은 고모음화가 원순
모음화와 급여 관계를 보인다는 면에서 이를 고모음화 현상 확대의 증거로

볼 수 있음을 언급하였다. 한편 서울지역어를 대상으로 한 강희숙(2005), 신우봉(2016)에서는 20세기 이후 서울지역어에서 '어〉으' 고모음화가 장음이 아닌 환경으로도 확대 적용되는 것을 볼 수 있다고 한 바 있다. 특히 강희숙(2018:16-19)은 기존의 연구 성과를 종합하여 서울말에서의 '어〉으' 고모음화가 가능한 모든 환경에서 실현되고 있음을 제시하였다. 그렇지만 이 논의를 충남방언에 그대로 적용하기에는 다소 적절하지 않은 듯 보인다. 앞에서 살펴본 바와 같이 충남방언의 '어〉으' 고모음화는 어두에서조차 세대를 거치면서 사라지고 있는 실정이므로 비어두 위치에의 확대 양상은 더더욱 알 수 없게 되었기 때문이다. 따라서 '아부지(아버지)'와 같은 어형은 예외적인 현상으로 처리하는 것이 보다 타당할 듯하다.

다음으로 문법형태소에서의 '어〉으' 고모음화 실현 양상을 살펴보기로 한다.

(7) ㄱ. 잡드냐(천원, 공주, 연기, 서천, 논산, 대덕, 금산)~잡더냐(그 외)
{잡더냐}

오겄드라(천원, 예산, 공주, 연기, 논산, 대덕, 금산)~오겄더라(그 외){오겠더라}

물드라(공주, 연기, 서천, 논산, 대덕, 금산)~물더라(그 외){물더라}

알:드라(공주, 연기, 서천, 논산, 대덕, 금산)~알:더라(그 외){알더라}

감:드라(공주, 연기, 서천, 논산, 대덕, 금산)~감:더라(그 외){감더라, 洗}

읎:드라(연기, 보령, 서천, 논산, 대덕, 금산)~읎:더라(그 외){없더라}

즉:었든(연기, 서천)~즉:었던(그 외){적었던}

ㄴ. 오드라~오더라{오더라}

없드라~없더라{없더라}

있드라~있더라{있더라}

놓드라~놓더라{놓더라}

ㄷ. 주드라~주더라(주더라)

　　없드라~없더라(없더라)

　　있드라~있더라(있더라)

　　다르드라~다르더라(다르더라)

　(7)은 문법형태소에서의 '어〉으' 고모음화 실현 양상이다. 문법형태소에서의 '어〉으' 고모음화는 문법형태소의 종류에 따라 일부 지역에 한정하여 나타난다. 충남방언에는 문법형태소 중 선어말어미 '-더-'의 결합형이 '-드-'가 되는 현상이 존재하는데, (7)에 따르면 A(1990) 및 B(2005), C(2021)에서 모두 '어〉으' 고모음화 실현형이 나타나기는 하지만 비실현형이 더 많이 출현한다.[11]

　이러한 선어말어미 '-더-'의 고모음화 실현형 '-드-'는 충남 북부보다는 충남 남부 지역을 중심으로 나타나는 것을 알 수 있다. 이는 서남방언의 영향을 받은 것으로 추측해 볼 수 있지 않을까 한다. 기존 논의들에 따르면 서남방언에서 '어〉으' 고모음화가 상당히 제한적인 것에 비해, 문법형태소 '-더-'의 경우는 '어〉으' 고모음화가 적극적으로 실현된다. 강희숙(2017:409-410)은 전남방언에서 문법형태소 중 '-더-'와의 결합형이 가장 활발한 고모음화를 겪고 있음을 언급하였으며[12] 김아름(2008:74)은 이들이 서남지역에서 일제히 고모음화된 어형으로만 실현된다고 하였다. 즉 서남방언에서 적극적인 모습을 보이는 '-더-'의 고모음화 실현형인 '-드-'가 충남 남부 지역에 영향을 미친 것으로 볼 수 있지 않을까 한다. 그렇지만 문법형태소에서의 '어〉으' 고모음

---

11) 여기서 (7ㄴ)은 B(2005)의 구술 발화 부분에서 추출한 자료인데, 지역별 차이가 크게 드러나지 않으므로 세부 지역 표시를 생략하였다.

12) 강희숙(2017:410)은 전남방언(정확히는 영광지역어)에서 '-더-'의 고모음화가 활발한 이유에 대해 신우봉(2016)의 기술과 관련하여 설명하였다. 신우봉(2016:250)에서는 20세기 구어 자료에서 '-더-'와의 결합형에서만 '어〉으' 고모음화가 나타났다고 기술하였는데, 이에 따르면 문법형태소의 '어〉으' 고모음화는 '-더-'와의 결합형에서 발생 및 확산이 이루어졌고, 이러한 양상이 영광지역어에서도 유사하게 적용되었다는 것이다.

화 또한 아래 세대로 갈수록 그 세력이 약화되는 것은 앞의 경우와 마찬가지이다.

　지금까지 이 절에서는 충남방언에 나타나는 '어〉으' 고모음화 양상을 살펴보았다. 충남방언에서 어두 위치의 '어〉으' 고모음화는 주로 음장이 존재할 때 적극적으로 실현되는데, 이는 여타 중부방언과 비슷한 양상임을 확인할 수 있었다. 다만 서남방언과 인접한 충남의 남부 지역은 '어〉으' 고모음화 세력의 영향을 비교적 덜 받은 것으로 생각된다. B(2005) 세대부터는 전반적으로 '어〉으' 고모음화가 약화되는 양상을 보이는데, 이러한 경향은 충남 북부 지역에서 먼저 드러나는 것으로 보였으며 C(2021)에 이르러서는 어두의 '어〉으' 고모음화가 거의 나타나지 않는 것을 알 수 있었다. 한편 충남방언에서 비어두 위치에서의 '어〉으' 고모음화는 거의 나타나지 않는 것을 볼 수 있었다. 형태소 내부이면서 비어두 위치에서 '어〉으' 고모음화가 실현된 것처럼 보이는 몇몇 예들은 '어〉으' 고모음화가 적용된 것이 아닐 가능성이 높거나 예외적인 현상으로 생각된다. 한편 문법형태소 '-더-'의 고모음화 실현형 '-드-'는 어두 위치의 '어〉으' 고모음화와는 반대로 충남 남부 지역을 중심으로 나타나는 것을 알 수 있었다.

　이를 종합하여 충남방언 '어〉으' 고모음화의 분포 양상을 지도로 나타내면 다음과 같다.

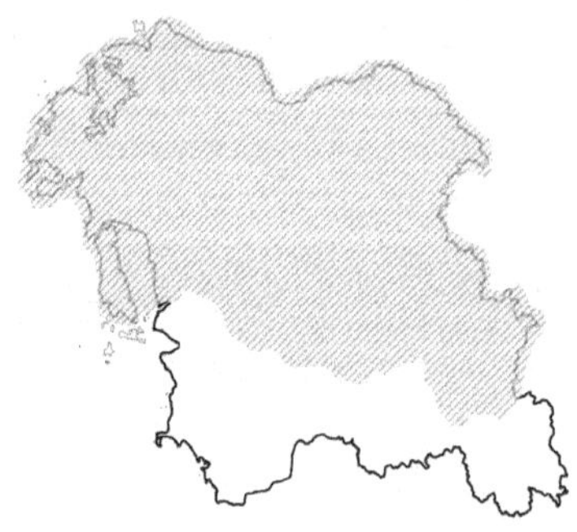 

〈지도 4〉 어두 위치의 '어〉으' 고모음화　　〈지도 5〉 문법형태소의 '어〉으' 고모음화

이에 따르면 같은 '어〉으' 고모음화라 하더라도 분포 양상 및 인접 방언과의 영향 관계가 상이함을 알 수 있다. 어두 위치의 '어〉으' 고모음화는 서남방언과 인접한 충남의 남부 지역은 그 세력의 영향을 비교적 덜 받은 것으로 생각되는 반면, 문법형태소의 '어〉으' 고모음화는 서남방언의 영향을 받은 것으로 생각되는 것이다. 이러한 차이로 미루어 볼 때 이들은 서로 그 성격을 달리함을 짐작해 볼 수 있다. 그렇지만 이들 모두 아래 세대로 갈수록 축소되는 경향을 보이는 것은 마찬가지이다.

3.1.2. '에〉이' 고모음화

통상적으로 '에〉이' 고모음화는 중부방언에 비해 남부방언에서 활발하게 나타나는 것으로 알려져 있다. 곽충구(2003:78)은 중부방언권에서 비어두 음절 위치에서 '에〉이' 고모음화가 일어난 예와 장음이 아닌 경우에도 '에〉이' 고모음화가 일어난 일부의 예를 들면서, 이러한 변화는 남부방언권에서 보편적이라고 언급하였다. 서울방언과 전남방언의 자료를 비교한 강희숙(2005:13-19)는 서울말에서의 '에〉이'는 제한적인 환경에서 실현되는 반면, 전남방언에서의 '에〉이'는 어두의 단음, 비어두 위치, 그리고 문법형태소에까지 확대 적용되어 상당히 생산적인 모습을 보인다고 하였다.[13] 정인호(2006:47-49) 역시 전남 화순지역어에서 '에〉이'의 변화가 광범위하게 일어났음을 언급하였다.[14] 충남방언의 경우, 전반적으로 적극적인 양상을 띠지만 어두와 비어두에서 모두 남부방언에 비해 덜 일어나는 것으로 보인다. 이

---

13) 강희숙(2005:15-16)에 제시되어 있는 해당 환경의 예는 다음과 같다.

믹이다(먹이다), 시우다(세우다), 지대로(제대로), 디(데), 디로(대로)
소지(소제), 인지(이제), 한티로(한테로), 그런디(그런데)

14) 정인호(2006:48)은 충남방언과 전북방언에 비추어 화순지역어에서도 장음을 가진 환경에서 이 변화가 먼저 시작되었을 가능성을 제시하였다.

절에서는 A(1990), B(2005), C(2021)의 자료를 중심으로 충남방언에서의
‘에〉이’ 고모음화 양상을 살펴보기로 한다.

(1) ㄱ. 시:숫대야(당진, 아산, 청양, 연기, 보령, 부여, 논산)〜세:숫대야(서산,
　　　천원, 예산, 홍성, 공주, 서천, 대덕, 금산){세숫대야}

　　기:트름(천원, 공주, 부여, 서천, 논산)〜게:트름(그 외){게트림}

　　싯:(그 외)〜셋:(서산, 당진, 예산, 금산){셋}

　　시:개(그 외)〜세:개(당진, 아산, 연기, 금산){세 개}

　　닛:(그 외)〜넷:(서산, 당진, 예산, 금산){넷}

　　니:개(그 외)〜네:개(서산, 당진, 예산, 금산){네 개}

　　지:가(그 외)〜지가(서천)〜제:가(보령, 서천){제가(自己)}

　　니가(그 외)〜니:가(당진, 아산, 연기, 서천)〜네가(서산){네가(你)}

ㄴ. 시:숫대(홍성, 공주, 대전)〜세:숫대(그 외){세숫대야}

　　기:트름(청양, 서천, 논산)〜게:트름(그 외){게트림}

　　셋:(전 지역){셋}

　　시:개(보령, 대전)〜세:개(그 외){세 개}

　　닛:(논산)〜넷:(그 외){넷}

　　니:개(예산, 보령)〜네:개(그 외){네 개}

　　지:가(서천)〜제:가(논산, 대전){제가(自己)}

　　니:가(서산, 천안, 예산, 서천, 논산)〜네:가(공주, 서천, 대전)
　　　{네가(你)}

ㄷ. 지가〜제가{제가(自己)}

　　니가〜네가{네가(你)}

　(1)은 체언일 때 어두 위치에서 ‘에〉이’ 고모음화가 실현된 예들이다. (1
ㄱ)을 보면 ‘어〉으’ 고모음화와 마찬가지로 어두 음절이 장음일 때 ‘에〉이’ 고
모음화가 적용되는 것을 알 수 있다. (1ㄴ)에서도 역시 어두의 장음에서 ‘에〉

이' 고모음화가 실현된다. 충남방언을 대상으로 한 도수희(1977:104-105) 및 곽충구(1982:37)에서는 '에〉이' 고모음화를 보이는 예로 어두 장음을 가진 용례들을 들고 있으며 한영목(1998:178)에서 제시한 어두 위치에서의 '에〉이' 고모음화 예시 역시 장음을 가진 것들이다. 이를 종합하면 충남방언의 '에〉이' 고모음화는 어두 위치의 장모음에서 활발하게 실현되는 것을 알 수 있다. 그런데 (1ㄴ)에 따르면 B(2005)에는 A(1990)에 비하였을 때 장음임에도 '에〉이' 고모음화가 실현되지 않는 예가 보다 많이 나타나며, C(2021)에 이르러서는 '에〉이' 고모음화가 적용된 형태가 거의 출현하지 않는 것을 알 수 있다. 젊은 세대로 갈수록 '에〉이' 고모음화의 세력이 약해진 것이다. 이는 C(2021) 세대에 이르러 '에'와 '애'가 합류하여 'E'로 변화한 사실과 관련이 있을 듯하다. '에〉이' 고모음화는 중모음 '에'가 같은 계열의 고모음 '이'로 상승하는 변화인데, '에'가 'E'로 합류하였다면 '에〉이' 고모음화의 입력형이 사라지게 된 것이기 때문이다.[15]

　한편 이러한 경향과는 다르게 '제가(自己), 네가(你)'의 경우 전 세대에 걸쳐 '에〉이' 고모음화 적용 형태가 적극적으로 실현되는 양상을 보인다는 점이 특이하다. '제가'는 3인칭 비존칭 대명사 '저'의 주격형이고 '네가'는 2인칭 비존칭 대명사 '너'의 주격형이다. 강희숙(2005:16-17)는 서울말과 전남방언의 3인칭 대명사 '저'의 주격형과 속격형이 각각 '지가'와 '지'로만 실현되는 모습을 보이는바, 이들 어형이 두 방언에서 모두 재구조화의 완성 단계에 이르렀을 가능성을 제시하였다. 2인칭 대명사 '너'의 주격형 또한 전남방언에서는 '니가'의 형태로만 나타남을 들어 이 역시 재구조화의 결과로 보았다. 그런데 충남방언의 '제가, 네가'의 경우 '에〉이' 고모음화의 적용을 입은 것은 맞지만 전체적으로는 재구조화의 단계까지 이르시는 못한 섯으로 보인다. A(1990) 및 B(2005)에서 '지가, 니가'뿐만 아니라 '제가, 네가'의 형태도 출현

---

15) 그런데 이와는 반대로 남부방언의 '에〉이' 고모음화의 발생 원인을 '에', '애'의 합류로부터 찾으려고 시도한 연구들이 있다. 이에 대해서는 후술한다.

하기 때문이다. 따라서 C(2021)에서 출현하는 '지가, 니가'는 재구조화의 결과라기보다는 방언 접촉의 영향으로 보는 것이 더 타당할 듯하다. 1인칭 대명사 '저'의 주격형 '제가'의 경우, 노년층에서는 3인칭 대명사 '저'의 주격형과 마찬가지로 '지가'의 형태도 출현하는 반면 젊은 세대에서는 '지가'로 실현되는 일이 없다는 사실도 이를 뒷받침해준다고 할 수 있겠다. 만약 C(2021)의 '지가, 니가' 형태가 앞의 세대로부터 영향을 받은 것이라면, 1인칭 대명사 '저'의 주격형 '제가'에 '에〉이' 고모음화가 적용된 형태인 '지가'만 전혀 출현하지 않는 것을 설명하기 어렵다.

(2) ㄱ. 비:다(전 지역){베다, 枕}

　미:다(아산, 천원, 공주, 연기, 부여, 서천, 논산, 대덕, 금산)〜메:다(서산, 당진, 예산, 홍성, 청양, 보령){메다, 擔}

　시:다(공주, 연기, 보령, 부여, 서천, 논산, 대덕, 금산)〜세:다(서산, 당진, 아산, 천원, 예산, 홍성, 청양){세다, 算}

　기:시다(서산, 당진, 아산, 홍성, 공주, 보령, 논산, 대덕, 금산)〜계:시다(천원, 예산, 청양, 연기, 부여, 서천){계시다}

　띠:다(공주, 부여, 논산, 대덕, 금산)〜떼:다(그 외){떼다, 離}

ㄴ. 비:다(천안, 예산, 공주, 논산)〜베:다(서산, 천안, 서천, 대전){베다, 枕}

　시:다(공주, 논산)〜세:다(서산, 천안, 예산, 서천, 논산, 대전){세다, 算}

　미:다(공주, 논산, 대전)〜메:다(서산, 천안, 서천, 논산){메다, 擔}

　띠:다(공주)〜떼:다(서산, 천안, 서천, 논산, 대전){떼다, 離}

ㄷ. *

(2)는 용언일 때 어두 위치에서 '에〉이' 고모음화가 실현된 예들이다. 체언일 때와 마찬가지로 어두 음절이 장음인 경우 '에〉이' 고모음화가 적용되며, 젊은 세대로 갈수록 '에〉이' 고모음화의 실현 정도가 약해지는 양상을 보여준다. C(2021)에는 '에〉이' 고모음화가 적용된 형태가 출현하지 않는다.

정리하면 충남방언의 어두 위치 '에〉이' 고모음화는 체언·용언일 때 모두 어두 음절이 장음인 경우 주로 실현된다고 할 수 있다. 이는 앞서 살펴본 어두 위치 '어〉으' 고모음화의 경우와 같다. '에〉이' 고모음화 또한 젊은 세대로 갈수록 그 세력이 약해지다가 거의 사라지는데, 이는 C(2021) 세대에 이르러 '에'와 '애'가 합류하여 'E'로 변화한 사실과 관련이 있는 것으로 생각된다. 이러한 어두 위치 '에〉이' 고모음화가 충남방언 내에서는 어떠한 분포를 보이는지 살펴보면, 중남부에 위치한 지역들을 중심으로 보다 적극적인 모습을 보이는 것을 알 수 있다. 전술하였듯이 '에〉이' 고모음화는 남부방언에서 가장 적극적으로 일어나는 것으로 알려져 있다. 그런데 충남방언 '에〉이' 고모음화의 분포 양상에 대해 남부방언, 즉 충남과 인접한 서남방언의 영향을 받았다고 보기는 어려울 듯하다. 충남방언의 '에〉이' 고모음화와 서남방언의 '에〉이' 고모음화는 그 성격 및 원인이 다르다고 생각되기 때문이다.16) 그렇다면 충남방언의 어두 위치 '에〉이' 고모음화는 서남방언과는 관계없이 충남 지역 내에서 중남부 지역을 중심으로 발달하였다고 볼 수 있겠다. B(2005)에서는 전체적으로 실현형의 수만 줄었을 뿐 분포 양상은 비슷하게 나타나며, C(2021)에 이르러는 거의 실현되지 않는다.

다음은 비어두 위치에서의 '에〉이' 고모음화 실현 양상을 살펴본다.

  (3) ㄱ. 수지비(청양, 공주, 연기)~수제비(그 외){수제비}

       타리박(당진, 아산, 공주)~타레박(서산, 천원, 예산, 청양, 보령, 서천, 대덕){두레박}

       번디기(연기, 대덕, 금산)~번데기(그 외){번데기}

       두링이(연기)~두렝이(아산, 홍성, 청양, 공주, 보령, 부여, 대덕, 금산){두렁이}

---

16) 이에 대해서는 후술한다.

누디기(청양)~누데기(서산, 당진, 아산, 예산, 보령, 서천, 논산, 대
　　덕){누더기}

두드리기(연기, 대덕)~두두레기(그 외){두드러기}

얼칭이(청양, 공주)~얼쳉이(그 외){언청이}

지링이(청양, 연기, 대덕)~지렝이(그 외){지렁이}

두지기(청양, 공주, 연기, 부여, 대덕)~두제기(그 외){두더지}

질깅이(연기)~질겡이(그 외){질경이}

삭징이(천원, 연기)~삭젱이(그 외){삭정이}

ㄴ. 수지비(홍성, 연기, 논산, 계룡, 금산)~수제비(그 외){수제비}

두리박(연기)~두레박(그 외){두레박}

번디기(연기, 논산, 계룡, 금산)~번데기(그 외){번데기}

두링이(논산)~두렝이(서산, 연기, 부여, 계룡){두렁이}

두드리기(공주, 부여, 논산)~두드레기(그 외){두드러기}

얼칭이(천안, 홍성, 연기, 논산, 계룡)~얼쳉이(그 외){언청이}

지링이(예산, 연기, 논산, 계룡)~지렝이(그 외){지렁이}

두지기(홍성, 청양, 보령, 서천, 논산, 계룡)~두제기(태안, 예산, 공주,
　　부여, 대전){두더지}

삭징이(연기)~삭젱이(그 외){삭정이}

ㄷ. *

(3)은 비어두 위치에서 '에〉이' 고모음화를 보여주는 예들이다. 어두 위치
의 경우와 비교해 보았을 때 A(1990)에도 '에〉이' 고모음화가 적용된 어형이
보다 적게 출현하는 것을 알 수 있다. 그런데 이들 예는 대부분 움라우트를
겪은 후에 '에〉이' 고모음화의 적용을 받았다는 공통점이 있다. 곽충구
(2003:78)은 비어두 위치에서의 '에〉이' 고모음화를 겪은 예로 움라우트를 거
쳐 '에〉이'의 변화를 입은 중부방언의 예들을 제시하고 있으며 김아름
(2008:56)도 중부지역의 비어두 '에〉이' 고모음화는 비어두-비어말 위치에서

움라우트를 겪은 '에'에서 집중적으로 일어남을 지적한 바 있다.[17] 즉 중부방언의 비어두 위치에서의 '에〉이' 고모음화는 특정 환경에서만 실현되는 현상으로 볼 수 있고, 이는 충남방언에서도 마찬가지인 것으로 생각된다. 서남방언에서와 같이 어두 위치의 장모음으로부터 확대된 현상으로 보기에는, 어두 위치의 단모음에서는 '에〉이' 고모음화가 거의 실현되지 않기 때문이다. 한편 B(2005)에도 분명 '에〉이' 고모음화의 실현형이 나타나지만 그 수가 A(1990)에 비해서 현저하게 적으며 C(2021)에는 비어두 위치에서 '에〉이' 고모음화가 적용되는 경우를 찾아볼 수 없다. 젊은 세대로 갈수록 '에〉이' 고모음화의 세력이 약해지는 경향은 어두 위치에서의 그것과 마찬가지로 보인다.

한편 비어두 위치 '에〉이' 고모음화가 충남 내에서 어떠한 분포를 보이는지 살펴보면, 충남의 중부에 위치한 지역들을 중심으로 적극적으로 실현되는 것을 알 수 있다. 이러한 분포 양상으로 미루어 보았을 때 비어두 위치 '에〉이' 고모음화 역시 서남방언의 영향을 받았다고 보기 어려울 듯하다. 즉 충남방언의 비어두 위치 '에〉이' 고모음화는 특정 환경에서 주로 실현되는 현상이며, 이는 어두 위치의 '에〉이' 고모음화나 서남방언의 '에〉이' 고모음화와는 다른 현상으로 간주하는 것이 타당해 보인다. 그렇지만 B(2005)에서는 전체적으로 실현형의 수만 줄었을 뿐 분포 양상은 비슷하게 나타난다는 것과, C(2021)에 이르러서는 실현형이 거의 보이지 않는 것은 어두 위치에서와 마찬가지이다.

다음은 문법형태소의 경우를 살펴보기로 한다.

---

17) 움라우트를 겪은 어형들이 보이는 특수성과 관련하여 정인호(2006:49)은 전남 화순지역어의 어두에서 '에'가 '이'로의 변화를 거부하고 '애'로 합류한 예들은 움라우트에 의해 형성된 '에'에 한정되는 것으로 보인다고 언급한 바 있다. 이는 중부방언과 반대의 경우로, 중부방언과 서남방언의 '에〉이' 고모음화는 그 성격을 달리함을 시사한다고 볼 수 있다.

(4) ㄱ. 밭이(그 외)~밭에(서산, 예산, 홍성, 공주, 서천){밭에}

집이(그 외)~집에(서산, 보령, 서천){집에}

사람한티(당진, 예산, 홍성, 청양, 부여, 논산, 금산)~사람한테(천안, 보령, 서천, 대전){사람한테}

동생한티(당진, 아산, 천안, 예산, 홍성, 청양, 연기, 대덕, 금산){동생한테}

있는디(전 지역){있는데}

ㄴ. 밭이서(서산, 예산, 공주, 서천, 대전)~밭에서(천안, 논산){밭에서}

집이서(서산, 예산, 공주, 서천, 대전)~집에서(천안, 예산, 논산){집에서}

너한티(서산, 천안, 예산, 공주, 서천, 논산)~너한테(서산, 천안, 공주, 서천, 논산){너한테}

○○한티(천안, 예산, 공주, 논산)~○○한테(서산, 서천){○○한테}

ㄷ. 밭에{밭에}

집에{집에}

나한테{나한테}

형제한테{형제한테}

있는데{있는데}

충남방언에서 문법형태소 '에, 에서, 한테, -ㄴ데'는 충남 대부분 지역의 노년층에서 상당히 적극적으로 '이, 이서, 한티(~헌티), -ㄴ디'로 실현된다. 조사 지역이 정확히 명시되어 있지는 않지만 한영목(1998:195)에서도 충남방언 조사의 특징으로 이를 언급한 바 있다.[18] 한영목(1998:178)은 이 예들을

---

18) 한영목(1998)에서 제시한 예는 다음과 같다.

낮이(낮에), 논이(논에), 너한티(너한테), 가는디(가는데)

위의 예들 중 '-ㄴ데'는 조사가 아니지만 이에 대한 별다른 설명은 없다. 그리고 여격의 '에게'와 열거격의 '에'는 '이'로 교체되지 않는다고 하였다.

'에〉이' 고모음화가 적용된 것으로 파악하고 있다. 또한 천안지역어를 대상으로 한 김정태(2003:58)도 이 지역어에 나타나는 '집이(집에), 저녁이(저녁에), 주인한티(주인한테)' 등을 문법형태소에서 '에〉이' 고모음화가 적용된 예로 들고 있다. 그런데 이에 대해서는 재고의 여지가 있어 보인다. 우선 처소의 부사격 조사 '에'는 후기 중세국어 시기부터 '의'와 이형태 관계에 있었다. 즉 (4)의 '밭이, 집이' 등에서 나타나는 부사격 조사 '이'는 '의'에서 모음이 탈락한 과정을 겪은 형태일 수 있다. 어미 '-ㄴ데' 또한 '-ㄴ듸'로 나타나기도 하였는바, '-ㄴ디' 역시 모음 탈락을 겪은 형태로 볼 수 있는 여지가 있다.[19] 이처럼 문법형태소 '에, 에서, 한테, -ㄴ데'는 '에〉이' 고모음화가 아닌 다른 음운 과정을 거쳐 '이, 이서, 한티, -ㄴ디'로 실현된다고 보는 것이 타당해 보인다. 한편 '이, 이서, 한티, -ㄴ디'는 A(1990) 및 B(2005)에서 상당히 적극적으로 실현되지만 C(2021)에 이르러서는 표준어의 영향을 받아 급격하게 변화한 것을 볼 수 있다.

지금까지 충남방언의 '에〉이' 고모음화 양상을 살펴보았는데, 이제 '에〉이' 고모음화가 일어나는 근본적인 원인에 대해 고찰해 보기로 한다. 중부방언을 반영한 한글 문헌을 대상으로 한 백두현(1997:17)에 따르면 '에〉이'가 나타나는 시기는 '어〉으'가 나타난 시기와 같다.[20] 즉 19세기 후기로 볼 수 있을 것인데, 이는 '에〉이'가 음장을 가진 환경에서 먼저 일어났다는 사실에 근거한다. '에〉이'가 음장을 가진 환경에서 먼저 일어났다면 그 시기는 음장을 가진 '어〉으' 변화가 일어난 시기와 대체로 같았을 것이라는 추정이다. 같은 환경에서 같은 성격을 가진 두 변화가 거의 같은 시기에 시작되었을 것으로 보는 것은 모음체계상 자연스러운 해석이기 때문이다(백두현 1992:149). 이와 같은 관점에서 백두현(1997:17)은 '에〉이' 고모음화와 '어〉으' 고모음화의 음운론적 기제 역시 같을 것임을 시사하였다. 한편 영남방언을 대상으로 한 오

---

19) '한테'의 경우는 그 어원이 다소 불분명하다. 김승곤(1982:32)는 15세기의 '흔+듸(한+데)'를 '한테'의 어원으로 추정하였는데 분명하지 않다.
20) 백두현(1997:17)에 따르면 '에〉이'가 나타난 가장 이른 예는 ≪잠상집요≫(1886)이다.

종갑(1998)은 '애'의 음성적인 변화를 '에〉이' 고모음화의 원인으로 지적하였다. 즉 폐구조음원칙에 의해 '애〉E' 변화가 발생하였고, 이로 인해 '에'와 '애'의 간극이 좁혀져 '에〉E' 또는 '에〉이' 변화가 일어났다는 것이다. 정인호(2006:48) 또한 이와 비슷하게 전남 화순지역어에도 저모음의 상승이 '에〉이' 변화의 단초가 되었을 가능성을 제시하였다.[21] 그런데 이러한 견해들은 '에'와 '애'가 합류한 남부방언에 대해서는 적절한 해석일지 모르나, 충남방언에 한해서는 적용하기 어려울 듯하다. 충남방언에서 '에〉이' 고모음화가 일어나는 세대는 모두 '에'와 '애'를 정확히 변별하고 있기 때문이다. 따라서 저모음의 상승은 충남방언의 '에〉이' 고모음화의 원인이 될 수 없다. 앞에서 '에〉이' 고모음화와 '어〉으' 고모음화는 처음 시작되었을 때의 적용 환경과 나타난 시기가 비슷하다고 한 바 있다. 또한 충남방언에서 어두 위치의 장음에서 '에〉이' 고모음화가 적극적으로 일어나는 것에 비추어 보았을 때, 백두현(1997:17)에서 언급한 것과 같이 충남방언의 '에〉이' 고모음화의 원인은 '어〉으' 고모음화의 원인과 같은 것으로 보는 편이 타당할 듯하다.

정리하자면 충남방언의 '에〉이' 고모음화는 어두 위치에서와 비어두 위치에서 모두 서남방언과는 관계없이 독자적인 양상을 보인다고 할 수 있겠다. 어두 위치의 '에〉이' 고모음화는 '어〉으' 고모음화와 마찬가지로 어두 음절이 장음일 때 주로 실현되며 충남의 중남부를 중심으로 적극적인 모습을 보인다. 비어두 위치의 '에〉이' 고모음화는 특정 환경에서, 충남의 중부에 위치한 지역들을 중심으로 적극적으로 실현된다.

이를 종합하여 충남방언 '에〉이' 고모음화의 분포 양상을 지도로 나타내면 다음과 같다.

---

21) 정인호(2006:48)은 저모음의 상승이 화순지역어에서 하나의 경향으로 존재하였을 가능성에 대한 근거로 이 지역어에서 나타나는 '오, 외'의 상승, 비교적 높은 위치에서 발음되는 '아'의 발음 등을 들고 있다.

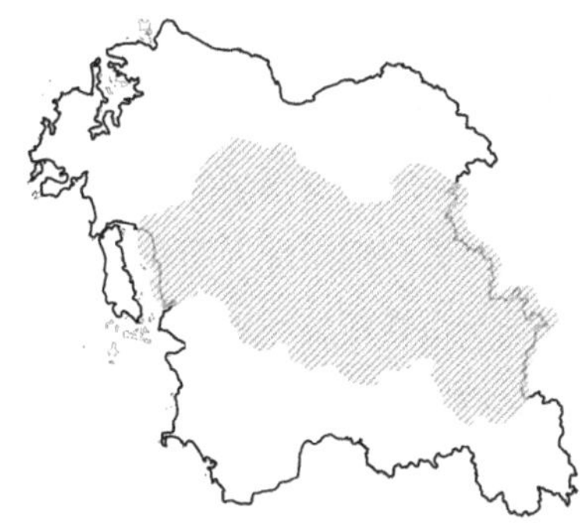 

〈지도 6〉 어두 위치의 ‘에〉이’ 고모음화   〈지도 7〉 비어두 위치의 ‘에〉이’ 고모음화

이에 따르면 어두 위치에서와 비어두 위치에서의 ‘에〉이’ 고모음화의 분포 양상이 차이를 보이는 것을 알 수 있다. 전술한 바에 따르면 이 둘은 별개의 현상으로 생각되지만, 아래 세대로 갈수록 그 실현이 축소되는 경향을 보인다는 점에서는 동일하다.

3.1.3. ‘오〉우’ 고모음화

‘오〉우’ 고모음화는 앞에서 살펴본 ‘어〉으’, ‘에〉이’ 고모음화에 비해 이른 시기에 발생한 것으로 알려져 왔다. ‘어〉으’, ‘에〉이’ 고모음화의 실현 시기가 19세기 후기라면, ‘오〉우’ 고모음화는 17세기부터 그 적용형이 나타나기 시작하였으며 18세기 후기에는 형태소 내부에서 광범위하게 실현되었다(이기문 1972:203, 곽충구 1980:90). 또한 ‘오〉우’ 고모음화는 일반적으로 비어두 위치에서부터 그 변화가 시작되었다는 점에서 나머지 두 유형의 고모음화와 모습을 달리한다.[22] 이러한 ‘오〉우’ 고모음화는 전국적으로 나타나는 현상

---

22) 백두현(1992:157-158)에 따르면 ‘오〉우’ 고모음화는 16~17세기에 걸쳐 광범위하게 나타나던 ‘오~우’ 상호교체가 18세기 후기에 ‘오〉우’라는 일방적인 변화로 자리 잡게 된 데서 기인한다. ‘오~우’ 상호교체가 ‘오〉우’ 일방향의 변화로 전환된 원인은 18세기 후기 ‘어’의 후설화 및 ‘으’의 상승, ‘에, 애’의 단모음화로 인한 모음체계의 변화로 ‘오:우’가 고저대립의 관계

이지만 중부방언, 그중에서도 특히 서울방언에서 적극적으로 실현된다고 알려져 있다. 유필재(2003)은 서울 토박이 화자들로부터 수집한 어두 장모음의 '오〉우' 고모음화 용례를 다양하게 제시하고 있으며, 강희숙(2005)는 서울방언에서 '오〉우'의 변화가 비어두 위치의 체언뿐만 아니라 부사어, 조사와 어미 같은 문법형태소에서 매우 활발하게 실현되고 있고 이러한 현상은 어두 위치에까지 확대되었다고 하였다. 충남방언의 경우도 '오〉우' 고모음화가 적극적으로 실현되는 편이다. 이 절에서는 A(1990), B(2005), C(2021)의 자료를 중심으로 충남방언의 '오〉우' 고모음화 양상에 대해 살펴본다. 다음은 어두 위치에서 '오〉우' 고모음화가 실현된 예이다.

(1) ㄱ. 수:경(서산)~소경(그 외){소경}

　　두:치(보령)~도:치(그 외){도끼}

　　무:이(보령)~무이(서산)~모이(그 외){묘}

　　문지(금산)~몬지(그 외){먼지}

　　우이(보령)~오이(그 외){오이}

　　굼(보령)~곰:(그 외){곰, 熊}

　　뭇:하다(서산, 당진, 홍성, 청양, 보령)~못:하다(그 외){못하다}

　　물:르다(서산, 당진, 예산, 홍성, 보령)~몰르다(그 외){모르다}

ㄴ. 수:경(태안)~소경(그 외){소경}

　　두:치(태안)~도치(그 외){도끼}

　　무:이(태안)~모이(아산, 예산, 홍성, 청양, 부여, 서천, 논산, 계룡, 대
　　　전, 금산){묘}

　　물:르다(예산)~몰르다(서산, 천안, 서천, 논산, 대전){모르다}

ㄷ. *

를 가지게 되고, 이러한 대립관계의 재조정으로 인한 고저대립의 불안정성이 '오:우'에도 영향을 미친 결과로 보았다. 즉 모음상승이라는 일반적인 경향 속에서 '오〉우' 변화를 '에〉이', '어〉으'와의 체계적 연관성을 갖는 변화로 본 것이다.

(1ㄱ)을 보면 어두 위치에서의 '오〉우' 고모음화 역시 어두 음절이 장음일 때 실현되는 경향이 있는 것을 알 수 있다. 다만 앞의 두 고모음화 유형에 비해 A(1990)에서도 '오〉우' 고모음화가 적용되지 않은 형태가 더 많이 출현한다. (1ㄱ)의 예들 중 '문지(먼지), 우이(오이)'는 장음이 아닌 환경에서 '오〉우' 고모음화가 적용된 경우이다. 그런데 어두 위치에서의 '오〉우' 고모음화가 가장 활발하게 실현된다고 알려진 서울방언의 예들이나,23) 충남방언을 대상으로 한 기존 연구들에서 어두 위치 '오〉우' 고모음화의 예시로 제시한 예들이 대부분 장음을 가진 것들이라는 사실에 비추어 본다면,24) '문지, 우이'는 예외로 보아도 좋을 듯하다. 또한 모음상승이라는 일반적인 경향 속에서 '오〉우' 고모음화를 '어〉으', '에〉이'와의 체계적인 연관성을 갖는 변화로 본다면, 다른 두 유형의 고모음화와 마찬가지로 음장이 어두 위치 '오〉우' 고모음화의 요건이 되는 것이 보다 자연스러워 보인다. 한편 B(2005)에 나타나는 '오〉우' 고모음화 적용 형태들은 대부분 단일 지역의 예이다. C(2021)에 이르러서는 '오〉우' 고모음화가 적용된 형태는 더 이상 출현하지 않는다. 이러한 경향은 전술한 '어〉으', '에〉이' 고모음화의 경우와 유사하다.

한편 곽충구(1997:4, 2003:78)은 충남의 차령 이서지역(서산, 홍성, 당진, 보령 등)에서는 어두의 장모음 '오'가 '우'로 변화한 예를 다수 발견할 수 있다고 하였다. '줄:(부추), 우:이(오이), 둔:(돈), 후:랭이(호랑이), 충:각(총각), 뭇:허다(못하다)' 등이 그 예이다.25) 한영목(2003:21-22)에서도 충남 서북지역에서 '돈, 산소' 등은 '둔, 산수' 등으로 실현되며, 충남 내포지역에서는 '물러서, 뭇허다' 등의 어형이 나타난다고 하였다.26) 서산지역어를 대상으로 한

---

23) 유필재(2003:74-75) 참조.

24) 곽충구(1997:4, 2003:78), 전광현(2000:13), 한영목(2003:21-22) 등 참조.

25) 곽충구(1997)에서는 어두의 '오〉우' 고모음화에 대해 충남 서북쪽에 위치한 서산지역어가 수록되어 있는 ≪옛날엔 날 사공이라고 혔지≫(민중자서전 10, 1990, 뿌리깊은나무사)에서 그러한 예가 다수 발견된다고 첨언한 바 있다.

26) 이 연구에서 충남 내포지역이란 서산, 당진, 홍성, 청양, 보령, 서천, 부여 일대를 가리킨다. 한편 원문에는 장음 표시가 되어 있지 않은데, 다른 자료를 참고하였을 때 해당 예들은 장음

전광현(2000:13)도 해당 지역어에서 '오'가 '우'로 고모음화한 다수의 예를 제시하였다.[27] (1ㄱ)에서도 '오〉우' 고모음화가 적용된 예들은 주로 충남의 서부 지역에서 나타난다.

　전술하였듯이 차령산맥 이서지역으로, 서산, 홍성, 보령 등을 포함하는 충남 서부지역은 충남방언의 전형적인 모습을 보이는 지역으로 알려져 있는데, 바로 이 지역에서 어두의 '오〉우' 고모음화가 비교적 적극적으로 일어나는 경향을 보이는 것이다. 앞서 언급하였듯이 서울방언은 '오〉우' 고모음화가 환경을 가리지 않고 적극적으로 실현되기에 '오〉우' 고모음화의 중심지로 알려져 있다. 그런데 충남 서부지역에서 적극적으로 실현되는 어두 위치에서의 '오〉우' 고모음화는 그 중심지인 서울방언의 영향을 받았다고 보기 어려워 보인다. 무엇보다 지리적으로 서울방언과 충남방언 사이에 위치한 경기방언에서는 어두 위치의 '오〉우' 고모음화를 거의 찾아 볼 수 없으며, (1ㄷ)에서 보았듯이 충남방언의 젊은 세대는 어두 위치의 '오〉우' 고모음화를 전혀 실현하지 않기 때문이다. 따라서 충남방언에서 실현되는 어두 위치의 '오〉우' 고모음화는 충남의 서부지역이라는 특정 지역에 한하여 나타나는, 일반적이지는 않은 현상이라고 생각된다.[28][29]

———————

　으로 실현될 것으로 생각된다.

27) 전광현(2000:13)에서 제시한 예 중 어두 위치에서의 '오〉우' 고모음화 예는 다음과 같다.

　푸두(포도), 둘:배(돌배), 부퉁(보통), 두치(도끼), 둘팔이(돌팔이), 둔(돈), 물:러(몰라), 뭇씨다(못쓰다)

28) 곽충구(1997:8)에 따르면 15세기 국어에서 상성의 성조를 가졌던 어휘들(새, 매, 개, 게 등)은 황해도와 충남, 그리고 평안도 일부 지역에서 아직도 하향이중모음으로 나타나기도 한다면서 이를 중부방언권의 서부지역에서만 나타나는 특징으로 꼽았다. 이를 충남방언에 한정하면, 충남 서부지역에서만 '에'와 '애'가 하향이중모음으로 남아있는 어형이 존재한다는 것이다. '에'와 '애'가 일부 단어에서 하향이중모음으로 남아있다는 것은 충남방언의 특징을 이야기할 때 언급되는 사실인데(도수희 1977:99), 보다 정확하게 이야기하자면 충남 서부지역의 특징이라고 할 수 있다. 즉 충남 서부지역은 충남의 다른 지역에 비해 언어적으로 보수적인 성향을 가진다고 볼 수 있겠다.

29) B(2005)에서는 어두 위치의 '오〉우' 고모음화 실현형이 거의 단일 지역(태안)에서만 나타나

다음은 비어두 위치에서의 '오〉우' 고모음화에 대해 살펴본다.

(2) ㄱ. 채:수(천원, 공주, 서천, 논산)∼채:소(그 외){채소}

　　　곰부(논산)∼곰보(그 외){곰보}

　　　꽃봉우리(홍성, 연기, 서천)∼꽃봉오리(그 외){꽃봉오리}

　　　도투리(서산, 당진, 아산, 예산 홍성)∼도토리(그 외){도토리}

　　　고무(금산)∼고모(그 외){고모, 姑母}

　　　뻬죽하다(서산, 당진, 예산, 홍성, 부여, 서천)∼뻬족하다(그 외){뾰족
　　　　　하다}

　　　골무(그 외)∼골모(연기){골무}

　　　개구리(그 외)∼개고리(공주, 논산){개구리}

　　　새우(그 외)∼새오(청양){새우}

　　　노루(그 외)∼노로(연기){노루}

　　　복숭아(그 외)∼복송아(공주, 보령, 대덕){복숭아}

　　　호두(그 외)∼호도(공주, 연기){호두}

　　　화:루(그 외)∼화:로(연기){화로}

　　　삼춘(전 지역){삼촌}

　　　오삼춘(전 지역){외삼촌}

　　ㄴ. 채수(예산, 공주, 논산, 대전)∼채소(서산, 서천, 천안, 보령, 부여, 서
　　　　천, 논산){채소}

　　　곰부(아산)∼곰보(그 외){곰보}

　　　꽃봉우리(청양, 보령)∼꽃봉오리(그 외){꽃봉오리}

　　　도투리(태안, 서산, 아산, 보령)∼도토리(그 외){도토리}

　　　고무(예산, 홍성)∼고모(그 외){고모, 姑母}

므로 그 분포 양상을 섣불리 판단하기 어렵다. 따라서 여기서는 '오〉우' 고모음화가 젊은 세
대로 갈수록 축소되는 경향을 보인다는 사실 정도만 확인하기로 한다.

뾰죽하다(태안, 서산, 아산, 예산)∼뾰족하다(그 외){뾰족하다}

골무(그 외)∼골모(공주){골무}

개구리(그 외)∼개고리(아산, 논산){개구리}

새우(그 외)∼새오(부여, 서천, 논산){새우}

노루(전 지역){노루}

복숭아(전 지역){복숭아}

호두(그 외)∼호도(당진, 논산){호두}

화루(그 외)∼화로(태안, 당진, 천안, 연기, 부여){화로}

삼춘(그 외)∼삼촌(홍성, 대전){삼촌}

오삼춘(그 외)∼외삼촌(당진, 아산){외삼촌}

ㄷ. 골무{골무} 개구리{개구리} 새우{새우} 노루{노루} 복숭아{복숭아}
　　호두{호두}

화로{화로} 삼춘∼삼촌{삼촌} 외삼춘∼외삼촌{외삼촌}

채소{채소} 곰보{곰보} 꽃봉오리{꽃봉오리} 도토리{도토리} 고모{고
모, *姑母*} 뾰족하다{뾰족하다}

(2)는 비어두 위치에서 '오〉우' 고모음화가 실현되는 양상이다. 주지하다
시피 비어두 위치에서부터 그 변화가 시작된 '오〉우' 고모음화는 다른 두 유
형의 고모음화에 비해 비어두 위치에서 보다 적극적으로 실현된다. 또한 비
어두 위치의 '오〉우' 고모음화는 19세기부터 체언뿐만 아니라 용언 및 부사
어에도 활발하게 적용되는 등 남한 전역에 걸친 일반적인 현상으로 알려져
있다. 충남방언에서의 비어두 '오〉우' 고모음화 양상 역시 전국적인 경향에
서 크게 벗어나지 않는 것으로 생각된다.[30) 다만 충남방언의 A(1990) 및
B(2005) 세대까지는 '우'로 변화한 형태와 '오'로 남아있는 형태가 각각 그 비

---

30) 또한 충남 내에서도 비어두 위치의 '오〉우' 고모음화 실현형은 전 지역에 걸쳐 고루 분포하
　　고 있다.

율은 다르지만 대체로 공존하고 있는 것을 확인할 수 있다. C(2021)에 이르러서는 '우'로 간 어형과 '오'로 간 어형이 뚜렷하게 구분되어 나타난다. 대체로 A(1990)에서부터 '우'로 주로 실현되는 어형은 '우'로 변화를 완료하고, '오'로 주로 실현되는 어형은 '오'로 남아있는 것을 알 수 있다.

그런데 '화로, 삼촌, 외삼촌'의 경우는 이미 A(1990)에서부터 '오〉우' 고모음화가 적용된 어형인 '화루, 삼춘, 외삼춘'만이 출현하는데, C(2021)에서는 다시 '화로, 삼촌, 외삼촌'으로 실현되는 것을 볼 수 있다. 이는 C(2021) 세대가 표준어의 영향을 비교적 강하게 받는 세대라는 데에서 기인한 듯하다. 젊은 세대에서는 거의 사용하지 않는 어형인 '화로'는 표준어형인 '화로'로만 실현되고, 젊은 세대 역시 자주 사용하는 '삼촌, 외삼촌'은 '삼춘, 외삼춘'으로도 활발하게 실현된다는 점에서 그러하다.[31]

다음은 문법형태소에서의 '오〉우' 고모음화 양상을 살펴보기로 한다.

   (3) ㄱ. 닥두(그 외)~닥도(서산, 천원, 공주, 연기, 부여, 서천){닭도}

       흑두(당진, 아산, 천원, 예산, 청양, 공주, 논산)~흑도(그 외){흙도}

       갑두(그 외)~갑도(홍성, 청양, 공주, 연기, 부여, 서천){값도}

       발두(당진, 예산, 홍성, 청양, 공주, 논산, 대덕)~발도(서산, 아산, 천원, 연기, 보령, 부여, 서천, 금산){발, 足}

       팟이루(그 외)~팟이로(공주, 서천){팥으로}

       빗이루(그 외)~빗이로(서산, 서천){빗으로}

---

31) 다만 젊은 세대에서도 '삼촌, 외삼촌'은 '삼춘, 외삼춘'으로 실현되는 경향이 더욱 강한데, 이에 대해서는 강희숙(1998:12-14)의 논의를 참조할 수 있다. 이 연구는 한자어 어휘들 중 사용 빈도수가 높은 일상어(삼촌, 사촌, 재주 등)들이 '오〉우' 변화에 의해 재구조화를 완료한 경향이 높은 것에 대해 '빈도수 가설(the Frequency Hypothesis)'을 도입하여 설명하고자 하였다. 이에 따르면 조음상의 편이 등 물리적 요인에 의한 음성 변화에서는 사용상의 빈도가 높은 어휘들이 먼저 변화의 영향을 받게 된다. 따라서 '오〉우' 변화가 폐구조음의 원리라는 물리적 요인에 기인한 것이라고 할 때, 어휘 사용상의 빈도수가 '오〉우' 변화에 영향을 미칠 가능성이 충분하다는 것이다.

위루(서산, 청양, 공주, 부여, 논산, 대덕)～위로(그 외){위로, 上}

쌂구(그 외)～쌂고(서산, 공주, 보령, 부여, 서천, 대덕){삶고}

졸구(그 외)～졸고(공주, 연기){졸고}

식히구(그 외)～식히고(연기, 보령, 서천){식히고}

굽구(그 외)～굽고(서산, 홍성, 연기, 서천){굽고}

붓구(그 외)～붓고(아산, 공주, 연기, 보령, 부여, 서천){붓고, 腫}

ㄴ. 닥두(서산, 예산, 서천)～닥도(천안, 공주, 논산, 대전){닭도}

흑두(서산, 예산, 서천)～흑도(천안, 공주, 논산, 대전){흙도}

팟으루(예산, 서천)～팟으로(서산, 천안, 공주, 논산, 대전){팥으로}

집이루(예산, 서천)～집이로(서산, 천안, 공주, 논산, 대전){집으로}

쌀루(서산, 예산, 서천, 대전)～쌀로(천안, 공주, 논산){쌀로}

굽구(논산)～굽고(천안, 예산, 공주, 서천, 논산){굽고}

있구(서산)～있고(천안, 예산, 공주, 서천, 논산, 대전){있고}

ㄷ. 그것두～그것도{그것도} 사람두～사람도{사람도}

거루～거로{거로(것으로)}

있구～있고{있고} 하구～하고{하고}

　　충남방언에서 문법형태소의 '오〉우' 고모음화 역시 적극적으로 실현되는 편이다. 조사 '도, 으로'와 어미 '-고'는 충남의 많은 지역에서 '두, 으루', '-구'로도 실현된다. (3)을 보면 A(1990)에서 가장 적극적인 모습을 보이기는 하지만 B(2005) 및 C(2021)에서도 여전히 그 실현형이 나타나고 있는 것을 알 수 있다. 이들 문법형태소의 '오〉우' 고모음화는 특히 서울방언에서 매우 적극적으로 실현된다. 유필재(2003:77)은 조사 '도, 으로' 및 어미 '-고, -도록'은 서울방언에서 모두 '오〉우' 변화를 겪어 '두, 으루', '-구, -두룩'으로 나타난다고 하였다. 강희숙(2005:22)도 서울방언 화자의 구술 발화에서 조사와 활용어미 같은 문법형태소가 '오〉우' 변화를 겪은 예를 다수 제시하였다. 그런데 문법형태소의 '오〉우' 고모음화의 경우, A(1990)을 기준으로 했을 때 서울과 인접한 경기방언에서도 상당히 적극적으로 실현되는 양상을 보인다. 그렇다면 경기방언에 인접한 충남방언은 그에 영향을 받은 것으로 해석할 여지가 있다. 서부방언 중에서도 전남방언에서는 문법형태소에서 '오〉우' 고모음화가 잘 실현되지 않는데(강희숙 1998:19, 강희숙 2005:24), 이는 이러한 영향이 전남방언까지는 미치지 못한 것으로 해석할 수 있을 듯하다. 문법형태소의 '오〉우' 고모음화가 충남방언 내에서 보이는 분포 양상은 이러한 사실을 뒷받침해줄 수 있다. (3)에 따르면 충남의 서남쪽 지역은 문법형태소의 '오〉우' 고모음화가 다른 지역에 비해 덜 적극적으로 일어나는 것을 알 수 있다. 이를 통해 서울·경기방언의 영향이 서남쪽에는 비교적 더디게 이르렀음을 짐작해 볼 수 있을 듯하다.

이 절에서 살펴본 충남방언의 '오〉우' 고모음화 양상을 정리하면 다음과 같다. 충남방언에서 어두 위치의 '오〉우' 고모음화는 주로 음장이 존재할 때 실현되는데, 이는 앞서 논의한 '어〉으' 고모음화와 '에〉이' 고모음화의 경우와 같다. 이러한 어두 위치의 '오〉우' 고모음화는 충남의 서부지역을 중심으로 실현되는 것을 확인할 수 있었으며 이는 서울·경기방언의 영향을 받은 것이 아닌, 충남방언의 독자적인 특징으로 생각된다. 한편 비어두 위치의 '오〉우' 고모음화는 전국적인 경향에서 크게 벗어나지 않는 것으로 생각되며, 문법형태소의 '오〉우' 고모음화는 인접한 서울·경기방언의 영향을 받았을 가능성이 높음을 짐작해 볼 수 있다.

이를 종합하여 충남방언 '오〉우' 고모음화의 분포 양상을 지도로 나타내면 다음과 같다.

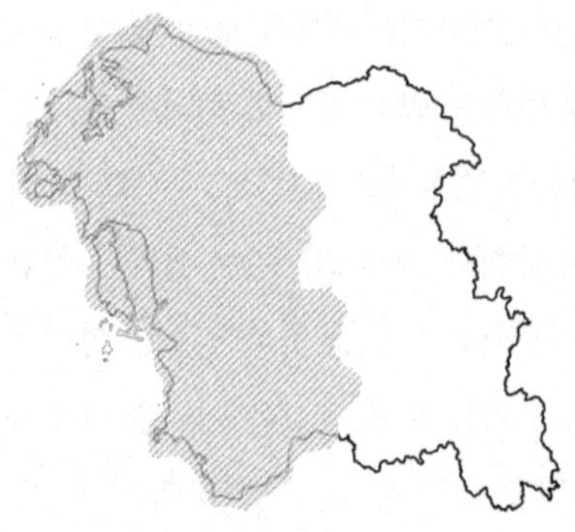

〈지도 8〉 어두 위치의 '오〉우' 고모음화　　　〈지도 9〉 문법형태소의 '오〉우' 고모음화

　　지금까지 충남방언에서 실현되는 세 종류의 고모음화 양상을 차례로 살펴
보았다. 세대별·지역별 자료를 통해, 충남방언의 고모음화는 서울·경기
방언이나 서남방언의 영향을 받은 부분도 있지만 충남방언만이 갖는 독자적
인 특징을 보이는 부분도 분명히 존재함을 확인하였다. 세대별로 그 실현 양
상에 차이를 보이는 사실 또한 확인할 수 있었는데, 노년층에 비해 젊은 세대
로 갈수록 고모음화의 세력이 약해지는 것을 알 수 있었다. 이는 지역 방언의
영향력이 점점 약화되어 가는 일반적인 경향에 따른 양상으로 보인다.[32]

3.2. 움라우트

　　국어의 움라우트는 동화주 '이, y'에 의하여 앞 음절의 모음이 전설모음으
로 바뀌는 현상을 말한다. 움라우트는 형태소 내부뿐만 아니라 곡용형이나
파생어에서도 활발하게 적용되었는데,[33] 공시적인 움라우트는 주로 체언에

---

32) 곽충구(2003:78)은 중부방언에서 고모음화는 노년층의 말에서만 나타나며, 젊은층은 교육
　　의 영향으로 고모음화가 적용되지 않은 어형을 주로 사용한다고 하였다. 이는 중부방언뿐
　　만 아니라 국어방언 전반에 해당되는 현상이다.
33) 파생어 형성은 그 자체가 역사적으로 이미 끝나 버린 과정일 가능성이 크기 때문에 파생어

'이'로 시작하는 조사가 결합할 때 나타난다. 충남방언의 움라우트는 공시적으로도 생산성을 지니며, 이를 바탕으로 한 확대 현상이 활발하게 나타나는 것으로 알려져 있다. 대표적으로 도수희(1981)은 다양한 움라우트 확대 현상이 충남방언에서 이루어지고 있음을 지적하였다.[34] 이 절에서는 충남방언에서 나타나는 움라우트의 실현 양상에 대해 환경별로 상세히 고찰하도록 한다.

3.2.1. 형태소 내부에서의 움라우트

국어의 움라우트는 일반적으로 개재자음이 [-설정성]이어야 한다는 일종의 개재자음 제약을 지니며, 피동화주가 '아, 어, 오'인 경우에 비하여 '우, 으'인 경우에 그 실현 정도가 약화되는 경향을 보인다고 알려져 있다(김완진 1963:20). 또한 이진호(2005:130)는 '아, 어'에 적용되는 움라우트는 많은 방언에서 발견되지만 '오, 우, 으'에 적용되는 움라우트는 몇몇 방언에서만 찾을 수 있다고 언급하였다. 충남방언은 움라우트가 활발하게 실현되는 방언으로, 피동화주가 '아, 어'일 때는 물론 '오, 우, 으'일 때도 적극적으로 일어나는 편이다. 이 절에서는 A(1990), B(2005), C(2021)의 자료를 대상으로 형태소 내부에서 실현되는 움라우트 양상에 대해 살펴본다.

(1) ㄱ. 아개미(당진, 서천, 금산)〜아가미(서산, 예산, 홍성, 서천, 대덕, 금산){아가미}

에 적용된 움라우트 역시 공시적 기술의 대상이 되기 어려운 경우가 많다(이진호 2008:234). 즉 사동사와 피동사는 파생에 의한 것으로, 독립된 어휘 항목으로 보는 것이 보다 타당하다. 따라서 본고에서는 '잽히다'와 같이 파생어에 적용된 움라우트도 형태소 내부에서의 움라우트로 다루기로 한다.

34) 이 논의에서 다루고 있는 대표적인 움라우트 확대 현상으로는 개재자음 제약의 완화, 동화주의 확대, 순행동화에 의한 움라우트 등이 있다. 이중 순행동화에 의한 움라우트는 그것을 움라우트 현상으로 볼 수 있느냐에 대한 논란이 있다. 이에 대해서는 후술하기로 한다.

두루매기(전 지역){두루마기}

정갱이(그 외)~정강이(부여){정강이}

잽히다(전 지역){잡히다}

갱기다(전 지역){감기다, 洗}

쟁기다(그 외)~장기다(서산, 예산){잠기다, 闕}

맽기다(전 지역){맡기다}

깪이다(전 지역){깎이다}

섹유(서산, 홍성, 청양, 공주, 부여, 서천, 논산, 금산)~석유(당진, 아
　　산, 천안, 예산, 연기, 보령, 대덕){석유}

섹경(전 지역){석경}

누데기(그 외)~누더기(천원, 금산){누더기}

두드레기(그 외)~두드러기(공주){두드러기}

젭히다(전 지역){접히다}

벳기다(전 지역){벗기다}

쎅히다(그 외)~썩히다(천원, 홍성){썩히다}

셍기다(전 지역){섬기다}

멕이다(전 지역){먹이다}

괴기덩어리(그 외)~고기덩어리(천원, 예산, 서천, 대덕, 금산){고깃
　　덩어리}

방앗굉이(전 지역){방앗공이}

목화쇵이(홍성, 공주, 연기, 보령, 부여, 서천, 논산)~목화송이(서산)
　　{목화송이}

욂기다(전 지역){옮기다}

쇡이다(전 지역){속이다}

쫓기다(그 외)~쫓기다(부여){쫓기다}

뉘비이불(그 외)~누비이불(천원, 연기){누비이불}

깜뷔기(그 외)~~깜부기(홍성, 공주, 서천){깜부기}

뉘비다(그 외)~누비다(서산, 당진, 천원, 연기){누비다}

굽히다(공주)~굽히다(그 외){굽히다}

뮉히다(청양, 공주, 부여, 논산)~묵히다(그 외){묵히다}

칙이다(예산, 청양, 서천, 대덕, 금산)~축이다(그 외){축이다}

띹기다(전 지역){뜯기다}

딜이다(그 외)~들이다(예산, 보령){들이다}

ㄴ. 아개미(서산)~아가미(그 외){아가미}

호랭이(그 외)~호랑이(아산, 천안, 청양, 보령, 서천, 논산, 계룡){호
    랑이}

정갱이(전 지역){정강이}

잽히다(그 외)~잡히다(청양, 연기, 서천){잡히다}

쟁기다(서산, 천안, 예산, 공주, 논산, 대전)~잠기다(서천){잠기다, 沈}

맽기다(전 지역){맡기다}

쪽젱이(그 외)~쪽정이(아산, 연기, 보령){쪽정이}

누데기(그 외)~누더기(청양, 공주, 보령, 계룡){누더기}

두드레기(그 외)~두드러기(홍성, 연기){두드러기}

웅뎅이(그 외)~웅덩이(보령, 계룡){웅덩이}

벳기다(그 외)~벗기다(당진, 청양, 공주, 보령, 서천){벗기다}

쎅히다(서산, 예산)~썩히다(천안, 서천, 논산, 대전){썩히다}

괴기(대전, 금산)~고기(그 외){고기}

뇍이다(예산)~녹이다(서산, 천안, 예산, 공주, 서천, 논산, 대전)
    {녹이다}

뉘비이불(그 외)~누비이불(태안, 당진, 아산, 홍성, 공주, 연기, 부
    여){누비이불}

깜뷔기(부여)~깜부기(태안, 아산, 연기, 보령, 부여, 논산){깜부기}

똑뛱이(서산, 공주, 논산)~똑똑이(천안, 예산, 서산, 대전){똑똑히}

ㄷ. 맽기다~맡기다{맡기다}

(1)은 개재자음이 [-설정성]일 때 형태소 내부에서 움라우트 실현을 보이는 예들이다.[35] (1ㄱ)을 살펴보면 충남방언의 움라우트 실현 양상은 움라우트가 적극적으로 실현되는 국어 방언들에서 보이는 그것과 크게 다르지 않음을 알 수 있다. 전반적으로 움라우트의 적극적인 실현을 보여주지만, 피동화주가 '오, 우, 으'인 경우가 '아, 어'인 경우에 비해 비교적 덜 실현되는 편이다. 그런데 (1ㄴ)의 예들을 보면 움라우트의 실현이 (1ㄱ)에 비해 전반적으로 약하게 나타나는 것이 눈에 띈다. 피동화주가 '아, 어'일 때 움라우트가 적용되는 경우도 있지만 적용되지 않는 경우도 자주 보인다. B(2005)의 경우 A(1990)에 비해 같은 환경에서 움라우트가 일어나는 정도가 눈에 띄게 약해지는 것이다. 이러한 양상은 C(2021)에 이르러 그 정도가 심해져 C(2021) 세대에서는 움라우트의 실현을 거의 찾아볼 수 없다. 이것 역시 국어 방언 전반에 나타나는 경향으로, 충남방언 또한 그러한 경향을 따르고 있는 것으로 볼 수 있겠다. 그렇지만 움라우트가 국어 방언 전반에서 약화 일로를 걷고 있는 중에도, 충남방언의 노년층 화자는 여전히 높은 움라우트의 실현 정도를 보이고 있는 것을 알 수 있다. 특히 A(1990)을 보면 움라우트의 실현형은 전 지역에 걸쳐 상당수가 출현하는 것을 알 수 있다. 그런데 보다 세밀히 살펴보면 충남 내에서도 움라우트가 상대적으로 덜 일어나는 지역이 존재하는데, 특히 충남의 북부에 위치한 지역들은 움라우트의 실현이 비교적 덜 적극적인 것을 알 수 있다. 후술하겠지만 서울 및 경기방언의 움라우트는 충남방언이나 서남방언에 비해 약한 실현 양상을 보인다. 반면 많은 연구들을 통해 서남방언은 국어 방언 중 움라우트가 가장 활발하게 일어나는 방언권으로 알려져 있다. 이러한 사실로 미루어보아 충남방언의 움라우트는 인접한 서남방언의 영향을 받았을 가능성이 높은 것으로 생각된다.[36]

---

35) (1)의 예들 중 '벳기다, 맬기다, 쫒기다'의 경우는 조음위치동화가 먼저 적용된 후 움라우트가 적용된 어형이다.

36) B(2005)의 움라우트 양상은 지역별로 큰 차이를 보이지는 않는다. 그렇지만 A(1990)에 비해 실현 정도가 전반적으로 상당히 줄어든 것을 알 수 있다.

한편 앞에서 언급하였듯이, 충남방언의 움라우트에 대한 여러 연구에서
는 움라우트의 제약 조건을 어기는 자료들을 바탕으로 하여 이른바 움라우
트의 확대 현상이 활발하게 나타남이 지적된 바 있다. 그중 대표적인 것이 개
재자음의 제약과 관련된 현상이다. 주지하다시피 국어에서 움라우트가 적
용되기 위해서는 후설모음과 '이, y' 사이에 [-설정성] 자질을 가지는 자음이
개재되어야 한다고 알려져 왔다. 그런데 [+설정성] 자질을 가지는 자음이 개
재자음일 경우에도 움라우트를 보이는 경우를 여러 지역 방언의 예에서 볼
수 있다. 특히 [+설정성] 자질을 가지는 자음 중 'ㄹ'이 개재되었을 때 움라우
트가 실현되는 경우는 이미 여러 지역 방언 연구를 통해 밝혀진 바 있다. 소
신애(2016:247-254)은 중부방언 자료를 예로 들어 'ㄹ'이 개재한 경우 움라우
트가 체언, 용언 상관없이 두루 일어나고 있음을 보였다.[37] 그런데 서천, 보
령, 부여, 청양 등의 지역을 중심으로 한 자료를 다룬 도수희(1981:7-8)에서
'ㄹ'을 개재한 환경에서의 움라우트 예는 다음과 같이 나타난다.

   (2) 개리다, 채리다, 새리다, 지대리다, 베리다, 에리다, 귀리다, 쥐리다 등
      마리(*매리), 자리(*재리), 머리(*메리), 거리(*게리), 오리(*외리), 소리(*쇠리),
      무리(*뮈리) 등

(2)의 예를 보면 체언의 경우 개재자음이 'ㄹ'일 때, 움라우트가 적용되지
않는다. 다만 이 연구는 '뇔미(놀미)'와 같은 예외가 나타난다면서 형태론적
제약을 설정하고 있지는 않다. 이에 따르면 충남방언에서는 'ㄹ'을 개재자음
으로 하였을 때 움라우트가 적용되기는 하나 체언의 경우 광범위하게 적용
되는 것은 아니라고 볼 수 있겠다. 한편 천안지역어를 대상으로 한 김정태
(2002:147)는 'ㄹ'이 개재하였을 때 움라우트가 실현된 체언의 예로 '꼬추잠

---

37) 다만 'ㄹ'이 개재한 경우, 용언의 예가 체언의 예보다 그 수가 많다는 비대칭성은 존재한다고
    하였다(소신애 2016:254).

재리(고추잠자리), 때리(따리), 핼미(할미), 뇌력(노력)' 등을 제시하였다. 다만 "특이한 예들로서 움라우트 현상에 대한 제약의 약화를 의미한다"면서 이를 광범위한 현상으로 보고 있지는 않는 것으로 보인다. 서산지역어를 다룬 전광현(2000:27-28)도 이 지역어에서 '되련님, 대리미' 등 'ㄹ'이 개재되어 있는 예와 '매디매디'와 같이 'ㄷ'이 개재되어 있는 예가 발견되기는 하지만 이들은 부분적인 예로 보아야 할 것이라고 언급한 바 있다. A(1990) 및 B(2005), C(2021)에서는 그 양상이 더욱 축소되어 나타난다.

(3) ㄱ. 대리미(서산, 당진, 서천)～다리미(그 외){다리미}

　　개렵다(서산, 당진, 아산, 보령)～가렵다(그 외){가렵다}

　　매렵다(서산, 당진, 보령, 대덕, 금산)～마렵다(그 외){마렵다}

　　대리다(서산, 당진, 홍성, 공주, 보령, 부여, 서천, 대덕)～다리다(아산,

　　　　천원, 예산, 청양, 연기, 논산, 금산){다리다}

　　베리다(부여)～버리다(그 외){버리다, 棄}

　　되련님(당진, 아산, 천원, 예산, 서천, 금산)～도련님(서산, 홍성, 공주,

　　　　연기, 보령, 부여, 대덕){도련님}

　ㄴ. 대리미(태안, 서산, 공주, 서천, 논산)～다리미(그 외){다리미}

　　개렵다(천안, 논산, 대전)～가렵다(서산, 예산, 서천){가렵다}

　　매렵다(서산, 대전)～마렵다(천안, 예산, 공주, 서천, 논산){마렵다}

　　대리다(서산, 서천, 논산)～다리다(천안, 예산, 공주, 서천, 논산, 대

　　　　전){다리다}

　　되련님(태안, 서산, 예산, 공주, 보령, 서천, 계룡, 금산)～도련님(태안,

　　　　당진, 아산, 천안, 예산, 청양, 부여, 논산, 대전){도련님}

　ㄷ.　*

　(3)에 따르면 A(1990)에서도 [+설정성] 자음을 개재자음으로 하는 움라우트는 잘 나타나지 않는데, 그나마 대개 용언의 경우로 한정되며 'ㄹ' 이외의

경우는 나타나지 않는다. 다만 성희제(2000:83-84)은 충남방언에서 개재자음이 [+설정성]일 때 움라우트가 실현되는 예를 비교적 광범위하게 제시하고 있다. 이 논의에 따르면 개재자음이 'ㄹ'인 경우뿐만 아니라 'ㄷ, ㄴ, ㅅ, ㅈ'인 경우에도 움라우트가 실현되는 어형이 존재한다. 이 논의에서는 이들 예를 바탕으로 충남방언에 있어서는 개재자음의 부류를 특정하게 한정짓지 않는 것이 타당해 보이며, 이는 충남방언에서의 움라우트 확대를 의미한다고 보았다. 그런데 제시된 예를 살펴보면 개재자음이 'ㄹ'인 경우가 가장 많은 것을 알 수 있으며, 체언의 경우가 없는 것은 아니지만 용언의 경우가 보다 많은 것을 볼 수 있다. 위의 내용을 종합하면, 충남방언에서 개재자음이 [+설정성]일 때 움라우트가 일어나는 경우는 대체로 개재자음이 'ㄹ'이며 용언인 경우라고 볼 수 있겠다. 이러한 양상은 국어의 다른 방언에서도 볼 수 있다. 경남방언을 대상으로 한 최명옥(1974:64)는 동사에서는 '이' 앞에 'ㄹ(r)'이 선행할 때에도 움라우트가 가능하다고 하였으며, 전남 북서부 지역을 다룬 기세관(1983:13)은 개재자음이 'ㄹ'일 경우 용언이 아닌 명사나 부사는 거의 예외 없이 움라우트의 제약을 받는다고 하였다.[38] 또한 오종갑(1999:109)도 영남방언에서 'ㄹ'이 개재자음일 때 명사보다는 동사에서 움라우트가 실현되는 경향이 높다고 보았다. 즉 충남방언에서 개재자음이 [+설정성]일 때 움라우트가 실현되는 양상은 여타 움라우트가 실현되는 방언들과 크게 다를 바 없다고 하겠다.[39]

　한편 개재자음이 존재하지 않을 때 움라우트가 실현되는 경우가 있다. 소

---

38) 이 연구에서는 'ㄹ'이 개재자음일 때 움라우트가 실현되는 명사의 예로 '기림(ㄱ림), 대리미(다리미)'를 들고 있는데, 이들은 동사 '그리다, 다리다'가 움라우트의 적용을 받은 '기리다, 대리다'로부터 각각 파생된 명사인 것으로 보았다. 충남방언에서 나타나는 '대리미' 역시 이와 같은 설명이 가능하다고 생각된다.

39) 물론 이것이 절대적인 제약이라고 볼 수는 없다. 적지 않은 수의 예외가 존재하기 때문이다. 중부방언을 대상으로 한 소신애(2016:251)도 'ㄹ'이 개재할 경우 움라우트가 실현되는 용언의 예가 체언의 예보다 그 수가 많다는 비대칭성은 인정하면서도, 그것이 움라우트 규칙의 적용 여부를 좌우하는 절대적 제약으로 작용하지는 않는다고 보았다.

신애(2016:243-246)은 중부방언 자료를 바탕으로 개재자음이 없는 경우에 움라우트가 적용되는 예들을 제시하며 기존의 개재자음 제약이 절대적인 것이 아님을 지적하였다. 그런데 충남방언의 경우 이 논의를 적용하기 위해서는 좀 더 생각해 볼 필요가 있다. 실제로 개재자음이 존재하지 않을 때의 움라우트 실현 예로 '쌯이다(쌓이다)' 정도 외에는 잘 나타나지 않기 때문이다. 한영목(2003:166-167)에서는 충남방언을 반영한 소설에서 사용된 '뇌인(노인), 쇠용(소용)' 등의 어형에 대해 설명하며 움라우트가 실제보다 강화되어 반영된 것이라고 언급한 바 있다. 즉 실제로는 그러한 어형이 잘 사용되지 않는다는 것이다. 그리고 '모이다, 보이다'와 같은 경우도 충남방언에서는 대체로 준말인 '뫼다, 뵈다'가 널리 사용될 뿐 '-아/어'와 결합하면 '모여, 보여'로 나타나는 것이 일반적이다. 즉 충남방언에서 개재자음이 존재하지 않을 때는 움라우트가 거의 실현되지 않는다고 보는 편이 타당할 것으로 생각된다.

충남방언에서 이루어지는 움라우트의 확대 현상으로서 다음으로 살펴볼 것은 동화주의 확대에 대한 논의이다. 김완진(1963:77)은 국어의 여러 방언들에서 순정의 /i/가 아닌 일정한 음성 변화에 의해 이차적으로 형성된 [i]가 움라우트의 동화주로서 기능할 수 있다고 하였는데, 충남방언에서도 이러한 경우를 찾아볼 수 있다. 충남방언에서는 이중모음의 단모음화에 의해 형성된 이차적 'i'가 움라우트의 동화주로 작용하는 경우가 있는 것이다. 도수희(1981:17)은 이러한 예로 '배끼다(바뀌다), 새기다(사귀다), 잎새기(잎사귀), 뼉대기(뼈다귀)' 등을 들고 있다. 강희숙(2004:59)에서는 이러한 유형의 예로 '채미(참외)'를 들고 있는데, 이는 실제로 충남방언에서 널리 쓰이는 어형이다.[40]

한편 도수희(1981:10)에서는 충남방언의 움라우트 확대 현상 중 하나로 이른바 순행적 움라우트를 제시하였다. '치매(치마), 기개 매켜(기가 막혀)'

___

[40] 강희숙(2004:60)에 따르면 '채미'는 '참외'에 '오〉우' 변화가 적용된 후 이중모음 '위'가 단모음화함으로써 형성된 이차적 'i'가 움라우트의 동화주로 기능한 것이다.

등과 같이 일반적인 움라우트 조건을 갖는 경우 외에도 '떼기쟁이(떼그장이), 맹길다(만들다)'와 같이 '에, 애'가 동화주가 되는 경우도 제시하고 있으며, '가매(가마), 모개(모과), 장개(장가)'와 같은 예들도 순행동화로서의 움라우트가 적용된 것으로 본 것이다. 성희제(2000:80) 역시 비슷한 예들을 제시하고 충남방언에 있어서 움라우트가 순행적으로 진행되었을 가능성을 언급하였으며 천안지역어를 대상으로 한 김정태(2002:14)도 연결어미 '-니께(-니까)'와 보조사 '이래두(이라도)'를 순행동화에 의한 움라우트가 적용된 것으로 보았다. 그런데 최명옥(1989:15-17)는 이들을 순행동화에 의한 움라우트로 보는 것에 대해 재고의 여지가 있음을 언급하였다. 동일 방언에서 동일 환경을 가지는 다른 경우에 순행적 움라우트가 일어나지 않는 경우가 많다는 것이다. 즉 어떠한 제약 조건을 명시할 수 없으며 따라서 이는 다른 음운론적 기제를 가진 것으로 보아야 한다는 것이다. 또한 '치매(치마), 기개 매켜(기가 막혀), 가매(가마), 장개(장가)' 등의 예는 'i' 모음첨가로 해석하는 경우가 일반적(최전승 1986:175, 백두현 1992:176)이라는 점에서 위와 같은 충남 방언의 예들을 순행적 움라우트로 설명하기는 어려울 듯하다.

3.2.2. 형태소 경계에서의 움라우트

이 절에서는 형태소 경계에서의 움라우트를 살펴보도록 한다. 아래 예들은 A(1990), B(2005) 및 C(2021)에 나타나는, 체언과 '이'로 시작하는 조사가 결합할 때의 예이다.

(1) ㄱ. 쟁:이(서천, 금산)~장:이(그 외){장, 醬}

　　　뱅이(당진, 공주, 논산, 금산)~방이(그 외){방, 房}

　　　뱁이(천원, 논산, 금산)~밥이(그 외){밥}

　　　앺이(금산)~앞이(그 외){앞}

　　　맴:이(서산, 천원, 공주, 금산)~맘:이(그 외){맘}

왱이(논산, 대덕, 금산)~왕이(그 외){왕, 王}

괭이(금산)~광이(그 외){광, 光}

안뱅이(당진, 홍성, 청양, 공주, 논산, 금산)~안방이(그 외){안방}

쌀뱁이(그 외)~쌀밥이(서산, 당진, 아산, 보령, 서천){쌀밥}

오:괭이(그 외)~오:광이(서산, 천원, 예산, 공주, 부여, 서천){오광, 五光}

떽이(논산, 금산)~떡이(그 외){떡}

셉이(홍성, 부여, 논산, 금산)~섶이(그 외){섶}

시루떽이(서산, 당진, 예산, 홍성, 청양, 연기, 부여, 금산)~시루떡이
    (아산, 천원, 공주, 보령, 서천, 논산, 대덕){시루떡}

풀셉이(당진, 예산, 홍성, 연기, 논산, 금산)~풀섶이(그 외){풀섶}

쇡이(공주, 금산)~속:이(그 외){속, 內}

뵉이(예산, 청양, 공주, 보령, 서천, 논산, 금산)~복이(서산, 당진, 아
    산, 천원, 홍성, 연기, 부여, 대덕){복, 福}

굄이(예산, 청양, 금산)~곰:이(그 외){곰, 熊}

묌이(천원, 홍성, 청양, 공주, 보령, 논산, 대덕, 금산)~몸이(서산, 아
    산, 예산, 연기, 부여, 서천){몸}

쾽이(아산, 청양, 논산, 금산)~콩이(그 외){콩}

욍이(청양, 금산)~용이(그 외){용, 龍}

의뵉이(당진, 천원, 예산, 청양, 부여, 논산, 대덕, 금산)~의복이(서산,
    아산, 홍성, 공주, 연기, 보령){의복, 衣服}

온:묌이(당진, 청양, 공주, 보령, 부여, 논산, 대덕, 금산)~온:몸이(서
    산, 아산, 천원, 예산, 홍성, 연기, 서천){온몸}

교툉이(당진, 청양, 공주, 대덕, 금산)~교통이(그 외){교통, 交通}

졍이(예산, 청양, 논산, 금산)~중:이(그 외){중, 僧}

귁이(천원, 예산, 청양, 보령, 부여, 논산, 금산)~국이(서산, 당진, 아
    산, 홍성, 공주, 연기, 서천, 대덕){국, 羹}

쉼이(공주)~숨:이(그 외){숨}

떡꿔이(천원, 예산, 공주, 서천, 논산, 대덕, 금산)～떡국이(서산, 당진,
아산, 홍성, 청양, 연기, 보령, 부여){떡국}

동푕이(예산, 논산, 금산)～동풍이(그 외){동풍}

검이(보령, 논산, 대덕, 금산)～금이(그 외){금, 線}

휨이(그 외)～흠:이(서산, 아산, 공주, 서천, 금산){흠}

팀이(금산)～틈이(그 외){틈}

이림이(당진, 홍성, 청양, 부여, 대덕)～이름이(그 외){이름}

ㄴ. 백이(공주)～밖이(서산, 예산, 서천, 논산, 대전){밖}

간쟁이(예산)～간장이(서산, 청양, 공주, 보령, 서천, 계룡){간장, 醬}

안뱅이(공주)～안방이(서산, 천안){안방}

쌀뱁이(예산)～쌀밥이(서산, 논산, 대전){쌀밥}

ㄷ. *

(1ㄱ)을 보면 충남방언에서 형태소 경계에서의 움라우트가 제법 활발하
게 나타나고 있는 편임을 알 수 있다. 피동화주가 '아, 어'일 때는 물론이고
'오, 우, 으'일 때의 예도 나타난다. 한편 강희숙(2004:63)에서는 앞에서 언급
했던 '채미(참외)'의 경우와 마찬가지로, 체언과 조사 '이'의 연결에서 나타나
는 움라우트의 실현과 관련한 확대 현상으로 기원적으로 이차적 [i]가 동화주
로 기능하는 현상을 제시하였다. '댐이(다음에), 백이(밖에)' 등의 예가 그것
이다(강희숙 2004:63). 또한 충남방언에서는 인명 뒤에 인칭 접미사 '-이'가
결합된 경우에도 움라우트가 활발히 실현된다. A(1990)에 제시된 예는 '영섹
이(영석이)'뿐이지만 도수희(1981:16)에 따르면 인명 뒤에 인칭 접미사 '-이'
가 결합될 때 [+설정성] 자음이 개재하는 경우를 제외하고는 피동화주의 종
류와 상관없이 움라우트의 적용을 받는다.[41] 위의 내용을 종합하면 충남방

---

41) 도수희(1981:16)에 제시된 예들 중 일부를 보이면 다음과 같다.

　a. 기갭이(기갑이), 기택이(기탁이), 종엡이(종업이), 인덱이(인덕이), 인윅이(인옥이), 기

언에서는 형태소 내부에서 일어나는 움라우트 못지않게 형태소 경계에서도 움라우트가 상당히 적극적으로 일어나고 있는 것을 알 수 있다.[42]

그런데 서산지역어를 다룬 전광현(2000:8)은 이 지역어에서 체언과 주격조사 '이'가 결합할 때는 움라우트 현상이 드물게 나타난다고 언급하였다. 그러면서 홍성, 당진, 예산의 경우는 서산지역어보다 비교적 남부지역의 영향을 받아 공시적 움라우트가 약간 확대되어 있는 것으로 파악하였다. 한성우(1996)도 당진지역어에서 움라우트가 형태소 내부에서 전면적으로 일어나는 것과 달리 형태소 경계에서는 단어에 따라 다르게 나타난다고 하였다. 한편 이현주(2015)는 충남 남부에 위치한 지역들을 중심으로 형태소 경계에서의 움라우트 실현율을 살펴보았는데, 이 연구에 따르면 충남방언 중 가장 남쪽에 위치한 논산과 금산의 움라우트 실현 양상이 가장 활발한 편임을 알 수 있다.

이를 종합하면 충남방언의 공시적 움라우트는 대체로 적극적으로 일어나는 편이지만, 충남 북부에 비해 남부에서 보다 적극적인 양상을 보인다고 할 수 있겠다. 이러한 사실은 (1ㄱ)을 통해서도 드러난다. 이에 따르면 형태소 내부에서와 마찬가지로 형태소 경계에서의 움라우트 역시 충남 북부 지역에 비해 중남부 지역에서 보다 적극적으로 실현되는 것을 알 수 있다. 후술하겠지만 서울·경기방언에서는 형태소 경계에서의 움라우트가 거의 실현되지 않는데, 서남방언에서는 상당한 생산성을 지니는 음운현상으로 존재한다. 이러한 사실로 미루어 보아 충남방언의 형태소 경계에서의 움라우트 또한 서남방언의 영향을 받았을 가능성이 높은 것으로 생각된다.

죙이(기종이), 중뭑이(중묵이), 가윙이(가웅이)
  b. *중맨이(중만이), *용겔이(용걸이), *기뮌이(기문이)

42) 도수희(1981:11)에서는 (특히 중부방언과 경남방언에서) 음운환경이 동일함에도 형태론적 제약 때문에 움라우트가 생성되지 않는 명사의 주격형이 충남방언에서 광범위하게 움라우트 실현형으로 나타나는 것을 보이며 충남방언은 다른 지역 방언이 받고 있는 형태론적인 제약을 이미 파기하고 있다고 언급하였다.

한편 (1ㄴ)과 (1ㄷ)에 따르면 현재 충남방언에서 움라우트는 더 이상 공시적인 현상이 아닐 가능성이 높다. 움라우트는 다른 음운현상에 비해 언어외적인 요인의 영향을 많이 받는 음운현상으로 알려져 있다. 사회 계층적으로 교육 수준이 낮을수록, 그리고 노년층일수록 적극적으로 나타나며 개인의 발화 특성이나 조사자와 제보자 사이의 친밀도 등 말의 스타일과도 상관관계가 있음이 밝혀진 것이다(박경래 1993). 이러한 특징을 가지는 음운 현상인 움라우트가 C(2021)에서와 같이 비실현형만을 보여준다면 이 지역에서 움라우트는 이미 공시성을 잃어버렸다고 해도 좋을 것이다. 충남방언뿐만 아니라 서남방언에서도 움라우트 규칙은 세대 간 단절 현상을 겪고 있는 것으로 보인다. 이혁화(2005:179)는 무주·영동·김천 지역어의 움라우트 현상에 대해 80대 이상의 세대에서는 활발하던 움라우트가 불과 70대 이하의 세대에서는 위축되는 경향을 보이고, 60대 이하에서는 거의 규칙이라고 하기 어려울 정도로 움라우트가 실현되지 않는다고 하였다. 즉 충남방언 및 서남방언에서 움라우트는 노년층의 언어에서만 공시적인 현상이라고 볼 수 있겠다.

지금까지의 내용을 종합하여 충남방언 움라우트의 분포 양상을 지도로 나타내면 다음과 같다.

〈지도 10〉 충남방언의 움라우트

이에 따르면 충남방언의 움라우트는 환경에 관계없이 충남의 중남부 지역에서 비교적 적극적인 양상을 보이는 것을 알 수 있다. 전술한 바와 같이, 이는 남쪽으로 인접한 서남방언의 영향을 받았을 가능성이 높다. 이러한 움라우트는 노년층에서는 공시적인 현상으로 남아 있지만, 아래 세대로 갈수록 급격하게 축소되어 충남방언에서 대부분 사라지게 된다.

3.3. 전설모음화

국어의 전설모음화는 'ㅅ, ㅆ, ㅈ, ㅊ' 뒤에 오는 후설모음 '으'가 전설모음 '이'로 변화하는 현상을 말한다.[43] 기존 연구에 따르면 이 현상은 18세기 말에서 19세기 초에 남부방언을 중심으로 발생하기 시작하였다. 중부방언에도 전설모음화가 실현되기는 하지만, 남부방언에 비해서는 비교적 덜 적극적인 양상을 보인다. 특히 충남방언의 전설모음화는 고모음화나 움라우트와 같은 다른 모음 관련 음운현상에 비해 다소 약하게 실현되는 편이다. 이절에서는 A(1990), B(2005), C(2021)의 자료를 중심으로 충남방언의 전설모음화 양상에 대해 환경별로 고찰해 보기로 한다.

3.3.1. 형태소 내부에서의 전설모음화

전설모음화가 활발하게 실현되는 서남방언은 선행자음이 'ㅅ, ㅆ, ㅈ, ㅊ'일 때 모두 전설모음화가 폭넓게 나타나는 반면, 충남방언은 주로 'ㅅ, ㅆ' 뒤에서만 실현되는 양상을 보인다. 다음은 어두 위치의 'ㅅ, ㅆ' 뒤에서 나타나

---

43) 전설모음화의 성격에 대해서는 다양한 각도로 논의가 이루어져 왔는데, 관점에 따라 이를 지칭하는 용어 역시 다양하다. '전설모음화', '전부모음화', '전설고모음화', '구개모음화' 등이 그것이다. 이들 명칭에 대하여 비판적으로 검토한 논의는 백두현(1992:255), 홍은영(2012:7-10)를 참조할 수 있다.

는 형태소 내부에서의 전설모음화의 예이다.

(1) ㄱ. 시물(공주)~스물(그 외){스물}

씨레기(논산, 금산)~쓰레기(그 외){쓰레기}

ㄴ. *

ㄷ. *

(1)을 통해 알 수 있듯이 어두 위치의 전설모음화는 충남방언에서 잘 실현되지 않는 편이다. A(1990)에서만 몇몇 예를 찾을 수 있는데, 이 예들조차 한정된 지역에서만 나타난다. 홍은영(2012:54)에 따르면 경기도와 강원도의 경우는 많은 지역에서 'ㅅ' 뒤 전설모음화가 적용되고 있다. 예를 들어 '스물'의 경우 경기 북부에서는 '스물'로, 경기 남부에서는 '시물'로 실현되는 경향이 강하다. 이러한 사실로 미루어 보아 충남방언의 전설모음화는 서남방언뿐만 아니라 경기방언에 비해서도 약한 실현 양상을 보이는 것으로 생각된다. 이러한 경향은 비어두 위치의 전설모음화의 경우도 마찬가지이다.

(2) ㄱ. 머시매(서산, 공주, 연기, 논산, 금산)~머스매(그 외){남자아이}

거시르다(그 외)~거스르다(서산, 공주, 서천){거스르다}

소시랑(전 지역){쇠스랑}

부시럼(그 외)~부스럼(서산, 천원, 홍성, 서천, 금산){부스럼}

이실비(금산)~이슬비(그 외){이슬비}

베실(그 외)~베슬(서산, 홍성, 연기, 보령, 서천){벼슬}

마실가다(그 외)~마슬가다(서산){마실 가다}

지심매다(그 외)~지슴매다(예산, 홍성, 보령, 서천){김매다}

ㄴ. 머시매(공주, 연기, 부여, 논산, 대전)~머스매(그 외){남자아이}

거시르다(그 외)~거스르다(서산, 서천){거스르다}

소시랑(전 지역){쇠스랑}

부시럼(아산, 공주, 부여, 논산, 대전)~부스름(그 외){부스럼}

이실비(대전, 금산)~이슬비(그 외){이슬비}

벼실(아산, 예산, 홍성, 공주, 부여, 논산, 계룡, 대전, 금산)~벼슬(태
안, 서산, 당진, 아산, 천안, 청양, 연기, 보령, 서천){벼슬}

마실가다(그 외)~마슬가다(태안){마실 가다}

지심(그 외)~지슴(태안, 예산, 보령, 서천){김}

가실(금산)~가을(그 외){가을}

ㄷ. *

(2)는 비어두 위치에서 전설모음화가 적용된 예들이다. (2ㄱ)에 따르면 어두 위치에서 보다는 비교적 적극적인 실현 양상을 보이는 것을 알 수 있다. 이중 '부시럼(부스럼)'은 서남방언에서 '부수럼'으로 원순모음화하여 실현되는 경우도 있다. (1ㄱ)의 '시물(스물)'이 '수물'로 실현되기도 하는 것도 마찬가지이다. 정인호(2006:118)은 이와 같이 동일한 환경에서 전설모음화를 보이지 않는 예들에 대해 규칙들의 경쟁관계에서 기인한 것으로 설명하였다. 즉 '으'가 원순모음화와 전설모음화가 모두 적용될 수 있는 환경일 때 경쟁관계에 있는 두 규칙 중에 원순모음화가 먼저 적용되면 '으'가 '우'로 변화하게 되고, 전설모음화가 앞서 적용되면 '으'가 '이'로 변화하게 된다는 것이다. 충남방언에는 '부수럼'이나 '수물'과 같은 예가 출현하지 않기 때문에 전설모음화가 적용된 형태만 볼 수 있다. 그렇지만 이에 대해 충남방언에서 전설모음화가 원순모음화보다 우세한 세력을 지닌 것으로 보기는 어려울 듯하다. 전술하였듯이 충남방언의 전설모음화는 다른 모음 관련 음운현상에 비해 전반적으로 약한 실현 양상을 보이기 때문이다.

또한 어두 위치에서에 비해 비어두 위치에서 보다 활발하게 실현된다고는 해도, 어두 위치·비어두 위치에 관계없이 대부분의 지역에서 활발하게 실현되는 서남방언이나 경기방언에 비해서는 그 실현 양상이 다소 덜 적극적이다.44) 후술하겠지만 서북방언 역시 전설모음화의 실현이 소극적인 양상

을 보이는데, 이에 대해 강희숙(2000:12)은 남부방언에서부터 출발한 전설모음화의 개신파가 이들 방언에까지 도달하지 못하고 있기 때문이라는 가설을 제시한 바 있다. 그런데 이 가설에는 다소 의문이 따른다. 전설모음화의 개신파가 남부방언으로부터만 올라오는 것이라면, 경기방언이 충남방언에 비해 전설모음화가 적극적으로 실현된다는 사실에 대해서는 설명이 어렵기 때문이다. 그렇지만 이와는 별개로, 충남방언의 전설모음화는 서남방언의 영향을 받았을 가능성이 높아 보인다. (2)에서 알 수 있듯이 전설모음화가 적용된 형태는 전체적으로 적은 수이지만, 충남의 북부에 비해 중남부에서 비교적 많은 수가 출현한다는 사실이 이를 뒷받침해줄 수 있다.

(2ㄱ)에 따르면 충남의 북부에 비해 중남부에 위치한 지역에서 전설모음화의 실현이 비교적 적극적인 양상을 보이는 것을 알 수 있다. 이를 통해 충남방언의 전설모음화는 주로 서남방언의 영향을 받았을 가능성이 높음을 짐작할 수 있다. 경기방언은 전설모음화의 실현이 활발한 편이기는 하지만, 충남 북부 지역에까지는 영향을 미치지 못한 것으로 생각된다.

이는 B(2005)에서도 마찬가지이다. (2ㄴ)에서 알 수 있듯이 A(1990)에 비해 B(2005)에는 전반적으로 전설모음화가 덜 실현되는 편이지만 A(1990)과 마찬가지로 북부 지역에 비해 중남부 지역에서 보다 활발한 양상을 보인다. 이러한 전설모음화는 C(2021)에 이르러 비어두 위치에서도 더 이상 적용되지 않게 된다.

---

44) 홍은영(2012:47)는 서남방언에서 'ㅅ, ㅆ' 뒤 전설모음화가 적용되는 예들을 제시하고 있는데, 이에 따르면 어두 위치·비어두 위치에 관계없이 서남의 대부분 지역에서 'ㅅ, ㅆ' 뒤 전설모음화가 실현된다. 강희숙(2000:534-536)에도 전남방언에서 'ㅅ, ㅆ' 뒤 전설모음화가 실현된 예들을 다수 제시하고 있으며 정인호(2006:118)도 전남 화순지역어에서 전설모음화는 어두에서든 비어두에서든 매우 광범위하게 일어난다고 하였다.

3.3.2. 형태소 경계에서의 전설모음화

충남방언에서 형태소 경계에서의 전설모음화는 잘 실현되지 않는 편이다. 서남방언에서 지역에 따른 양상은 달리 나타나지만 곡용의 경우에도 전설모음화가 일어나는 것과는 다르게, 충남방언에서는 활용의 경우에만 일부 일어나는 것을 볼 수 있다. 홍은영(2012:54)에서도 형태소 경계에서의 전설모음화는 서남방언 외에서는 곡용에서 발생하지 않는다고 하였다. 다음은 충남방언의 활용에서 나타나는 전설모음화의 예이다.

    (1) ㄱ. 읇:이먼(아산, 부여, 논산, 금산)~읇:으면(그 외){없으면}

        ㄴ. 맺이니까(공주, 논산, 대전)~맺으니까(그 외){맺으니까}

            앉이니께(서산, 공주, 논산, 대전)~앉으니까(그 외){앉으니까}

        ㄷ. *

(1)에 따르면 충남방언에서 형태소 경계에서의 전설모음화는 상당히 소극적으로 실현된다는 것을 알 수 있다. A(1990)에도 그 실현형이 적극적으로 출현하지는 않는다. 그런데 한성우(1996:42-44)에는 충남 당진지역어에서 '씨, ㅈ, ㅊ' 뒤에 전설모음화가 활발하게 일어나고 있음이 보고되어 있다. 일부의 예를 제시하면 다음과 같다.

    (2) 있이문{있으면} 늦이문{늦으면} 씻이문{씻으면}

(2)에 따르면 적어도 A(1990) 세대에는 형태소 경계에서의 전설모음화가 완전히 제한적이지는 않았을 것으로 생각된다.[45] 서남방언에 비해서는 덜

---

45) 한성우(1996:6)에 제시된 제보자 인적사항을 참고하면 (2)의 예들이 실현되는 세대는 현재 기준으로 하였을 때 A(1990) 세대와 비슷하다.

적극적이지만 충남방언에서도 형태소 경계에서의 전설모음화가 실현되었던 것이다. 그렇지만 (1ㄴ)에서 볼 수 있듯이 B(2005)에서는 전설모음화의 실현이 상당히 축소되는 경향을 확인할 수 있다. C(2021)에서는 형태소 내부에서와 마찬가지로 전설모음화는 더 이상 적용되지 않게 된다.

지금까지의 내용을 종합하면 충남방언의 전설모음화는 환경에 관계없이 인접한 서남방언이나 경기방언에 비해 덜 적극적인 실현 양상을 보인다고 할 수 있겠다.46) 또한 형태소 내부에서의 전설모음화 분포 양상을 통해 충남방언의 전설모음화는 경기방언보다는 서남방언의 영향을 받았을 가능성이 높음을 확인할 수 있었다. 한편 젊은 세대로 갈수록 실현 양상이 축소되는 경향을 보인다는 사실은 충남방언의 다른 모음 관련 음운현상들과 다르지 않다.

이를 종합하여 충남방언 전설모음화의 분포 양상을 지도로 나타내면 다음과 같다.

〈지도 11〉 충남방언의 전설모음화

---

46) 서북방언 역시 전설모음화의 실현이 소극적인 양상을 보이는데, 이를 충남방언 전설모음화의 실현 양상과 동일하게 다룰 수는 없을 것으로 보인다. 이에 대해서는 4장에서 후술한다.

3.4. 모음조화

모음조화와 관련한 언어 현상은 방언에 따라 그 모습을 각각 달리하지만, 대체로 '아〉어' 변화의 개신지는 중부방언, 그중에서도 충남방언으로 알려져 있다. ≪한국방언자료집≫을 바탕으로 전국 138개 군의 '아〉어' 변화의 도별 평균 적용률을 도출한 오종갑(2007:60)에 따르면, '아〉어' 변화의 도별 평균 적용률은 '충남〉충북〉경기〉강원〉전북〉전남〉경북〉경남〉제주'의 순서로 나타난다. 충남 지역의 경우 전반적으로 그 수치가 높지만, 이중 최고의 적용률을 보이는 지역은 당진, 아산, 예산 세 지역이다.[47] 반면 충남의 남부지역인 서천, 부여, 논산, 대덕(대전), 금산은 그 수치가 비교적 낮게 나타난다. 한편 충남방언 모음조화 양상의 대체적인 특징은 다음과 같이 요약할 수 있다.

1) 개음절 용언 어간의 경우: '오'로 끝나는 어간 뒤에서만 '-아'로 실현되고, 그 외의 경우는 대체로 '-어'로 실현됨.

2) 'ㅎ'말음 용언 어간의 경우: 어간말음절의 모음이 '오'이면 '-아'로 실현됨.

3) 폐음절 용언 어간의 경우: 어간말모음의 종류와 관계없이 대체로 '-어'를 취하나, 지역에 따른 차이가 존재함.

3-1) 어간말모음이 '아'인 경우, 대부분 '-어'로 실현되나 '-아'의 실현이 우세한 지역이 있음.

---

47) 오종갑(2007)에서는 '아〉어' 규칙을 설정하고 그것의 형성 단계와 붕괴 단계를 구별하지 않고 통합하여 전국 138개 군의 각각에서 실현되는 '아〉어' 빈도를 구하고, 그것을 비교함으로써 이 규칙이 전파되어 간 과정을 살펴보았다. 그 결과 '아〉어' 규칙의 도별 평균 적용률은 충남(73.1%)〉충북(70.3%)〉경기(63.9%)〉강원(59.5%)〉전북(54.0%)〉전남(53.5%)〉경북(52.8%)〉경남(43.6%)〉제주(41.5%)의 순서로 나타난다. 그리고 최고의 적용률인 79%의 적용률을 보인 지역은 충남의 3개 군(당진, 아산, 예산)에서만 나타나고, 70% 이상의 적용률을 보인 27개 군 가운데서는 충남(11/15개 군)〉충북(7/10개 군)〉경기(6/19개 군)〉강원(3/15개 군)의 순서로 나타난다.

3-2) 어간말모음이 '오'인 경우, 대부분 '-어'로 실현되나 '-아'의 실현이 우세
한 지역이 있음.

4) 'ㅂ'불규칙 용언 어간의 경우: 1음절 '오'말음 어간을 제외하고 대부분 '-어'
로 실현되나 '-아'로 실현되는 지역이 있음.

이 절에서는 위에서 제시한 특징을 중심으로 충남방언에서 나타나는 부사
형 어미 '-아/어'의 실현 양상을 살펴보기로 한다.[48]

3.4.1. 개음절 어간의 모음조화

이 절에서는 개음절 용언어간이 부사형 어미 '-아/어'와 결합할 때의 부사
형 어미 실현 양상에 대해 A(1990) 및 B(2005), C(2021)의 자료를 중심으로
살펴본다. 충남방언의 모음조화 양상은 북부지역과 남부지역이 환경에 따
라 뚜렷한 차이를 보이므로, 차이가 존재할 경우 이 둘을 나누어서 다루기로
한다.[49] 개음절 어간에서 어간말모음의 종류에 따른 부사형 어미의 실현 양
상을 살펴보면 다음과 같다.

(1) ㄱ. 오+아→와 보+아→보아 쏘+아→쏘아 고:(煮)+아→고:아

ㄴ. 오+아→와 보+아→보아 쏘+아→쏘아 고:(煮)+아→고:아

---

48) 통상적으로 모음조화는 일정한 부류의 모음들끼리 결합되는 현상을 가리키지만, 본고에서
는 용언의 활용에 있어서 모음어미의 두음이 어간의 음운론적 구조에 따라 다르게 실현되
는 현상에 한정한다.

49) 이후 편의상 충남 북부지역은 '북부'로, 남부지역은 '남부'로 통칭하기로 한다. 본 절에서 충
남 북부는 당진, 아산, 예산, 홍성 등을 중심으로 하는 지역을, 충남 남부는 서천, 부여, 논산
등을 중심으로 하는 지역을 가리킨다. 앞서 살펴본 다른 음운현상들과는 달리 모음조화는
북부와 남부의 양상이 뚜렷하게 구분되는데, 북부 지역에서 '-어'가 결합할 때 '-아'가 결합하
는 지역은 소수의 예외를 제외하면 남부의 몇몇 지역으로 한정되어 있다(A(1990)의 경우 보
령, 부여, 서천, 논산, 대덕, 금산, B(2005)의 경우 서천, 논산, 대전). 따라서 이후 예시들에는
개별 지역을 따로 표시하지 않기로 한다.

ㄷ. 오+아→와 보+아→꼬아 꼬+아→꼬아

 개음절 어간일 때 어간의 모음이 '오'로 끝나는 경우, 모든 세대에서 '-아'로 실현된다. 이는 북부와 남부의 양상이 동일하다.

(2) ㄱ. 기+어→기어 다치+어→다쳐 / 깨+어→깨어 포개+어→포개어 / 뛰+어→뛰어

      갈퀴(扒)+어→갈퀴어 / 끄+어→꺼: / 주+어→줘: 배우+어→배워

   ㄴ. 기+어→기어 누비(縫)+어→누벼 / 세(算)+어→세어 / 깨+어→깨어 포개+어→포개어

      / 뛰+어→뛰어 / 끄+어→꺼: 크+어→커: / 주+어→줘: 배우+어→배워

   ㄷ. 기+어→기어 올리+어→올려 / 세(算)+어→세어 / 깨+어→깨어 포개+어→포개어

      / 뛰+어→뛰어 / 끄+어→꺼 크+어→커 / 주+어→줘 배우+어→배워

 어간의 모음이 '오'로 끝나는 경우 외 대부분의 개음절 어간은 '-어'를 취한다.[50] (2)에서 보듯이 어간 모음이 '이, 에, 애, 위, 으, 우'로 끝나는 경우 1음절 어간이든 다음절 어간이든 관계없이 모든 세대에서 '-어'로 실현되는 것을 알 수 있으며, 이는 북부와 남부 모두에 해당된다.

 그런데 어간의 모음이 '외'로 끝나는 경우는 북부와 남부가 차이를 보인다. (3), (4)는 각각 어간 모음이 '외'로 끝날 때 북부와 남부의 예이다.

(3) ㄱ. 되(升)+어→되어 괴(淳)+어→괴:어 쇠+어→쇠어

   ㄴ. 되(升)+어→되어 되(硬)+어→되어 괴(淳)+어→괴어 쇠+어→쇠어 외(暗誦)+어→외어

   ㄷ. 되(硬)+어→되어 쇠+어→쇠어

---

50) '에' 또는 '애' 모음 어간이 모음 어미와 결합할 때 '세:서, 깨:서'와 같이 실현되어 '-아'를 취하는지 '-어'를 취하는지 분명하지 않은 경우가 있다. 그러나 모음 어미 중 반말체 종결 어미인 '-아/어'와 결합하는 경우 '*샤:, *꺄:'와 같은 형태가 나타나지 않으므로 '-아'가 아닌 '-어'를 취하는 것을 알 수 있다.

(4) ㄱ. 되(升)+아→되아 괴(淳)+아→괴:아 쇠+아→쇠아

ㄴ. 외(暗誦)+어→외어 ‖ 되(升)+아→되아 되(硬)+아→되아 괴(淳)+아→괴아 쇠+아→쇠아

ㄷ. 되(爲)+어→되어 쇠+어→쇠어

(3ㄱ, ㄴ)과 (4ㄱ, ㄴ)을 보면 A(1990)과 B(2005)에서는 개음절 어간일 때 어간 모음이 '외'로 끝나는 경우 북부와 남부가 다소 상이한 양상을 보이는 것을 알 수 있다. 북부는 '외'로 끝나는 어간의 경우 역시 예외 없이 '-어'를 취하는 반면,[51] 남부는 '-어'가 아니라 '-아'를 취하는 경향이 높은 것이다. 강희숙(1996:7)은 전남 장흥지역어에서 '되-(爲)'가 주로 '-아'와 결합하는 현상에 대하여, '되-'의 어간 끝음절 모음 'ö'가 양성의 조화 자질을 가지고 있던 'oy'로부터 발달하여 양성의 조화 자질을 그대로 보유하고 있기 때문이라고 논의한 바 있다. 이 논의에 기댄다면 북부에서 어간 모음이 '외'로 끝나는 어휘들이 'oy〉ö' 단모음화 이후 어느 특정한 시기에 일어난 음성모음화를 겪은 것에 비해, 남부는 그러한 언어적 개신을 거부하고 보수적 형태를 유지하고 있는 것으로 볼 수 있다. 그런데 같은 단모음화 과정을 겪은 충남방언 중 특별한 이유 없이 북부만 음성모음화를 경험하고 남부는 그렇지 못하였다고 간주하는 것은 충분한 설명이 되기 어려워 보인다. 후술하겠지만 충남방언에서 '어'계 어미 결합형은 북부를 중심으로 상당히 강한 세력을 보여준다. 이것이 충남방언 모음조화의 일반적인 경향이라면 어간 모음이 '외'로 끝나는 용언의 '-어' 결합형 역시 북부를 중심으로 확산이 이루어졌음을 추측할 수 있다. 그런데 여기서 남부와 인접한 전북방언의 모음조화 양상에 주목할 필요가 있다. 전북방언에서 '외'를 어간말모음으로 갖는 용언은 대부분 '-아'와 결합한다. 이승재(1997:642)에 따르면 전북 지역의 모음조화는 서북 평야 지역과 동남 산악 지역이 각각 다른 양상을 보이는데, '외' 어간말 용언이 '-아'를 취하는 현

---

51) '외' 모음 어간이 모음 어미와 결합할 때 '괴:서, 쇠:서'와 같이 실현되어 '-아'를 취하는지 '-어'를 취하는지 분명하지 않은 경우가 있지만 이들 역시 반말체 종결어미와 결합할 때 "꽈:, 솨:'와 같이 나타지 않으므로 '-아'가 아닌 '-어'를 취하는 것을 알 수 있다.

상은 전북 전 지역에서 볼 수 있을 만큼 상당히 강력하게 나타난다. 충남방언에서 '외' 어간말 용언이 '-아'와 결합하는 양상은 남부 중 전북과 가장 인접해 있는 일부 지역에서만 한정적으로 볼 수 있는데,[52] 이 지역들은 전북방언의 영향으로 북부로부터의 영향력에서 벗어날 수 있었던 것으로 생각된다.

한편 C(2021)에서는 북부와 남부가 모두 '-어'를 취하여 차이를 보이지 않는데, 이에 대해 젊은층에 한하여 '어'계 어미 결합형의 확산이 이루어졌다고 보기는 어려울 듯하다. 역시 후술하겠지만 젊은층은 노인층에 비해 폐음절 어간말모음이 '아, 오'일 때 '어'계 어미가 결합하는 경향이 다소 약해지는데, 다시 말하면 표준어형에 가깝게 실현되는데 이는 북부와 남부의 젊은 세대 모두에게 해당되는 사항이기 때문이다. 따라서 (4ㄷ)과 같이 남부의 C(2021) 세대에서 '외' 어간말 용언이 '-어'를 취하는 것은 표준어의 영향일 가능성이 높다고 볼 수 있겠다.

한편 2음절 이상 어간에서 어간말모음이 '으'인 경우의 모음조화 양상을 따로 살펴볼 필요가 있다. (5)는 2음절 이상의 개음절 어간말모음이 '으'인 경우 북부의 예이고 (6)은 남부의 예이다.

(5) ㄱ. 바쁘+어→바뻐 따르(隨)+어→따러

    ㄴ. 바쁘+어→바뻐 아프+어→아퍼 고프+어→고퍼

    ㄷ. 바쁘+어→바뻐～바빠 아프+어→아퍼～아파 고프+어→고퍼～고파

(6) ㄱ. 바쁘+아→바빠 따르(隨)+아→따라

    ㄴ. 바쁘+아→바빠 아프+아→아파 고프+아→고파

    ㄷ. 바쁘+아→바빠 아프+아→아파 따르(隨)+아→따라

이들 예를 살펴보면 북부는 모든 세대에서 '-어'가 강력하게 결합하지만, 남부는 '-아'가 결합하는 것을 알 수 있다. (5), (6)은 충남방언 외의 중앙어를

---

52) 충남의 최남단인 '서천, 부여, 논산' 등이 해당된다.

비롯한 타 지역 방언에서는 대체로 '-아'와 결합하는 예들이다. 그렇지만 (5)에서 볼 수 있듯이 북부에서는 대부분 '-어'를 취한다. 이러한 경향은 통상적으로 '르'불규칙 활용 어간으로 여겨지는 예들에서도 발견할 수 있다.

(7) ㄱ. 몰르(不知)+어→몰:러 말르(乾)+어→말러 말르(裁)+어→말러

　　ㄴ. 올르(登)+어→올러 몰르(不知)+어→몰러 마르(乾)+어→말러 달르(異)+어→달러

　　ㄷ. 오르+어→올러~올라 모르+어→몰러~몰라 마르(乾)+어→말러~말라

　　　　다르+어→달러~달라

(8) ㄱ. 말르(裁)+어→말러 ‖ 모르+아→몰:라

　　　　말르(乾)+아→말라

　　ㄴ. 말르(乾)+어→말러 ‖ 오르+아→올라 모르+아→몰라

　　ㄷ. 오르+아→올라 모르+아→몰라 다르+아→달라

　(7), (8)은 국어에서 '르'불규칙 활용으로 불리는 예들로 (7)은 북부, (8)은 남부의 예이다.53) 이들 예 역시 중앙어를 비롯한 타 지역 방언에서는 주로 '-아'와 결합한다. 그런데 (7ㄱ, ㄴ)을 보면 북부에서는 A(1990)과 B(2005) 모두에서 '-어'가 강력하게 실현되는 것을 알 수 있다. C(2021)에서는 '-아' 결합형과 '-어' 결합형이 수의적으로 교체하지만 '-어' 결합형이 상당수 더 많이 출현한다. 반면 (8)에 따르면 남부에서는 A(1990)과 B(2005)에서 '-어'로 실현되는 경우도 있지만 주로 '-아'가 결합하는 것으로 보이며, C(2021)에서는 대부분 '-아'를 취하는 것을 알 수 있다.

　기존 논의들은 주로 (5)~(8) 예들의 '-아' 또는 '-어' 결합 여부가 어간의 1음절 모음에 달려있다고 보았다(곽충구 1994, 정승철 1995, 이승재 1997, 이혁화 2005 등). 비어두 위치의 '으'는 모음조화에 비관여적인 무관모음이므

---

53) 이들은 중앙어를 기준으로 할 때 기본형이 '모르-, 마르-, 오르-, 다르-' 등으로 '르' 불규칙 활용 어간이라 할 수 있겠지만, 충남방언에서는 대체로 기본형이 '몰르-, 말르-, 올르-, 달르-' 등으로 '-아/어'와 결합할 때 어간말의 '으'만 탈락한다.

로 어간말음절에 선행하는 음절 모음의 성격에 따라 '-아/어' 교체의 차이를 보여 준다는 것이다. 한편 강희숙(2002:20-21)는 이 예들의 어간말모음 '으'는 비어두 음절에서의 'ᄋᆞ〉으' 변화와 관련되어 있기 때문에, 즉 이들 용언의 어간말모음 '으'는 양성모음 'ᄋᆞ'로부터 유래하였기에 '-아'를 취하는 것이 일반적이라고 보았다. 'ᄋᆞ〉으' 변화로 인해 'ᄋᆞ'는 음운으로서의 기능은 상실했지만 'ᄋᆞ'가 지닌 양성의 조화자질이 흔적으로 남아 그 기능을 유지하며 일종의 언어적 화석으로 '-아'와 결합한 형태를 남겼다는 것이다. 그런데 (5), (7)의 예들은 대체로 위의 설명 모두에 해당되지만[54] '-아'가 아닌 '-어'와 결합하는 경향이 강하다. 즉 충남 북부는 '어'계 어미 결합형의 세력이 상당히 강한 것을 알 수 있는데, 남부에는 이러한 세력이 완전히 도달하지는 못한 것으로 보인다. 한편 '어'계 어미 결합형이 매우 강한 세력을 지닌 북부에서도 C(2021) 세대는 미약하게나마 '-아'가 결합하는 경우를 볼 수 있는데, 충남 북부가 '어'계 어미 결합형의 중심지일 가능성이 높다는 면에서 타 방언의 영향을 받았다기보다는 표준어형의 영향에 따른 것으로 생각된다.

3.4.2. 폐음절 어간의 모음조화

이 절에서는 폐음절 용언어간이 부사형 어미 '-아/어'와 결합할 때의 부사형 어미 실현 양상에 대해 A(1990) 및 B(2005), C(2021)의 자료를 중심으로 고찰한다. 다음은 어간말모음이 '이, 애, 으, 어, 우'인 경우이다.

---

54) 이 예들의 어간말음절 '으'는 대체로 'ᄋᆞ〉으'의 변화를 겪었으며, 1음절 모음은 '아' 또는 '오'이다.

바쁘-(〈밧ᄇ-), 아프-(〈알ᄑ-), 고프-(〈골ᄑ-), 따르-(〈ᄯᆯ오-)(隨)
모르-(〈모ᄅ-), 마르-(〈ᄆᆞᄅ-)(乾), 마르-(〈ᄆᆞᄅ-)(裁), 오르-(〈오ᄅ-), 다르-(〈다ᄅ-)

그리고 같은 '르'불규칙 활용 예이지만 '거르-(〈거ᄅ-), 누르-(〈누ᄅ-), 두르-(〈두ᄅ-), 무르-(〈므ᄅ-), 흐르-(〈흐ᄅ-)' 등은 충남방언에서도 다른 국어 방언에서와 같이 '-어'와 결합하여 '걸러, 눌러, 둘러, 물러, 흘러' 등으로 실현된다.

(1) ㄱ. 집+어→집어 읽+어→읽어 / 맺+어→맺어 / 끊+어→끊어 거들+어→거들어 /

　　　벗+어→벗어 / 묻(埋)+어→묻어 훑+어→훑어

　　ㄴ. 입+어→입어 읽+어→읽어 / 맺+어→맺어 / 뜯+어→뜯어 끊+어→끊어

　　　다듬+어→다듬어 씨다듬(撫)+어→씨다듬어 / 벗+어→벗어 얹+어→얹어

　　　/ 묻(埋)+어→묻어 훑+어→훑어

　　ㄷ. 입+어→입어 읽+어→읽어 / 맺+어→맺어 / 뜯+어→뜯어 끊+어→끊어

　　　다듬+어→다듬어 쓰다듬+어→쓰다듬어 / 덮+어→덮어 젊+어→젊어

　　　/ 묻(埋)+어→묻어 훑+어→훑어

　　(1)에 따르면 어간말모음이 '이, 애, 으, 어, 우'인 경우 어간의 음절수에 상관없이, 어간말자음이 단자음일 때와 자음군일 때 모두 '-어'와 결합하는 것을 알 수 있다.55) 이러한 양상은 북부와 남부 모두에서, 모든 세대에 걸쳐 동일하게 나타난다.56) 그런데 어간말모음이 '아' 또는 '오'인 경우에는 북부와 남부의 결합 양상이 차이를 보인다. (2), (3)은 각각 폐음절 어간말모음이 '아'일 때 북부와 남부의 예이다.

(2) ㄱ. 잡+어→잡어 갉+어→갉어 맡+어→맡어 안+어→안어 감(洗)+어→감어

　　　알+어→알어 말(捲)+어→말어 밝+어→밝어 맑+어→맑어 닮(異)+어→닮어

　　　밟+어→밟어 짧+어→짧어 핥+어→핥어 삶+어→삶어 닭+어→닭어

　　　앉+어→앉어 많+어→많어 매달+어→매달어

　　ㄴ. 잡+어→잡어 막+어→막어 닫+어→닫어 갉+어→갉어 맡+어→맡어

　　　안+어→안어 담(盛)+어→담어 감(閉眼/捲)+어→감어 알+어→알어

―――――――――

55) 어간말자음의 자질 역시 부사형 어미의 선택에 있어서 영향을 미치지 않는다. 이는 후술할 내용에서도 동일하므로 어간말자음의 자질에 관한 내용은 따로 제시하지 않기로 한다.

56) 한편 북부와 남부 모두, 세대와 관계없이 'ㅎ'말음 용언 어간의 경우 어간말음절의 모음이 '오'이면 '-아'로 실현된다('좋아, 놓아' 등). 이러한 양상은 여타 중부방언 및 국어 방언과 같다.

날+어→날어 말(捲)+어→말어 밝+어→밝어 맑+어→맑어 밟+어→밟어

짧+어→짧어 핥+어→핥어 삶+어→삶어 앉+어→앉어 많+어→많어

닳+어→닳어 앓+어→앓어

ㄷ. 잡+어→잡어 짝(小)+어→짝어 박+어→박어 담(김치를)+어→담어

감(捲)+어→감어 남+어→남어 말(勿)+어→말어 알+어→알어 갈(耕)+어→갈어

밝+어→밝어 짧+어→짧어 삶+어→삶어 닮+어→닮어 앉+어→앉어

같+어→같어~같아 찾+어→찾어~찾아 살+어→살어~살아 앓+어→앓어~앓아

많+어→많어~많아

(3) ㄱ. 잡+어→잡어 같+어→같어 안+어→안어 감(洗)+어→감어 알+어→알어

말(捲)+어→말어 닮(異)+어→닮어 짧+어→짧어 핥+어→핥어 닮+어→닮어

앉+어→앉어 많+어→많어 매달+어→매달어 ‖ 맡+아→맡아 밝+아→밝아

맑+아→맑아 밟+아→밟아 삶+아→삶아

ㄴ. 잡+어→잡어 막+어→막어 맡+어→맡어 감(閉眼/捲)+어→감어 날+어→날어

말(捲)+어→말어 맑+어→맑어 짧+어→짧어 핥+어→핥어 닳+어→닳어

앓+어→앓어 ‖ 막+아→막아 닫+아→닫아 같+아→같아 안+아→안아

담(盛)+아→담아 알+아→알아 밝+아→밝아 밟+아→밟아 삶+아→삶아

앉+아→앉아 많+아→많아

ㄷ. 잡+어→잡어 맡+어→맡어 담(김치를)+어→담어 팔+어→팔어 ‖ 남+아→남어~남아

쌂+아→쌂어~쌂아 닮+아→~닮어~닮아 앉+아→앉어~앉아 많+아→많어~많아

막+아→막아 작+아→작아 찾+아→찾아 말(勿)+아→말아 알+아→알아

갈(耕)+아→갈아 살+아→살아 밟+아→밟아 앓+아→앓아

(2ㄱ, ㄴ)을 보면 북부는 A(1990) 및 B(2005)에서 폐음절 어간말모음이
'아'일 때, 어간말자음이 단자음인 경우와 자음군인 경우 모두 '-어'가 매우 강
력하게 결합하는 것을 알 수 있다. C(2021)에서도 상당수 '-어'와 결합하는 것
을 볼 수 있다. 몇몇 용언에서 '-아' 결합형과 '-어' 결합형이 수의적으로 교체
하기도 하지만 그러한 경우에도 '-어' 결합형이 보다 더 많이 출현한다. 한편

(3ㄱ)에 따르면 남부 역시 A(1990)에서는 '-어'가 결합하는 경우가 비교적 많다. 남부의 A(1990) 세대가 개음절 어간말모음이 '외'일 때나 개음절의 2음절 이상 어간에서 어간말모음이 '으'일 때 북부의 세력에서 다소 벗어나 '-아'와 결합하던 것과는 다른 양상이다. 즉 폐음절 어간일 때 '아'말음 어간에서의 '어'계 어미 결합형의 세력이 보다 강한 확산을 보여주는 것을 확인할 수 있다. 이러한 양상은 폐음절 어간말모음이 '오'인 경우와의 비교를 통해 더욱 뚜렷하게 드러난다.

폐음절 어간말모음이 '오'인 경우에는 '아'인 경우보다 북부와 남부가 보다 뚜렷한 차이를 보인다. (4), (5)는 각각 폐음절 어간말모음이 '오'일 때 북부와 남부의 예이다.

(4) ㄱ. 꽂+어→꽂어 높+어→높어 쫓+어→쫓어 곪+어→곪어 옮+어→옮어

　　ㄴ. 뽑+어→뽑어 꽂+어→꽂어 솟+어→솟어 높+어→높어 볶+어→볶어

　　　　졸(睡)+어→졸어 곪+어→곪어 옮+어→옮어 옳+어→옳어 곯+어→곯어

　　　　‖ 쫓+아→쫓어~쫓아

　　ㄷ. 쫓+어→쫓어~쫓아 뽑+어→뽑어~뽑아 높+어→높어~높아 놀+어→놀어~놀아

　　　　곪+어→곪어~곪아 옮+어→옮어~옮아 옳+어→옳어~옳아

(5) ㄱ. 꽂+아→꽂아 높+아→높아 쫓+아→쫓아 곪+아→곪아 옮+아→옮아

　　ㄴ. 꽂+어→꽂어 ‖ 뽑+아→뽑아 솟+아→솟아 높+아→높아 볶+아→볶아

　　　　졸(睡)+아→졸아 쫓+아→쫓아 곪+아→곪아 옮+아→옮아 옳+아→옳아

　　　　곯+아→곯아

　　ㄷ. 볶+아→볶아 놀+아→놀아 돌+아→돌아 곪+아→곪아 옮+아→옮아 옳+아→옳아

(4)의 예를 보면 북부는 폐음절 어간말모음이 '오'일 때 '-어'로 실현되는 경향이 모든 세대에서 상당히 강한 것을 알 수 있다. 반면 남부의 예를 보면 A(1990)에서부터 모든 세대가 '-아'를 취하는 경향이 강하다. 이는 (3ㄱ)에서

와 같이 남부의 A(1990) 세대에서 '아' 말음 어간의 많은 수가 '-어'와 결합하는 것과는 다른 양상이다. 이를 종합하면 충남방언 모음조화의 경향은 '어'계 어미 결합형의 세력이 우세한 것이 그 특징인데, 폐음절 어간말모음이 '아' 일 때 가장 강한 확산을 보여주며 '오'인 경우에는 이러한 세력이 상당한 저항을 받고 있다고 볼 수 있겠다.

한편 (3ㄴ) 및 (3ㄷ)을 보면 '아'말음 어간일 때 남부의 B(2005)에서는 '-아' 결합형과 '-어' 결합형이 비슷하게 출현하며, C(2021)에 이르러서는 '-아'를 취하는 경향이 보다 높아진 것을 알 수 있다. 남부의 A(1990) 세대까지는 '-어' 결합형의 출현이 우세하였는데, 아래 세대로 갈수록 그 세력이 줄어든 것이다. 이는 B(2005) 세대에 이르러 '어'계 어미의 확산세가 줄어든 것과 관련이 있는 것으로 생각된다. 김수영(2022:47)에 따르면 경기 남부에 분포하는 '어'계 어미의 결합형들이 B(2005) 세대에서 여전히 경기 북부로 확산되지 못하고 있음을 알 수 있다. 즉 충남 북부를 중심으로 하는 '-어' 결합형 세력은 충남 남부는 물론 경기 남부에까지 영향을 미치다가 B(2005) 세대에 이르러 그 확산세가 점차 줄어든 것으로 생각된다.

다음은 'ㅂ'불규칙 용언 어간이 부사형 어미 '-아/어'와 결합할 때의 부사형 어미 실현 양상에 대해 살펴보도록 한다.

(6) ㄱ. 맵+어→매워 / 쉽+어→쉬워 / 부럽+어→부러워 무섭+어→무서워

　　　드럽(汚)+어→드러워 가렵+어→가려워 개볍(輕)+어→개벼워

　　　간지럽+어→간지러워 부끄럽+어→부끄러워 / 사납+어→사나워

　　　아름답+어→아름다워 / 굽+어→구워 어둡+어→어둬 ∥ 돕+아→도와

　ㄴ. 밉+어→미워 / 맵+어→매워 / 쉽+어→쉬워 / 가첩(近)+어→가처워

　　　아껍(惜)+어→아꺼워 반겁(歡)+어→반거워 부럽+어→부러워

　　　무겁+어→무거워 더럽+어→더러워 가렵+어→가려워 마렵+어→마려워

　　　개볍(輕)+어→개벼워 미끄럽+어→미끄러워 부끄럽+어→부끄러워 /

　　　사납+어→사나워 / 굽+어→구워 눕+어→누워 어둡+어→어두워 /

외롭+어→외로워 까다롭+어→까다로워 ‖ 곱(麗)+아→고와 돕+아→도와

ㄷ. 밉+어→미워 / 맵+어→매워 / 쉽+어→쉬워 / 부럽+어→부러워

무겁+어→무거워 더럽+어→더러워 가렵+어→가려워 마렵+어→마려워

미끄럽+어→미끄러워 부끄럽+어→부끄러워 / 가깝+어→가까워

아깝+어→아까워 사납+어→사나워 / 굽+어→구워 눕+어→누워

어둡+어→어두워 / 외롭+어→외로워 까다롭+어→까다로워 ‖

곱(麗)+아→고와 돕+아→도와

(7) ㄱ. 쉽+어→쉬워 / 부럽+어→부러워 무섭+어→무서워 드럽(汚)+어→드러워

간지럽+어→간지러워 부끄럽+어→부끄러워 / 아름답+어→아름다워 /

굽+어→구워 어둡+어→어둬 ‖ 맵+아→매와 / 개밥(輕)+아→개바와

사납+아→사나와 가랍(癢)+아→가랴 / 돕+아→도와

ㄴ. 밉+어→미워 / 맵+어→매워 / 쉽+어→쉬워 / 부럽+어→부러워

무겁+어→무거워 더럽+어→더러워 가렵+어→가려워 마렵+어→마려워

미끄럽+어→미끄러워 부끄럽+어→부끄러워 / 굽+어→구워 눕+어→누워

어둡+어→어두워 / 외롭+어→외로워 까다롭+어→까다로워 ‖ 가깝+아→가까

아깝+아→아까 반갑+아→반가 사납+아→사나 / 곱(麗)+아→고와 돕+아→도와

개봅(輕)+아→개봐

ㄷ. 밉+어→미워 / 맵+어→매워 / 쉽+어→쉬워 / 부럽+어→부러워

무겁+어→무거워 더럽+어→더러워 가렵+어→가려워 마렵+어→마려워

미끄럽+어→미끄러워 부끄럽+어→부끄러워 / 가깝+어→가까워

아깝+어→아까워 사납+어→사나워 / 굽+어→구워 눕+어→누워

어둡+어→어두워 / 외롭+어→외로워 까다롭+어→까다로워 ‖

아름답+와→아름다와 곱(麗)+아→고와 돕+아→도와

(6), (7)은 각각 북부와 남부의 'ㅂ'불규칙 어간에 '-아/어'가 결합하는 양상
이다. (6)을 보면 1음절 '오'말음 'ㅂ'불규칙 어간의 경우를 제외하면, 북부는
모든 세대에서 '-어'와 결합하는 것을 알 수 있다. 그런데 남부의 경우는 그 양

상이 다소 복잡하다. (7ㄱ)에 따르면 A(1990)에서 어간말모음이 '애, 아'일 때
북부와는 달리 '-아'를 취하는 것을 볼 수 있다.[57) B(2005)에서는 어간말모음
이 '아'일 때만 '-아'와 결합한다. C(2021)에서는 어간말모음이 '아'일 때 '-아'
와 결합하는 어형이 발견되기는 하지만 '-어'를 취하는 경향이 보다 높아 보
인다.

그런데 여기서 비어두 위치에서의 '오〉우' 고모음화에 대해 다시 언급할
필요가 있다. 이 변화는 국어의 모음조화와 밀접한 연관이 있기 때문이다. 경
기방언의 모음조화 양상에 대해 논의한 김수영(2022:48-49)는 경기방언 중
'우'로 끝나는 다음절 어간이나 'ㅂ'불규칙 어간이 현재도 '-아'와 결합하는 지
역에 대해, 이들 지역은 용언에서 비어두 위치 '오〉우'를 겪지 않았고 그 때문
에 '우'말음 어간의 형성이 다른 지역에 비해 늦어져 '-아'를 취하게 된 것으로
보았다. 그런데 우리는 앞서 3.4.1에서 '가꾸-, 배우-' 등의 어간에 '-어'가 결합
하여 '가꿔, 배워'로 실현되는 것을 보았다. 그리고 3.1.3의 '오〉우' 고모음화
부분에서 다룬 내용에 따르면 '어'계 어미 결합형의 확산이 일어나기 전에[58)
충남방언은 비어두 위치의 '오〉우' 변화를 겪었다. 그렇다면 충남방언에서
'ㅂ'불규칙 용언은 모음어미 앞에서 'X오-'가 아니라 'X우-'로 실현된다고 보
는 것이 타당하다. 즉 충남방언에서는 (7)의 '-아'가 결합하는 예들이 비어두
'오〉우' 고모음화를 겪지 않은 'X오-' 어간을 가지기 때문에 '-아'와 결합한다
고 설명하기 어려운 것이다.

한편 최명옥(1992:69-70), 이혁화(2005:128-129)에서는 어간말음절 모음
이 '우'일 때 1음절 모음에 따라 '-아/어' 결합 양상이 달라지는 현상에 대해 논
하였다.[59) 즉 다음절 '우'말음 어간은 1음절 모음이 '애, 아, 오'이면 '-아'를 취

---

57) 1음절 '오'말음 'ㅂ'불규칙 어간이 '-아'와 결합하는 것은 모든 세대에서 북부의 경우와 동일
   하다.

58) 이병근(1976/2020:275), 최명옥(1992:74)에 따르면 중부방언의 모음조화는 적어도 19세기
   후기까지는 엄격하게 유지되었다고 볼 수 있다.

59) 최명옥(1992:69-70)는 19세기 후기의 국어 방언 전반을, 이혁화(2005:128-129)는 전북방언
   (무주)을 대상으로 한다.

한다는 것이다. 이 논의에 기댄다면 (7)에서 '-아'가 결합하는 예들에 대해 어간의 첫음절 모음에 따라 '-아'가 결합한 것으로 설명할 수 있다. 즉 모음어미 앞에서 'X우-'로 실현되는 'ㅂ'불규칙 용언 어간의 첫음절 모음이 '애, 아, 오'이면 '-아'를 취하는 것이다.

그리고 3.4.1에서 보았던 '가꾸-, 배우~' 등은 북부와 남부에서 모두 '가꿔, 배워'로 나타난다는 사실로 미루어 보았을 때 순수한 '우'말음 어간의 경우에 비해 'ㅂ'불규칙 용언의 경우 '어'계 어미 실현형이 비교적 덜 강한 확산세를 보인 것으로 생각된다. 이에 따르면, 그리고 B(2005) 세대부터 '-어' 결합형의 확산세가 줄어드는 충남방언 모음조화의 전체적인 경향에 비추어 본다면 (7ㄷ)과 같이 C(2021)에 이르러 점차 '-어'를 취하는 경향이 높아지는 양상은 '-어' 결합형의 확산에 따른 결과가 아니라 표준어형의 영향에 의한 현상으로 보는 편이 타당할 듯하다.

이제 지금까지의 논의를 종합하여 충남방언의 모음조화 양상을 지도로 표시하면 다음과 같다.

〈지도 12〉 충남방언의 '어'계 어미의 실현60)

---

60) 개음절 '오' 말음 용언 어간 뒤, 어간말음절 모음이 '오'인 'ㅎ'말음 용언 어간 뒤, 1음절 '오'말음 'ㅂ'불규칙 어간과 결합할 경우 등은 해당되지 않는다.

앞서 살펴본바 충남 북부는 대다수의 경우 '-어'와 결합하는 반면, 충남 남부는 폐음절 어간말모음이 '아'일 때만 '-어' 결합형의 세력이 강한 것을 알 수 있었다. 이러한 사실로 미루어 보았을 때, '어'계 어미 전파의 개신지는 충남 북부로 특정할 수 있을 것으로 생각된다. 그렇지만 충남 북부를 중심으로 하는 '-어' 결합형 세력은 충남 남부는 물론 경기 남부에까지 영향을 미치다가 B(2005) 세대에 이르러 그 확산세가 점차 줄어든 것을 확인할 수 있었다.

그런데 음운 변화에 있어서 일반적으로 표준어형이 젊은 세대에 상당히 큰 영향을 미친다는 사실을 상기해 보았을 때, 모음조화에 있어서는 충남 북부에 한해 그 영향력이 비교적 미약하다는 사실이 흥미롭다. 앞서 살펴보았듯이 충남 북부에서는 C(2021) 세대조차 '-어'를 취하는 경향이 강하기 때문이다. 이에 따르면, 그 확산세가 점차 감소하는 경향을 보임에도 충남 북부에서는 여전히 '어'계 어미 결합형 세력이 강하게 남아 있다고 볼 수 있겠다.

4. 모음음운론의 관점에서 본 충남방언

지금까지 충남방언의 모음체계와 모음 관련 음운현상 중 충남방언의 세대별·지역별 특징을 비교적 잘 드러내 주는 사항을 중심으로 충남방언의 음운론적 특징을 살펴보았다. 이 장에서는 이를 바탕으로 충남방언이 갖는 음운론적 위상에 대해 다른 방언권, 특히 서부방언과의 관계를 중심으로 논의하고자 한다.

4.1. 모음체계의 측면

앞서 우리는 10모음 체계를 갖는 A(1990) 세대부터 B(2005), C(2021) 세대를 거치면서 충남방언의 단모음 및 이중모음 목록은 상당한 변화를 겪었음을 확인할 수 있었다. 10모음 체계를 갖는 노년층에서 하향이중모음 'uy', 'oy'와 단모음 'ü', 'ö'가 실현되다가 이후 세대로 갈수록 자취를 감추었으며 'e', 'ɛ'는 50대 이하 세대에서는 완전히 합류하여 하나의 모음으로 변화한 것이다. 이러한 변화와 관련하여 충남방언 내에서의 지역별 양상 또한 함께 살펴보았다. 이 절에서는 이를 바탕으로 모음체계의 면에서 충남방언이 갖는 위상에 대해 고찰해 보고자 한다.

먼저 하향이중모음 'uy', 'oy'의 경우, 2.2.1에서 논의한바 노년층을 기준으로 하였을 때 충남의 중부에 위치한 지역들을 중심으로 두드러지게 실현되는 것을 확인할 수 있었다.[1] 이후 세대에서 충남방언의 'uy', 'oy'가 대부분 단모음 'ü', 'ö'로 변화하였다는 사실에 비추어 보았을 때 'uy', 'oy'의 단모음화는 충남 중부에서 가장 더디게 이루어지고 있는 것이다.

충남방언을 제외한 다른 서부방언에서는 노년층의 발화에서 'uy'와 'oy'가 실현되지 않는다. 경기방언의 경우 노년층에서 'uy'가 실현되는 경우가 있으나 이는 충남과 인접한 지역에 한한다. 이병근·정승철(1989:51)에서는 충남방언에서 'uy'로 실현되는 형태가 용인·이천에서는 '우' 또는 '위[wi]'로 실현되고 안성에서는 '우'와 'uy'가 공존함을 밝히면서 안성이 충청지역과 깊은 관련이 있음을 언급하였다. 이를 통해 하향이중모음 'uy'는 경기방언에서 충남과 인접한 지역 외에는 실현되지 않는다는 사실을 알 수 있다. 서북방언 및 황해도방언의 노년층에서도 하향이중모음 'uy', 'oy'는 나타나지 않는다. 서북방언의 '위'는 이중모음 'wi'로 실현되며(김영배 1977:32), 한성우(2006:37-38)도 의주지역어에서 '위'는 이중모음 [wi], [uy]나 단모음 [ü]로 발음되기도 하지만 선행자음이 없는 '위'조차 [wi]로 발음되기에 주변이음을 [wi]로 보는 것이 타당하다고 보았다. 전남 화순지역어에서도 어두의 '위'는 'wi'로 실현되며 [+전설성] 뒤에서 수의적으로 [ü]로 실현된다(정인호 2006:77). 'oy'의 경우 역시 기원적으로는 '외'였던 것이 서북방언에서는 '왜'로 나타난다는 사실이 일찍부터 알려져 있다(한성우 2006:37). 황해도방언 역시 '위'의 경우 하향이중모음으로 나타나지 않고 대체로 '우'나 '이'로 실현되며(김영배 1981:10, 황대화 2007:80-81), '외'도 대체로 단모음 또는 상향이중모음 'we'로 실현된다(김영배 1981:20). 서남방언의 노년층에서도 'uy, oy'가 일찍이 자취를 감

---

1) 선행자음이 없을 때의 'uy'는 다소 다른 양상을 보여준다. 이에 대한 자세한 논의는 2.2.1을 참조.

추었다는 것을 알 수 있다. 전북방언에는 y계 하향이중모음이 존재하지 않는다(소강춘 1989:66).[2] 전남방언의 경우도 이와 크게 다르지 않아 'uy', 'oy'는 대개 'ü', 'ö'로 실현된다(배주채 1998:39, 정인호 2006:74, 77).

이를 종합하면 노년층을 기준으로 하였을 때 최근까지 하향이중모음 'uy', 'oy'가 남아있는 방언권은 서부방언에서 충남방언이 유일하다고 할 수 있으며, 그중에서도 충남의 중부에 위치한 지역들에서 가장 더딘 변화를 보여준다고 할 수 있겠다. 다시 말하면 국어 전반에서 이루어졌던 하향이중모음의 변화 경향 속에서 충남의 중부 지역은 가장 오래된 형태를 유지하고 있는 것이다.

주지하다시피 15, 16세기에 하향이중모음이었던 'uy', 'oy'는 방언권별로 정확한 시기는 조금씩 다르지만 대체로 근대국어 후기에는 변화를 겪어 지금에 이르렀다. 중부방언 및 서남방언은 19세기 후기를 전후하여 변화를 수행하였으며(최전승 1987), 서북방언에서 'uy', 'oy'의 단모음화는 19세기 후기 이전에 일어났다(최명옥 1986:762). 박경래(1995)에서도 19세기 후기 충북 보은지역어의 '위', '외'는 모음체계 내에서 단모음으로 확립되었음을 시사하였다. 즉 충남방언은 대체로 19세기 후기를 전후하여 일어난 하향이중모음 'uy', 'oy'의 변화 물결이 가장 늦게 도달한 방언이라고 볼 수 있겠다. 특히 충남의 중부 지역은 그중에서도 변화의 중심에서 가장 멀리 위치해 있는 것으로 생각된다.

한편 하향이중모음 'uy', 'oy'가 변화한 'ü'와 'ö'는 현재 기준으로 충남방언의 80대 정도까지 비교적 활발하게 실현되다가 이후 상향이중모음으로 변화하여 사라지게 된 것을 확인하였다. 2.1.1에서 논의한 바에 따르면 노년층을 기준으로 하였을 때 충남방언에서 여전히 'ü'와 'ö'가 대체로 잘 실현되지만, 충남의 동쪽 중북부 지역으로부터 'wi' 또는 'we'로의 변화가 시작되었음을

---

2) 다만 전북 서북부에 위치한 옥구(현재는 군산), 익산 지역에서는 예외적으로 'uy'가 실현된다고 하였다(소강춘 1989:66). 이들 역시 충남과 인접한 지역들이다.

짐작할 수 있다.

남북한 자료를 통합적으로 살펴 단모음 'ü', 'ö' 변화의 시작 및 전파 방향을 논의한 최성규(2013:189-190)은 'ü'와 'ö' 모두 한반도의 동남쪽 끝과 서북쪽 끝, 즉 경상도와 평안도 양쪽에서 가장 먼저 변화가 일어났음을 추측하였다. 현재 노년층을 기준으로 하였을 때 경상방언에서 '위'와 '외'는 상향이중모음으로 실현되는 것이 기본적이며(백두현 1992:94), 서북방언 역시 마찬가지라는 점을 고려하였을 때(김영배 1992:333), 이는 타당성 있는 논의로 생각된다.

그런데 이러한 변화가 충남방언에 영향을 주었을 것으로 보기는 어려울 듯하다. 전술하였듯이 충남방언에서 'ü', 'ö' 변화의 시작점으로 생각되는 동쪽의 중북부와 인접한 경기방언이나 충북방언에서도 충남의 여타 지역 못지 않게 'ü'와 'ö'가 적극적으로 실현되기 때문이다.[3] 그렇다면 충남방언의 'ü', 'ö' 변화에 대해, 2.3.1에서 논의한 'e', 'ɛ'의 합류 원인과 유사한 방식의 방언 접촉에 의한 것일 가능성을 조심스럽게 제시해 본다. 김봉국(2006ㄴ)은 개화기 이후부터 현재에 이르기까지 서울 및 인접 지역에 나타나는 '위', '외'의 음가와 음변화 양상을 고찰한 논의인데, 이에 따르면 특히 서울 지역에서 '위', '외'는 20세기 초부터 상향이중모음 'wi', 'we'로 실현되는 일이 많은 것을 알 수 있다. 경기방언의 노년층에서는 여전히 'ü', 'ö'가 적극적으로 실현된다는 것을 고려해 보았을 때, 서울 지역의 이러한 양상은 이미 'wi', 'we'로 변화한 화자들의 영향을 받은 것이 그 원인으로 생각된다. 그리고 충남방언에서 'wi', 'we'로의 변화가 비교적 두드러지는 동쪽 중북부 지역 역시 이와 같은 선상에서 볼 수 있지 않을까 한다. 이들 지역이 충남 내에서도 비교적 인구가 많고 교류가 활발한 도심에 속한다는 사실이 이를 뒷받침해 줄 수 있을 듯하다.

---

3) 이는 A(1990)으로부터 추출한 동일 어휘를 기준으로 한다.

한편 충남방언의 'e'와 'ɛ'는 젊은 세대에서는 합류가 이루어지지만 노년층에서는 뚜렷이 구별되어 쓰이는데, 2.3.1에서 논의한 바와 같이 이는 중부방언에 속하는 다른 방언의 경우와 다르지 않다. 'e'와 'ɛ'의 합류에 대해 다른 방언과의 관계성에 초점을 둔 논의는 이미 2.3.1에서 이루어졌으므로 이 절에서는 생략하도록 한다.

지금까지의 내용을 종합하면 현재 노년층을 기준으로 하였을 때 충남방언의 'ü', 'ö'와 'e', 'ɛ'의 실현은 여타 중부방언과 별다른 차이가 없지만, 충남방언은 하향이중모음 'uy'와 'oy'가 실현되는 독자적인 특징을 갖는다는 사실을 알 수 있다. 앞서 우리는 하향이중모음 'uy', 'oy'가 선행자음의 유무, 선행자음의 종류 등 환경에 따라 달리 실현되는 양상을 살펴보았고, 이들이 시간의 흐름에 따라 단모음 'ü', 'ö', 상향이중모음 'wi', 'we'로 변화하는 모습을 확인하였다. 충남방언은 이를 통해 하향이중모음의 변화 과정을 여실히 보여주고 있다는 점에서 중요한 의의를 갖는다고 할 수 있다.

4.2. 모음현상의 측면

4.2.1. 고모음화

우리는 앞서 3.1에서 충남방언의 고모음화 양상에 대해 살펴본 바 있다. 먼저 노년층을 기준으로 하였을 때 '어〉으' 고모음화의 경우, 어두 위치의 '어〉으' 고모음화는 주로 음장이 존재할 때 적극적으로 실현되는데, 이는 여타 중부방언과 비슷한 양상임을 확인할 수 있었다. 다만 서남방언과 인접한 충남의 남부 지역은 '어〉으' 고모음화 세력의 영향을 비교적 덜 받은 것으로 생각된다. 이는 서남방언의 '어〉으' 고모음화 양상을 살펴보면 보다 명확해진다.

서남방언은 '어〉으' 고모음화가 제한적으로 일어나는 방언권으로 알려져 있다. 전남방언의 경우 어두 위치에서는 고모음화가 거의 실현되지 않고, 비어두 위치나 문법형태소에서만 실현되는 양상을 보인다(강희숙 2005:18). 전남 화순지역어에서 '어〉으' 고모음화는 비어두에서만 볼 수 있는데(정인호 2006:140), 정인호(2006:143)은 '어〉으' 고모음화가 비어두 위치에서 활발하게 일어나는 이유에 대해 '음성적 부정확성에 따른 약화'를 들어 설명하였다. 즉 비어두는 모음의 약화가 쉽게 일어날 수 있는 위치이므로 개구도가 축소되는 고모음화 현상이 쉽게 일어날 수 있다는 것이다. 이에 따르면 서남방언에서 나타나는 비어두 위치에서의 '어〉으' 고모음화는 충남방언에서의 '어〉으' 고모음화와 그 성격을 달리한다고 볼 수 있을 것이다. 앞서 살펴본 바와 같이 충남방언에서 비어두 위치에서의 '어〉으' 고모음화는 거의 나타나지 않기 때문이다. 한편 문법형태소 '-더-'의 고모음화 실현형 '-드-'는 어두 위치의 '어〉으' 고모음화와는 반대로 충남 남부 지역을 중심으로 나타나는 것을 알 수 있었는데, 이 경우는 서남방언의 영향을 받은 것으로 짐작된다.

이를 종합하면 충남방언의 '어〉으' 고모음화는 어두 위치에서의 경우 여타 중부방언과 크게 다르지 않은 양상을 보이지만 문법형태소의 '어〉으' 고모음화의 경우는 그 실현이 활발한 서남방언의 영향을 받았을 것으로 생각되며, 따라서 이들 고모음화는 서로 그 성격을 달리함을 짐작해 볼 수 있겠다.

한편 '에〉이' 고모음화는 통상적으로 남부방언에서 활발하게 나타난다고 알려져 있지만, 충남방언의 '에〉이' 고모음화는 인접한 서남방언과는 관계없이 독자적인 양상을 보이는 것을 알 수 있었다. 어두 위치의 '에〉이' 고모음화는 '어〉으' 고모음화와 마찬가지로 어두 음절이 장음일 때 주로 실현되며 충남의 중남부를 중심으로 적극적인 모습을 보인다. 분포상으로 서남방언과 인접한 지역에서 '에〉이' 고모음화가 비교적 적극적으로 실현되는 양상을 보이지만, 3.1.2에서 살펴본 바와 같이 충남방언과 서남방언의 '에〉이' 고모음화는 그 원인이 다른 것으로 생각된다. 따라서 충남방언의 '에〉이' 고모음화는 전적으로 서남방언의 영향을 받았다고 보기는 어려울 듯하다. 이는 비어두 위치 '에〉이' 고모음화의 경우도 마찬가지이다. 충남방언의 비어두 위치 '에〉이' 고모음화는 충남의 중부에 위치한 지역들을 중심으로, 주로 특정 환경에서만 적극적으로 나타나는데,4) 이로 미루어 보았을 때 비어두 위치 '에〉이' 고모음화 역시 서남방언의 영향을 받았다고 보기 어려울 듯하다. 정리하자면, 충남방언의 '에〉이' 고모음화는 어두 위치에서와 비어두 위치에서 모두 타 방언권의 영향을 받았다기보다는 독자적으로 발달하였을 가능성이 높다고 할 수 있겠다.

다음으로 '오〉우' 고모음화 역시 어두 위치에서는 주로 음장이 존재할 때 실현되는데, 이러한 어두 위치의 '오〉우' 고모음화는 충남의 서부지역을 중심으로 실현되는 것을 확인할 수 있었다. 그런데 이는 '오〉우' 고모음화의 중심지로 알려진 서울방언의 영향을 받았다고 보기 어려운 것으로 생각된다. 무엇보다 지리적으로 서울방언과 충남방언 사이에 위치한 경기방언에서는 어두 위치의 '오〉우' 고모음화를 거의 찾아 볼 수 없기 때문이다. 따라서 충남방언에서 실현되는 어두 위치의 '오〉우' 고모음화는 충남의 서부지역이라는 특정 지역에 한하여 나타나는, 일반적이지 않은 현상이라고 생각된다. 다만 비어두 위치의 '오〉우' 고모음화는 전국적인 경향에서 크게 벗어나지 않는 것으로 보인다. 서부방언 중 중부방언 외 서북방언 및 황해도방언, 서남방언에서도 '오〉우' 고모음화는 대개 비어두 위치에서 실현된다(정인호 2006, 황대화 2007:46, 강희숙 2005:24). 한편 문법형태소의 '오〉우' 고모음화는 충남과 인접한 경기방언에서도 상당히 적극적으로 실현된다는 점에서 '오〉우' 고모음화의 중심지인 서울로부터의 영향을 받았을 가능성이 높음을 짐작해 볼 수 있다.

충남방언 고모음화의 내용을 종합하면, 어두 위치에서는 '어〉으', '에〉이', '오〉우' 세 종류의 고모음화 모두 장음일 때 주로 일어나는 것을 알 수 있다. 이에 따르면 음장의 존재가 고모음화의 주요 기제가 되는 것은 확실해 보이

---

4) 전술한 바와 같이 움라우트를 겪은 '에'에서 집중적으로 일어난다.

나, 충남방언 고모음화의 양상을 살펴본 결과 이들이 일괄적인 모습으로 발생한 것은 아님을 확인할 수 있었다. 어두 위치냐 비어두 위치냐, 어휘형태소냐 문법형태소냐에 따라 그 양상이 다르게 나타나는 것은 물론 지역적 분포역시 각각 다르게 나타나는 것이다. 이를 통해 충남방언의 고모음화는 인접한 방언의 영향을 받은 부분도 있지만 충남방언만이 갖는 독자적인 특징을 보이는 부분도 분명히 존재함을 확인할 수 있다.

4.2.2. 움라우트

앞서 살펴본바 노년층을 기준으로 하였을 때 충남방언의 움라우트는 상당히 적극적으로 실현되는 편이지만, 보다 세밀히 살펴보면 충남 내에서도 움라우트가 상대적으로 덜 일어나는 지역이 존재하는 것을 알 수 있었다. 특히충남의 북부에 위치한 지역들은 움라우트의 실현이 비교적 덜 적극적인 것을 확인할 수 있다.

많은 연구들을 통해 서남방언은 국어 방언 중 움라우트가 가장 활발하게일어나는 방언권으로 알려져 왔다. 전북 전주지역어에서는 단일형태소 내에서는 물론 형태소 경계에서도 움라우트가 활발히 실현되며, 개재자음의확대 역시 볼 수 있다(최태영 1983:115). 전남 북서부 지역에서도 움라우트는 피동화주와 관계없이 활발하게 일어나며,5) 개재자음이 없이 움라우트가실현되는 예도 나타난다(기세관 1983:5). 정인호(2006:125)도 전남 화순지역어에서 피동화음의 종류와 관계없이 움라우트가 매우 활발하게 일어남을 언급하였다. 서남방언에서는 형태소 경계에서의 움라우트 또한 상당히 적극적으로 실현된다. 전북 완주지역어에서는 다른 음운론적 제약이 없는 한, 주격조사 '이'나 계사 '이-'가 연결되는 경우 거의 규칙적으로 움라우트된 어형

---

5) 해당 지역에서 '에'와 '애'는 'E'로 합류하는 경우가 일반적이므로 '아, 어'에 움라우트가 적용되면 모두 'E'로 실현된다.

이 나타난다(한영균 1980:222). 또한 기세관(1983:15-16)은 주격조사 '이'나 계사 '이-'가 결합하여 움라우트가 일어나는 전남방언의 예를 다양하게 제시하였으며 전남 화순지역어를 다룬 정인호(2006:121)도 이 지역어에서 움라우트는 공시적 규칙으로 존재한다고 언급하였다.

이에 따르면 서남방언의 움라우트는 매우 적극적인 양상을 띠는 것을 알 수 있다. 그리고 전술하였듯이 충남방언 역시 움라우트가 활발하게 실현되는 편이지만 충남 북부에 비해 남부에서 보다 적극적인 모습을 보인다는 사실로 미루어 보았을 때, 충남 남부는 움라우트에 있어서 서남방언의 영향을 받은 것으로 생각된다. 이는 서울 및 경기방언에서 나타나는 움라우트 양상을 살펴보면 더욱 명확해진다.

서울지역어를 포함한 경기방언은 남부방언에 비해 움라우트의 실현 정도가 상대적으로 낮다고 알려져 왔다. 유필재(2003:77-86)은 서울지역어에서 나타나는 움라우트의 예를 다양하게 제시하며 서울방언의 움라우트 역시 어느 정도 실현됨을 보였지만, 이 방언에서 형태소 경계에서의 움라우트는 실현되지 않는다. 또한 각각 경기도 인천과 강화 지역을 대상으로 한 한성우(2009:68), 한성우(2011:59)에 따르면 이들 지역어에서 움라우트 현상은 필수적인 현상은 아니다. 형태소 내부와 복합어에서 움라우트가 관찰되지만 제보자들도 움라우트가 적용된 것과 그렇지 않은 것을 구분하며 실제 발화에서도 두 가지를 섞어 쓴다고 한다. 또한 곡용과 활용에서는 움라우트가 나타나지 않는다고 하였다. 이에 따르면 서울·경기방언은 충남방언에 비해 움라우트의 실현이 약한 편이고, 움라우트의 중심지로 생각되는 서남방언의 영향을 충남방언만큼은 받지 못한 것으로 생각된다.

충남방언은 움라우트가 강력하게 실현되는 서남방언과 인접한 방언으로서 북부로의 움라우트 확산의 교두보 역할을 할 수도 있었을 것으로 생각된다.6) 그렇지만 전술하였듯이 충남방언의 움라우트는 세대별 단절 현상으로

---

6) 서북방언 및 황해도방언의 경우는 사정이 조금 다르다. 이들 방언에서 형태소 내부에서의 움

인해 급격하게 약화되었다. 그 결과 현재 충남방언의 움라우트는 주로 충남 중남부지역의 노년층에서만 주로 실현되는 음운현상으로 남아있다.

4.2.3. 전설모음화

앞서 3.3에서 우리는 충남방언의 전설모음화 양상에 대해 살펴보았다. 그에 따르면 노년층을 기준으로 하였을 때, 충남방언의 전설모음화는 충남의 북부에 비해 중남부에 위치한 지역에서 그 실현이 비교적 적극적인 양상을 보이는 것을 알 수 있다.

많은 연구를 통해 전설모음화는 남부방언을 중심으로 발생하였다고 알려져 있다. 이 중 서남방언은 전설모음화가 상당히 적극적으로 실현되는 방언권으로 전남뿐만 아니라 전북에서도 활발하게 나타나는 편이다. 전북방언에서 전설모음화는 형태소 내부와 형태소 경계에서 모두 폭넓게 실현된다(소강춘 1989:221-227). 전남방언도 마찬가지인데 정인호(2006:117-119)은 전남 화순지역어에서 'ㅅ, ㅈ'에 의한 전설모음화는 매우 광범위하게 일어난다고 하였으며 어두와 비어두에서, 형태소 내부와 형태소 경계에서 전설모음화가 적용된 예들을 다양하게 제시하였다. 홍은영(2012:45-51)는 서남방언의 전설모음화를 다룬 기존 논의 및 자료를 종합하여 근대한국어 시기부터 남부방언 중에서도 동남방언보다 서남방언에서 전설모음화의 세력이 더 강하였다고 결론지었다. 타 방언과는 달리 서남방언은 곡용에서도 전설모음화가 적용되기도 하며 일부 지역에서는 'ㄹ, ㄷ, ㄴ' 뒤에서도 실현되는 것을 확인할 수 있기 때문이다. 즉 서남방언은 전설모음화 발생의 중심지인 동

라우트는 상당히 활발하게 나타나는 편이며, 이는 개재자음의 확대 양상을 통해 더욱 확실하게 알 수 있다(김영배 1985:111, 정인호 2006:122-124, 한성우 2006:92, 황대화 2007:106-112). 다만 형태소 경계에서의 움라우트 현상은 찾아볼 수 없다. 이에 따르면 서북방언 및 황해도방언의 움라우트는 서남방언과 관계없이 발달하였으나, 서남방언에 비해서는 그 실현 정도가 약하게 나타났음을 추측해 볼 수 있다.

시에 가장 활발한 실현을 보이는 방언권으로 볼 수 있겠다. 그렇다면 중남부 지역에서 보다 적극적인 실현을 보이는 충남방언의 경우 이와 인접한 서남 방언의 영향을 받았을 가능성이 높다.

한편 서울·경기방언 역시 충남방언에 비해 전설모음화의 실현이 보다 적 극적인 지역이라고 할 수 있다. 경기도의 많은 지역에서 'ㅅ' 뒤 전설모음화 가 적용되고 있으며, 대체로 경기 북부에 비해 경기 남부에서 보다 적극적으 로 실현되는 경향을 보인다(홍은영 2012:54-55). 유필재(2003:93)은 서울지 역어에서 형태소 내부의 'ㅅ, ㅈ, ㅊ' 뒤 '으'가 '이'로 변화한 예를 제시하고 있 으며 유필재(2006:122)은 형태소 경계의 'ㅈ' 뒤에서 전설모음화가 일어난 예 를 들고 있다. 그렇지만 서남방언과는 다르게 곡용에서 실현되는 경우는 없 으며 전설모음화가 일어나는 선행자음의 종류 역시 보다 한정되어 있다는 사실로 미루어 보아 서울·경기방언은 서남방언에 비해서는 전설모음화의 실현이 덜 적극적인 양상을 보이는 것으로 생각된다.

그런데 충남방언의 전설모음화가 이 현상의 중심지라고 생각되는 서남방 언은 물론, 서울·경기방언에 비해서도 약한 실현 양상을 보인다는 사실이 주목을 요한다. 앞서 충남방언의 전설모음화는 주로 서남방언의 영향을 받 아 중남부 지역에서 비교적 적극적인 실현을 보이지만 충남 북부 지역은 그 렇지 못함을 보았다. 그런데 서울·경기방언에서 충남방언에 비해 활발한 전설모음화의 실현을 보이는 것이다. 이에 따르면 전설모음화는 반드시 남 부로부터만 발생한 것이 아닐 가능성이 있다. 물론 서울·경기방언의 전설 모음화 양상에 대해 도심으로 유입된 타 방언권 화자에 의한 방언접촉에 따 른 것으로 생각해 볼 수도 있다. 그렇지만 경기방언의 경우, 서울에 인접한 지역이 아닌 남부 쪽에서 보다 적극적인 전설모음화의 실현이 나타난다는 사실로 미루어 보아 이와 같은 가능성은 적어 보인다.

이를 종합하면 전설모음화가 가장 적극적으로 실현되는 지역은 서남방언 이지만 서남방언이 경기방언의 전설모음화 실현에 전적으로 영향을 미쳤다 고 보기는 어려우며, 이러한 사실은 충남방언의 전설모음화 양상을 통해 알 수 있다고 하겠다. 즉 충남방언의 전설모음화 실현 양상은 전설모음화가 남부로부터만 발생한 것이 아닐 가능성이 있다는 사실을 시사해 준다고 할 수 있다.[7]

4.2.4. 모음조화

3.4에서 살펴본바 부사형 어미 '-아/어'의 실현에 있어서 충남 북부는 대다수의 경우 '-어'와 결합하는 반면, 충남 남부는 폐음절 어간말모음이 '아'일 때만 '-어' 결합형의 세력이 강한 것을 알 수 있었다. 전술하였듯이 충남방언은 '어'계 어미 실현의 중심지인 것으로 생각되는데, 이러한 세력은 서울·경기 방언에까지 상당한 영향을 미친 것으로 보인다.

송철의·유필재(2000:13)은 서울지역어에서 어간말모음이 '아'인 경우는 일반적으로 '-어'가 결합하지만 어간말음이 'ㄴ, ㄹ, ㅎ'일 때 산발적으로 '-아'가 결합한다고 하였다.[8] 이에 따르면 서울지역어에서도 어간말모음이 '아'일 때 '-어'가 결합하는 양상이 나타나는 것을 알 수 있다. 또한 강희숙(2002:8-9)는 서울지역어에서 어간말모음이 '오'일 때도 '-어'가 결합하는 예시를 제시하기도 하였다. 이에 따르면 충남방언을 중심으로 하는 '-어' 결합형의 세력이 서울지역어에까지 적지 않은 영향을 미친 것을 알 수 있다.[9]

---

7) 한편 서북방언은 서부방언 중 전설모음화가 가장 덜 활발하게 실현되는 방언권으로 보인다. 김영배(1997:160), 황대화(1998:29)에 따르면 서북방언에서 'ㅅ, ㅈ, ㅊ' 뒤 '으'는 '이'로 변화하지 않고 19세기 이전의 모습을 유지하고 있으며, 정인호(2006:119)은 평북 용천지역어에서 전설모음화는 일부 환경에서만 적용된다고 하였고 한성우(2006:93-94) 또한 평북 의주지역어에서의 전설모음화는 중부방언에 비해 실현 경향이 낮음을 언급하였다. 이에 대해 기존 연구들은 서북방언의 'ㅅ, ㅈ, ㅊ'의 음가가 여타 방언과 다르기 때문이라는 설명을 제시하였다(최전승 1986:310, 황대화 1998:29). 그런데 이러한 논의에 기대어 충남방언의 전설모음화가 인접한 방언들에 비해 낮은 실현 경향을 보이는 이유를 찾기는 어려워 보인다. 충남방언의 'ㅅ, ㅈ, ㅊ'의 음가는 여타 방언에 비해 특별히 다르다고 볼 수 없기 때문이다.

8) 송철의·유필재(2000:13)에 제시된 예는 다음과 같다.

막어서 깎었다 안어(抱) 앉어서 깨달었다 맑어서 짧어서 ‖ 안아줘:라 갈아요 괜찮아서 한편 서남방언의 경우 어간말모음이 '아'일 때 전북의 서북평야지역은 대부분 '-어'와 결합하고, 동남산악지역은 '-아'와 결합한다(이승재 1997:639-640).[10] 전북의 서북평야지역은 충남방언과 맞닿아 있는 곳으로, 이 지역 역시 충남방언의 영향을 받아 주로 '-어'를 취하는 경향이 나타나는 것으로 생각된다. 반면 서북방언 및 황해도방언의 경우, 대체로 모음조화 양상은 규칙적이다. 평북 의주지역어에서 '아, 오'말음 어간에서는 부사형 어미로 '-아'가 결합하고 그 외에서는 '-어'가 결합한다(한성우 2006:141-142). 장성일(2007) 역시 서북방언에서는 모음조화 현상이 비교적 규칙적으로 잘 지켜지고 있음을 다양한 예시를 통해 제시한 바 있다. 이러한 양상은 황해도방언의 경우도 크게 다르지 않다. 황해도방언에서 '-아/어'의 교체는 대체로 규칙적이다(곽충구 2001:410). 황해도 안악지역어를 대상으로 한 최소연(2018:157)도 해당 지역의 모음조화 양상에 대해 중부방언보다는 서북방언과 유사한 모습을 보인다고 언급하였다.

이를 종합하면 서부방언 중 충남과 인접한 지역들은 충남방언으로부터 시작된 '어'계 어미 확산의 영향을 받기도 하였지만, 그 외의 지역은 그렇지 못한 것을 알 수 있다. 즉 충남방언은 '어'계 어미 확산에 있어서 명실상부한 중심지라고 할 수 있는 것이다. 그중에서도 환경에 상관없이 대다수의 경우 '-어'와 결합하는 양상을 보이는 충남 북부를 '어'계 어미 전파의 개신지로 특정할 수 있을 것으로 생각된다. 앞서 살펴본 바와 같이 충남 북부는 젊은 세대조차 '-어'를 취하는 경향이 강한데, 이에 따르면 전반적으로 방언형이 점차 감소하는 경향 속에서도 충남 북부에서는 여전히 '어'계 어미 결합형 세력이 강하게 남아 있다고 볼 수 있겠다.

---

9) 김수영(2022)에 따르면 충남방언의 영향을 받은 경기 남부는 폐음절 어간말모음이 '아, 오'일 때 '-어'와 결합하는 경향이 강하므로, '-어' 결합형 세력이 서울지역어에까지 영향을 미쳤을 가능성은 충분하다고 생각된다.

10) 모음조화의 양상에 따라 전북을 서북평야지역과 동남산악지역으로 나눈다면 전자에 속하는 지역은 옥구, 익산, 완주, 진안, 김제, 부안, 정읍 지역이며, 후자에 속하는 지역은 무주, 임실, 장수, 순창, 남원 지역이다(이승재 1997:640).

　지금까지 이 장에서는 충남방언의 모음체계 및 모음 관련 음운현상들과 관련하여 충남방언이 갖는 음운론적 위상에 대해 고찰해 보았다. 충남방언은 이미 대부분의 방언에서 사라진 음소가 남아있어 그것의 변화 과정을 여실히 보여주기도 하였으며 동일한 기제로부터 발생하였다고 여겨지는 음운현상들의 양상 및 분포가 동일 방언 안에서 각각 다르게 나타날 수도 있음을 보여주었다. 그리고 인접한 방언의 영향을 받아 충남방언만의 특징이 뚜렷하게 드러나지 않는 경우도 있지만 충남방언만이 갖는 독자적인 특징을 보이는 부분이 분명히 존재함을 확인할 수 있었으며, 나아가 충남방언이 개신지가 되는 경우도 있음을 알 수 있었다. 기존에 중부방언의 일부로서만 다루어졌던 충남방언이지만, 분명한 독자성을 가지며 고유한 음운론적 특징을 보여준다는 점에서 충남방언은 의의를 가진다.

　이렇듯 충남방언이 갖는 고유한 음운론적 특징은 충남방언 내에서도 지역에 따라 그 양상이 다르게 나타난다는 사실 또한 확인할 수 있었다. 여기서는 앞서 2, 3장에서 살펴본 여러 지도를 종합하여 작성한 지도를 제시한다.[11]

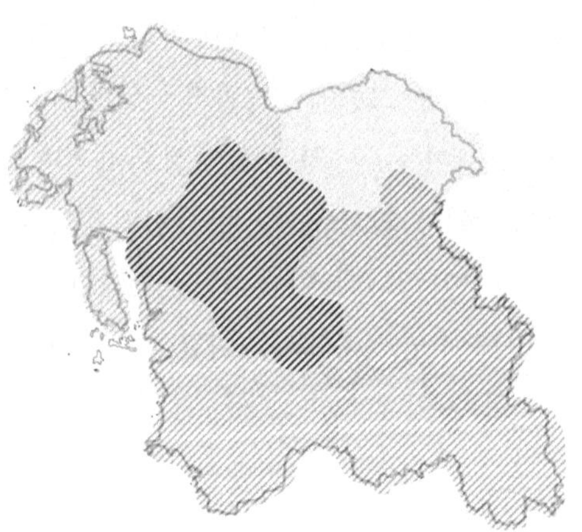

〈지도 13〉 전형적인 충남방언의 분포

---

11) 〈지도 2〉~〈지도 12〉를 종합·해석하여 작성한 지도이다.

〈지도 13〉에 따르면 지금까지 논의한 모음체계 및 모음 관련 음운현상들과 관련하여 가장 특징적인 모습을 보이는 지역은 충남의 중서부 지역임을 알 수 있다.[12] 다시 말하면 가장 전형적인 충남방언은 충남의 중서부 지역을 중심으로 분포한다고 할 수 있겠다.

---

12) 충남의 중서부 지역은 예산, 홍성, 청양, 그리고 보령 일부를 포함한다.

5. 결론

지금까지 충남방언의 모음과 모음 관련 음운현상을 대상으로 충남방언의 음운론적 면모를 세밀하게 고찰하고, 충남방언의 자체적인 특징과 더불어 다른 서부방언과의 영향 관계로 인해 비롯된 충남방언의 특징 또한 살펴봄으로써 충남방언이 국어방언 내에서 갖는 음운론적 위상을 밝히고자 하였다. 이 장에서는 지금까지의 내용을 요약하고 남은 문제를 제시하는 것으로 논의를 마무리한다.

2장에서는 충남방언의 모음 중 단모음 '위(ü), 외(ö)', '에(e), 애(ɛ)'와 이중모음 '위(uy), 외(oy)', '위(wi), 외(we)'가 어떠한 양상을 보이는지 세대별·지역별로 정밀하게 관찰하고, '위, 외'의 변화 과정과 '에, 애'의 합류 과정이 궁극적으로 충남방언의 모음체계에 어떠한 변화를 가져오는지 살펴보았다.

먼저 단모음의 경우, 어두 위치에서 선행자음이 있을 때 'ü'는 'ㄱ, ㅅ, ㅈ' 뒤에서 단모음으로 비교적 오래 남아 있으며 'ㅎ' 뒤에서 단모음으로 가장 오래 남아 있는 반면, 'ö'는 'ㅎ' 뒤에서만 단모음으로 더 오래 유지되는 것을 확인할 수 있었다. 그리고 이는 변이음과 관련이 있는 것으로 보았다. 비어두 위치에서는 'ü'와 'ö' 모두 어두 위치에서보다 이른 시기에 사라지는 것을 알 수 있었다. 선행자음이 없을 때는 'ü'와 'ö'가 현저하게 다른 양상을 보여주었다. 한편 선행자음이 있을 때, 전반적으로 'ö'에 비해 'ü'가 빠르게 변화하는 경향을 확인할 수 있었다. 즉 'ü'가 'wi'로 변화하는 속도가 'ö'가 'we'로 변화하는 속도에 비해 비교적 빠른 것처럼 보이는 것이다.

한편 충남방언 내에서의 지역별 양상을 살펴보았을 때, 'ü'의 경우 선행자음이 'ㄱ, ㅅ, ㅈ, ㅎ'일 때 A(1990)에서는 거의 대부분의 지역에서 'ü'가 실현되며 선행자음이 'ㅎ'일 때는 B(2005)에서도 대부분의 지역에서 'ü'가 실현되는 것을 확인하였다. 다만 A(1990)에서 선행자음이 'ㄴ, ㄷ'인 경우 'wi'로의 변화 양상이 주로 동쪽의 중북부에서 비교적 두드러지게 나타나는 것을 알 수 있었다. 이에 기대어 충남방언의 'ü'의 변화는 동쪽의 중북부로부터 시작되었을 가능성을 제기해 볼 수 있었다. 'ö'의 경우 A(1990)에서는 대부분의 환경, 대부분의 지역에서 'ö'로 실현되며 'we'는 나타나지 않았다. 그런데 B(2005)에서는 몇몇 지역에서 'we'로 실현되는 예를 확인할 수 있었는데, 이 'we'로 실현되는 지역들이 'wi'로의 변화가 비교적 두드러지게 나타나는 지역들과 일치하는 경향을 보인다는 사실을 알 수 있었다. 이를 통해 노년층을 기준으로 하였을 때 충남방언에서 여전히 'ü'와 'ö'가 대체로 잘 실현되지만, 충남의 동쪽 중북부 지역으로부터 'wi' 또는 'we'로의 변화가 시작되었음을 짐작할 수 있었다. 이는 인접한 방언의 영향을 받은 것은 아닐 가능성이 높다고 생각되는데, 해당 지역들과 인접한 경기방언이나 충북방언에서도 충남방언 못지않게 'ü'와 'ö'가 적극적으로 실현되기 때문이다. 이러한 단모음 'ü', 'ö'는 C(2021) 세대에 이르러서는 모두 'wi', 'wE' 또는 'i', 'E'로 변화하여 충남방언에서 사라지게 된다.

한편 충남방언의 A(1990) 및 B(2005) 세대는 어두 위치에서는 'e'와 'ɛ'의 대립을 명확하게 유지하고 있지만 비어두 위치에서는 자음의 뒤에서부터 그 대립이 흔들리는 모습을 보인다. C(2021) 세대에 이르러서는 어두 위치에서든 비어두 위치에서든 관계없이 'e', 'ɛ'의 대립이 사라진 것을 볼 수 있었다.

이중모음의 경우, 어두 위치에서 선행자음이 있을 때 'uy'아 'oy'는 'ㄱ, ㅎ' 뒤에서 이중모음으로 비교적 오래 남아 있는 경향을 보이며 특히 'ㄱ' 뒤에서 가장 변화가 더딘 모습을 보이는데, 이는 조음 위치와 관련이 있는 것으로 보았다. 비어두 위치에서는 'uy'와 'oy' 모두 어두 위치에서보다 이른 시기에 사라지는 것을 알 수 있었다. 또한 선행자음이 없을 때 'uy'는 상당히 강력하게 이중모음으로 실현되는 반면 'oy'는 'ö'로 실현되는 경우가 많으며, 같은 선행자음 뒤에서는 'uy'에 비해 'oy'가 비교적 빨리 단모음화되는 경향이 있다는 사실을 확인하였다. 즉 'oy'가 'uy'에 비해 단모음화를 이른 시기에 겪은 듯한 양상을 보이는 것이다. 한편 선행자음이 있는 경우 'uy'는 주로 충남의 중부에 위치한 지역들을 중심으로 두드러지게 실현되는 것을 알 수 있었다. 즉 선행자음이 있을 때 'uy'의 단모음화는 충남 중부에서 가장 더디게 이루어진 듯하다. 'oy'의 경우 선행자음이 있는 'uy'와 비슷한 변화 과정을 거쳤다고 가정하였을 때 'oy' 역시 충남 중부에서 더딘 변화를 겪었을 가능성을 생각해 볼 수 있었다. 한편 선행자음이 없을 때 'uy'의 경우, 'uy' 또는 'wi' 둘 중 하나가 주로 실현되는 지역이 뚜렷하게 드러나지 않는 것을 알 수 있었는데, 이로 미루어 보아 선행자음이 없을 때의 'uy'의 변화는 충남의 어떤 특정한 지역이 아닌 충남방언 전반에서 동시에 일어난 변화였을 가능성이 높은 것으로 생각된다. 종합하면 노년층을 기준으로 하였을 때 충남방언에서 하향이중모음 'uy'와 'oy'는 충남 중부에서 비교적 적극적으로 실현되는 경향을 확인할 수 있었다. 즉 'uy', 'oy'의 단모음화는 충남 중부에서 가장 더디게 이루어지고 있는 것이다.

한편 선행자음이 있을 때 'wi'와 'we'는 'ㅎ' 뒤에서 w탈락을 더디게 겪었는데, 이는 'ㅎ'의 변이음과 관련이 있는 것으로 생각된다. 'we'의 경우에는 선행자음이 'ㄷ, ㅅ'일 때 w가 탈락하는 경향이 비교적 높은 것을 알 수 있었다. 또한 선행자음이 없을 때 'wi'는 w가 탈락하지 않는 반면 'we'는 w가 탈락하여 단모음화한 형태가 출현하는 것을 확인하였다. 'wi, we(wE)'의 w가 탈락하여 'i, e(E)'로 실현되는 현상은 A(1990) 및 B(2005)에서는 잘 나타나지 않고 주로 C(2021) 세대, 즉 50대 이하 세대에서 보다 적극적으로 나타난다.

모음체계의 변화와 관련하여, 노년층을 기준으로 하였을 때 최근까지 하향이중모음 'uy', 'oy'가 남아있는 방언은 충남방언이 유일하다고 할 수 있으며 그중에서도 충남의 중부 지역은 가장 오래된 형태를 유지하고 있는 것을 확인하였다. 하향이중모음 'uy', 'oy'가 변화한 'ü'와 'ö'는 현재 기준으로 충남방언의 80대 정도까지 비교적 활발하게 실현되다가 이후 상향이중모음으로 변화하여 사라지게 되는데, 충남의 동쪽 중북부 지역으로부터 'wi' 또는 'we'로의 변화가 시작되었음을 짐작할 수 있었다. 한편 충남방언의 'e'와 'ε'는 50대 이하의 젊은 세대에서는 합류가 이루어지지만 노년층에서는 뚜렷이 구별되어 쓰이는 것을 알 수 있었다. 이로부터 충남방언의 단모음 및 이중모음 목록은 상당한 변화를 겪었음을 확인할 수 있었다.

3장에서는 충남방언의 모음 관련 음운현상으로 고모음화, 움라우트, 전설모음화, 모음조화를 다루었다. 충남방언에서 어두 위치의 '어〉으' 고모음화는 주로 음장이 존재할 때 적극적으로 실현되는데, 이는 여타 중부방언과 비슷한 양상임을 확인할 수 있었다. 다만 서남방언과 인접한 충남의 남부 지역은 '어〉으' 고모음화 세력의 영향을 비교적 덜 받은 것으로 생각된다. B(2005)세대부터는 전반적으로 '어〉으' 고모음화가 약화되는 양상을 보이는데, 이러한 경향은 충남 북부 지역에서 먼저 드러나는 것으로 보였으며 C(2021)에 이르러서는 어두의 '어〉으' 고모음화가 거의 나타나지 않는 것을 알 수 있었다. 한편 충남방언에서 비어두 위치에서의 '어〉으' 고모음화는 거의 나타나지 않는 것을 볼 수 있었다. 형태소 내부이면서 비어두 위치에서 '어〉으' 고모음화가 실현된 것처럼 보이는 몇몇 예들은 '어〉으' 고모음화가 적용된 것이 아닐 가능성이 높거나 예외적인 현상으로 생각된다. 한편 문법형태소 '-더-'의 고모음화 실현형 '-드-'는 어두 위치의 '어〉으' 고모음화와는 반대로 충남 남부 지역을 중심으로 나타나는데, 같은 '어〉으' 고모음화라 하더라도 분포 양상 및 인접 방언과의 영향 관계가 상이함을 알 수 있다. 어두 위치의 '어〉으' 고모음화에 있어서 서남방언과 인접한 충남의 남부 지역은 그 세력의 영향을 비교적 덜 받은 것으로 생각되는 반면, 문법형태소의 '어〉으' 고모음화는 서남방언의 영향을 받은 것으로 생각되는 것이다. 이러한 차이로 미루어 볼 때 이들은 서로 그 성격을 달리함을 짐작해 볼 수 있다.

충남방언의 '에〉이' 고모음화는 어두 위치에서와 비어두 위치에서 모두 서남방언과는 관계없이 독자적인 양상을 보이는 것을 알 수 있었다. 어두 위치의 '에〉이' 고모음화는 '어〉으' 고모음화와 마찬가지로 어두 음절이 장음일 때 주로 실현되며 충남의 중남부를 중심으로 적극적인 모습을 보인다. 비어두 위치의 '에〉이' 고모음화는 특정 환경에서, 충남의 중부에 위치한 지역들을 중심으로 적극적으로 실현된다. 즉 어두 위치에서와 비어두 위치에서의 '에〉이' 고모음화의 분포 양상이 차이를 보이는 것을 알 수 있다. 이 둘은 별개의 현상으로 생각되지만, 아래 세대로 갈수록 그 실현이 축소되는 경향을 보인다는 점에서는 동일하다.

충남방언에서 어두 위치의 '오〉우' 고모음화는 주로 음장이 존재할 때 실현되는데, 이는 앞서 논의한 '어〉으' 고모음화와 '에〉이' 고모음화의 경우와 같다. 이러한 어두 위치의 '오〉우' 고모음화는 충남의 서부지역을 중심으로 실현되는 것을 확인할 수 있었으며 이는 서울·경기방언의 영향을 받은 것이 아닌, 충남방언의 독자적인 특징으로 생각된다. 한편 비어두 위치의 '오〉우' 고모음화는 전국적인 경향에서 크게 벗어나지 않는 것으로 생각되며, 문법형태소의 '오〉우' 고모음화는 인접한 서울·경기방언의 영향을 받았을 가능성이 높음을 짐작해 볼 수 있다.

충남방언의 공시적 움라우트는 대체로 적극적으로 일어나는 편이지만, 충남 북부에 비해 남부에서 보다 적극적인 양상을 보인다고 할 수 있다. 형태소 내부에서와 마찬가지로 형태소 경계에서의 움라우트 역시 충남 북부 지역에 비해 중남부 지역에서 보다 적극적으로 실현되는 것을 알 수 있었다. 서울·경기방언에서는 형태소 경계에서의 움라우트가 거의 실현되지 않는데, 서남방언에서는 상당한 생산성을 지니는 음운현상으로 존재한다. 이러한 사실로 미루어 보아 충남방언의 형태소 경계에서의 움라우트 또한 서남방언의 영향을 받았을 가능성이 높은 것으로 생각된다. 즉 충남방언의 움라우트는 환경에 관계없이 충남의 중남부 지역에서 비교적 적극적인 양상을 보이는데, 이는 남쪽으로 인접한 서남방언의 영향을 받았을 가능성이 높다. 이러한 움라우트는 노년층에서는 공시적인 현상으로 남아있지만, 아래 세대로 갈수록 급격하게 축소되어 충남방언에서 대부분 사라지게 된다.

충남방언의 전설모음화는 환경에 관계없이 인접한 서남방언이나 경기방언에 비해 덜 적극적인 실현 양상을 보인다고 할 수 있다. 또한 형태소 내부에서의 전설모음화 분포 양상을 통해 충남방언의 전설모음화는 경기방언보다는 서남방언의 영향을 받았을 가능성이 높음을 확인할 수 있었다. 한편 젊은 세대로 갈수록 실현 양상이 축소되는 경향을 보인다는 사실은 충남방언의 다른 모음 관련 음운현상들과 다르지 않다.

모음조화에 있어서 충남 북부는 대다수의 경우 '-어'와 결합하는 반면, 충남 남부는 폐음절 어간말모음이 '아'일 때만 '-어' 결합형의 세력이 강한 것을 알 수 있었다. 이러한 사실로 미루어 보았을 때, '어'계 어미 전파의 개신지는 충남 북부로 특정할 수 있을 것으로 생각된다. 그렇지만 충남 북부를 중심으로 하는 '-어' 결합형 세력은 충남 남부는 물론 경기 남부에까지 영향을 미치다가 B(2005) 세대에 이르러 그 확산세가 점차 줄어든 것을 확인할 수 있었다. 그럼에도 충남 북부에서는 C(2021) 세대조차 '-어'를 취하는 경향이 강한데, 이에 따르면 그 확산세가 점차 감소하는 경향을 보임에도 충남 북부에서는 여전히 '어'계 어미 결합형 세력이 강하게 남아 있다고 볼 수 있겠다.

4장에서는 충남방언의 모음체계 및 모음 관련 음운현상들과 관련하여 충남방언이 갖는 음운론적 위상에 대해 고찰하였다. 이를 통해 타 방언에 비해 별다른 특징이 없다고 여겨지던 충남방언만이 갖는 독자적인 특징을 보이는 부분이 분명히 존재함을 확인할 수 있었다. 충남방언은 이미 대부분의 방언에서 사라진 음소가 남아있어 그것의 변화 과정을 여실히 보여주기도 하였으며, 동일한 기제로부터 발생하였다고 여겨지는 음운현상들의 양상 및 분포가 동일 방언 안에서 각각 다르게 나타날 수도 있음을 보여주었고, 나아가 충남방언이 개신지가 되는 경우도 있음을 보여주었다. 기존에 중부방언의 일부로서만 다루어졌던 충남방언이지만, 분명한 독자성을 가지며 고유한 음운론적 특징을 보여준다는 점에서 충남방언은 의의를 갖는 것이다. 또한 충남방언이 갖는 고유한 음운론적 특징은 충남방언 내에서도 지역에 따라 그 양상이 다르게 나타난다는 사실도 확인할 수 있었는데, 지금까지 논의를 종합하였을 때 가장 전형적인 충남방언은 충남의 중서부 지역을 중심으로 분포하는 것을 알 수 있었다.

이 연구는 이제까지 타 방언에 비해 비교적 소홀히 다루어졌던 충남방언을 대상으로 그 음운론적 특징을 정밀하게 고찰하고자 하였고, 이를 통해 궁극적으로 충남방언이 국어방언 내에서 가지는 음운론적 위상에 대해 논의하였다는 점에서 의의가 있다고 볼 수 있다. 그러나 필자의 한계로 인하여 방언 자료에 대한 보다 세밀한 논의가 부족한 부분이 다수 존재하며, 충남방언 외 다른 서부방언 자료를 충분히 검토하지 못하였다는 문제가 남았다. 또한 서부방언뿐만 아니라 동부방언과 연계하여 다루어야 할 부분을 충분히 논의하지 못하였다는 점도 아쉬움으로 남는다. 후속 연구에서 이러한 한계를 보완할 수 있기를 기대해 본다.

참고 문헌

강순경(2001), ≪북한어 모음체계의 실험 음성학적 연구≫, 한국문화사.

강희숙(1996), 장흥방언의 모음조화, ≪언어학≫ 4, 대한언어학회, 1-24.

강희숙(1998), '오〉우' 변화와 언어적 화석, ≪국어문학≫ 33, 국어문학회, 5-27.

강희숙(2000), 전설모음화의 발달과 방언분화, ≪한국언어문학≫ 44, 한국언어문학회, 521-542.

강희숙(2002), 현대 서울말의 모음조화-부동사형어미 −아/어의 교체를 중심으로, ≪우리말글≫ 26, 우리말글학회, 1-28.

강희숙(2004), 이문구의 소설과 움라우트, ≪우리말글≫ 31, 우리말글학회, 47-77.

강희숙(2005), 고모음화의 실현과 방언분화-전남방언과 서울말을 중심으로, ≪우리말글≫ 33, 우리말글학회, 1-32.

강희숙(2017), '어→으' 모음 상승과 음운 변이, ≪영남학≫ 63, 경북대 영남문화연구원, 397-425.

강희숙(2018), '어→으' 모음 상승의 통시적 발달과 방언 분화, ≪어문연구≫ 95, 어문연구학회, 5-30.

곽충구(1980), 18세기 국어의 음운론적 연구, ≪국어연구≫ 43, 서울대 국어국문학과.

곽충구(1982), 아산지역어의 이중모음변화와 이중모음화-y계 이중모음과 ə〉wə 변화를 중심으로-, ≪방언≫ 6, 한국정신문화원, 27-55.

곽충구(1985), '뼈'(貫)의 통시적 변화와 방언분화, ≪국어학≫ 14, 국어학회, 215-235.

곽충구(1992), 황해도 방언의 연구에 대한 회고와 전망, ≪남북한의 방언연구≫, 경운출판사, 301-328.

곽충구(1994), ≪함북 육진 방언의 음운론≫, 태학사.

곽충구(1997), 중부방언의 특징과 그 성격, ≪한국어문≫ 4, 한국정신문화연구원, 1-39.

곽충구(2001), 황해도 방언, ≪방언학 사전≫, 태학사, 409-414.

곽충구(2003), 현대국어의 모음체계와 그 변화의 방향, ≪국어학≫ 41, 국어학회, 59-91.

국립국어원 편(2005-2020), ≪지역어 조사 보고서≫, 국립국어원.

국립국어원 편(2021), ≪세대별·지역별 언어 다양성 조사≫, 국립국어원.

권경근(2001), 현대국어의 모음체계 변화의 움직임에 대하여, ≪언어학≫ 30, 한국언어학회, 29-48.

기세관(1983), 전남 북서부 방언의 움라우트 현상, ≪국어국문학≫ 90, 국어국문학회, 3-20.

김경아(1990), 활용에서의 기저형 설정과 음운현상, ≪국어연구≫ 94, 서울대 국어국문학과.

김경아(2000), ≪국어의 음운표시와 음운과정≫, 태학사.

김봉국(2001), 중부 방언, ≪방언학 사전≫, 태학사, 322-328.

김봉국(2006ㄱ), 경기도 방언의 음운론적 특징, ≪어문연구≫ 51, 어문연구학회, 253-278.

김봉국(2006ㄴ), 개화기 이후 국어의 '위, 외'의 음가와 그 변화, ≪이병근선생 퇴임 기념 국어학 논총≫, 태학사, 155-191.

김봉국(2010), 하향이중모음의 연구사, ≪이중모음≫, 태학사, 33-52.

김성규(1988), 비자동적 교체의 공시적 기술, ≪관악어문연구≫ 13, 서울대학교 국어국문학과, 25-44.

김성규(1996), 중세 국어 음운, ≪국어의 시대별 변천 연구 1≫, 국립국어연구원, 7-55.

김성규(2003), "여〉예〉에"의 변화 과정에 대하여, ≪관악어문연구≫ 28, 서울대학교 국어국문학과, 161-182.

김성규(2004), '워〉오'의 통시적 고찰, ≪국제어문≫ 30, 국제어문학회, 5-26.

김성규(2015ㄱ), 15세기 국어와 표준어의 음운론적 유사도 측정 시론, ≪국어학≫ 75, 국어학회, 3-37.

김성규(2015ㄴ), 15세기 국어와 표준어의 음운대응 정도에 대한 연구, ≪어문연구≫ 43, 한국어문교육연구회, 65-98.

김수영(2021), 'ㅔ'와 'ㅐ' 합류의 방언별 실현 양상에 대하여, ≪어문연구≫ 49, 한국어문교육연구회, 283-303.

김수영(2022), 경기 방언 모음조화의 변화, ≪우리말글≫ 92, 우리말글학회, 35-54.

김승곤(1982), 한국어 조사의 어원 연구(Ⅱ), ≪학술지≫ 26, 건국대학교학술연구원, 25-56.

김시중(1996), 충남 청양 지역어의 음운론적 연구, 홍익대학교 박사학위논문.

김아름(2008), 국어 고모음화 현상 연구, 아주대학교 석사학위논문.

김영배(1977), 평안방언의 음운체계연구, 동국대학교 박사학위논문.

김영배(1981), 황해도 지역 방언 연구, ≪국어국문학 논문집≫ 11, 단국대 국어국문학부, 1-36.

김영배(1985), i모음역행동화와 그 개재자음-평안방언의 경우, ≪한국문학연구≫ 2, 경기대학교 한국문학연구소, 101-116.

김영배(1992), 평안방언의 연구 현황과 과제, ≪남북한의 방언연구≫, 경운출판사, 329-363.

김영배(1997), ≪평안방언연구≫(증보), 태학사.

김영송(1993), 우리말의 스침소리, ≪외국어로서의 한국어교육≫ 18, 연세대 한국어학당, 27-61.

김완진(1963), 국어모음체계의 신고찰, ≪진단학보≫ 24, 진단학회, 64-99.

김완진(1972), 형태론적 현안의 음운론적 극복을 위하여, ≪동아문화≫ 11, 서울대학교, 237-299.

김완진(1980), 홍성 지방의 방언, ≪홍성군지≫, 홍성군지편찬위원회, 705-720.

김원중(1988), 예산지역어의 음운론적 연구, 충남대학교 석사학위논문.

김정아(2003), 대전·충남 지역의 언어적 특징과 정체성에 대한 연구(1) -'구개음화' 현상을 중심으로-, ≪어문연구≫ 42, 어문연구학회, 25-57.

김정태(2002), 충남 천안방언의 움라우트에 대하여, ≪우리말글≫ 25, 우리말글학회, 135-154.

김정태(2003), 천안방언의 모음상승에 대하여(1), ≪어문연구≫ 43, 어문연구학회, 53-74.

김정태(2004), 천안 방언 '어→으'의 모음 상승에 대하여, ≪한글≫ 266, 한글학회, 49-75.

김정태(2006ㄱ), 충남방언 활용에서의 음성모음화, ≪어문연구≫ 51, 어문연구학회, 279-299.

김정태(2006ㄴ), 충남방언의 음운현상과 음운규칙, ≪이병근선생퇴임기념 국어학논총≫, 태학사, 1203-1221.

김창섭(1991), '하다' 형용사에서의 표현적 장음, ≪국어학의 새로운 인식과 전개≫, 민음사, 744-762.

김충회(1983), 충청북도의 방언구획 시론, ≪방언≫ 7, 한국정신문화원, 1-22.

김 현(1999), 모음 간 w탈락과 w삽입의 역사적 고찰, ≪애산학보≫ 23, 애산학회, 195-254.

김 현(2006), ≪활용의 형태음운론적 변화≫, 태학사.

김 현(2008), /ㅓ/의 음성 실현과 그 실현 조건, ≪국어학≫ 52, 국어학회, 3-25.

김형규(1962), ≪국어사연구≫, 일조각.

김형규(1972), 충청남북도 방언연구, ≪학술원논문집≫ 11, 대한민국학술원, 109-154.

김형규(1982), ≪한국방언연구≫, 서울대학교출판부.

김혜림·박민희(2019), 현대 한국어 장음의 실현 양상 및 인식 조사, ≪언어와문화≫ 15, 한국언어문화교육학회, 79-97.

도수희(1963), 논산방언 연구, ≪상원≫ 4, 충남대 문리과대, 19-34.

도수희(1965), 충청도 방언의 위치에 대하여, ≪국어국문학≫ 28, 국어국문학회, 237-239.

도수희(1977), 충남 방언의 모음변화에 대하여, ≪이숭녕선생 고희기념 국어국문학 논총≫, 탑출판사, 95-120.

도수희(1979), 충청남도의 언어, ≪충청남도지 하권≫, 도지편찬위원회, 15-97.

도수희(1981), 충남방언의 움라우트 현상, ≪방언≫ 5, 한국정신문화연구원, 1-20.

도수희(1987), 충청도 방언의 특징과 그 연구, ≪국어생활≫ 9, 국어연구소, 88-101.

류구상(1996), ≪천안지역어 연구≫, 한남대학교출판부.

박경래(1993), 충주방언의 음운에 대한 사회언어학적 연구, 서울대학교 박사학위 논문.

박경래(1995), 19세기 후기 보은 방언의 모음 '외, 위'에 대한 음운론적 신분에 대하여, ≪개신어문연구≫ 12, 개신어문학회, 89-108.

박영환(1987), 대덕지역어의 음운, ≪언어연구≫ 3, 한국현대언어학회, 73-87.

박철희(2014), 내포지역의 정체성 정립과 추진과제, ≪충남리포트≫ 123, 충남연구원.

방언연구회 편(2001), ≪방언학 사전≫, 태학사.

배주채(1989), 음절말 자음과 어간말 자음의 음운론, 《국어연구》 91, 서울대 국
　　　어국문학과.

배주채(1991), 고흥방언 '아'활용형의 음운론적 고찰, 《국어학의 새로운 인식과 전
　　　개(김완진선생 회갑기념논총)》, 민음사, 373-398.

배주채(1998), 《고흥방언의 음운론》, 태학사.

백두현(1992), 《영남 문헌어의 음운사 연구》, 태학사.

백두현(1997), 19세기 국어의 음운사적 고찰-모음론, 《한국문화》 20, 서울대 규
　　　장각한국학연구원, 1-47.

성낙수(2001), 방언, 《예산군지 하》, 예산군지편찬위원회, 425-497.

성희제(2000), 충남방언 움라우트현상의 유형 연구, 《어문학》 71, 한국어문학회,
　　　69-89.

소강춘(1989), 《방언분화의 음운론적 연구》, 한신문화사.

소강춘(1991), 움라우트 현상에 의한 충남 서천지역어의 공시성과 통시성, 《국어
　　　학》 21, 국어학회, 133-161.

소신애(2009), 《음운론적 변이와 변화의 상관성》, 태학사.

소신애(2016), 움라우트의 개재자음에 관한 재고찰, 《국어국문학》 176, 국어국
　　　문학회, 237-272.

손명기(2008), 대전지역어의 음운현상에 대한 사회언어학적 연구, 대전대학교 박
　　　사학위논문.

송철의·유필재(2000), 서울방언의 국어학적 연구, 《서울학연구》 15, 서울시립
　　　대 서울학연구소, 5-53.

송철의(2008) 《한국어 형태음운론적 연구》, 태학사.

송철의(2009), 이숭녕 선생의 '홍성방언' 노트에 대하여, 《방언학》 9, 한국방언학
　　　회, 277-305.

신우봉(2016), 20세기 전기 구어 자료에 나타난 모음 상승 연구, 《어문논집》 76,
　　　민족어문학회, 233-261.

오종갑(1998), 'ㅔ, ㅐ'의 변화와 관련된 영남방언의 특성과 그 전개, 《방언학과 국
　　　어학》, 태학사, 563-591.

오종갑(1999), 'ㅣ'역행동하아 영남방언, 《국이국문학》 125, 국어국문학회,
　　　93-118.

오종갑(2007), 부사형어미 '아X'의 음운론적 변화와 영남방언의 위상, 《어문학》

95, 한국어문학회, 133-202.

유필재(2003), 서울지역어의 음운변화 몇 가지, ≪서울말 연구≫ 2, 박이정, 69-98.

유필재(2006), ≪서울방언의 음운론≫, 월인.

이금화(2007), ≪평양지역어의 음운론≫, 역락.

이기갑(1986), ≪전라남도의 언어지리≫, 탑출판사.

이기갑(2001), 서남 방언, ≪방언학 사전≫, 태학사, 231-235.

이기문(1972), ≪국어 음운사 연구≫, 탑출판사.

이병근(1967), 중부방언의 어간형태소 소고, ≪문리대학보≫ 13, 서울대학교, 31-38.

이병근(1970), 19세기 후기 국어의 모음체계, ≪학술원논문집≫ 9, 대한민국학술원, 375-390.

이병근(1976), 19세기 국어의 모음체계와 모음조화, ≪국어국문학≫ 72-73, 국어국문학회, 1-14. [이병근(2020), ≪음운과 방언 1≫, 태학사에 재수록]

이병근(1986), 발화에 있어서의 음장, ≪국어학≫ 15, 국어학회, 11-39. [이병근(2020), ≪음운과 방언 1≫, 태학사에 재수록]

이병근·정승철(1989), 경기·충청 지역의 방언분화, ≪국어국문학≫ 102, 국어국문학회, 45-77.

이병근(2001), 방언과 방언학, ≪방언학 사전≫, 태학사, 19-27. [이병근(2020), ≪음운과 방언 2≫, 태학사에 재수록]

이숭녕(1954), 15세기의 모음체계와 이중모음의 Kontraktion적 발달에 대하여, 동방학지 1. [이숭녕(1988), 이숭녕 국어학선집 1, 음운편 1, 민음사에 재수록]

이승재(1980), 구례 지역어의 음운 체계, ≪국어연구≫ 45, 서울대 국어국문학과.

이승재(1997), 전북지역의 모음조화 현상에 대하여, ≪한국어문학논고≫, 태학사, 635-695.

이원직·허삼복(1996), 충남 서부 방언의 음운 체계, ≪순천향인문과학논총≫ 2, 순천향대 인문과학연구소, 3-22.

이익섭(1972), 강릉방언의 형태음소론적 고찰, ≪진단학보≫ 34, 진단학회, 85-107.

이진호(2005), ≪국어음운론강의≫, 삼경문화사.

이진호(2008), ≪통시적 음운 변화의 공시적 기술≫, 삼경문화사.

이혁화(2005), 무주·영동·김천 방언의 음운론적 대비 연구, 서울대학교 박사학위논문.

이현주(2010), 아산 지역어의 활음 w탈락 현상 연구, ≪국어연구≫ 221, 서울대 국어국문학과.

이현주(2015), 전북·충남 접경 지역어의 움라우트 현상, ≪방언학≫ 22, 한국방언학회, 227-251.

이현주(2021), 이문구 소설에 반영된 충남방언과 실제 충남방언 사이의 간극을 통해서 본 충남 방언의 음운론적 특징, ≪인문학연구≫ 62, 조선대 인문학연구원, 149-189.

이호영(1992), 한국어의 변이음 규칙과 변이음의 결정 요인들, ≪말소리≫ 21, 대한음성학회, 144-175.

이호영(1996), ≪국어음성학≫, 태학사.

장성일(2007), 서북방언의 모음조화 현상에 대한 일고찰, ≪중국조선어문≫ 2, 길림성민족사무위원회, 9-14.

전광현(1979), 중부 방언 연구에 대한 검토, ≪방언≫ 1, 한국정신문화원, 72-79.

전광현(2000), 충청남도 서산지역어의 음운론적 고찰, ≪국문학논집≫ 17, 단국대 국어국문학과, 1-24.

전병철(1997), 금산 지역어의 음운현상에 대한 사회언어학적 연구, 충북대학교 박사학위논문.

정승철(1988), 제주도방언의 모음체계와 그에 관련된 음운현상, ≪국어연구≫ 84, 서울대 국어국문학과.

정승철(1995), ≪제주도 방언의 통시음운론≫, 태학사.

정승철(2002), 국어 활용 어미의 방언 분화: '-(으)이-'계 설명·의문 종결어미를 중심으로, ≪국어학≫ 39, 국어학회, 201-222.

정승철(2008), 방언형의 분포와 개신파 -양순음 뒤 j계 상향이중모음의 축약 현상을 중심으로-, ≪어문연구≫ 36, 한국어문교육연구회, 99-116.

정승철(2010), 방언 접촉과 언어 변화, ≪최명옥 선생 정년퇴임 기념 국어학논총≫, 태학사, 369-388.

정승철(2013), ≪한국의 방언과 방언학≫, 태학사.

정원수(2002), 충남 서해안 지역어 대화문의 운율 분식 시론, ≪어문연구≫ 40, 어문연구학회, 143-170.

정의향(2008), 서북방언의 어미 '아/어(Y)' 교체의 실현 양상에 대하여 -철산지역어

자료를 중심으로-, ≪방언학≫ 7, 한국방언학회, 153-179.

정인호(2004), 하강이중모음과 부동이중모음의 음변화, ≪어문연구≫ 32, 한국어문교육연구회, 119-143.

정인호(2006), ≪평북방언과 전남방언의 음운론적 대비 연구≫, 태학사.

최명옥(1974), 경남 삼천포 방언의 음운론적 연구, ≪국어연구≫ 32, 서울대 국어국문학과.

최명옥(1982), ≪월성지역어의 음운론≫, 영남대학교출판부.

최명옥(1986), 19세기 후기 서북방언의 음운체계, ≪국어학신연구≫, 탑출판사, 749-763.

최명옥(1989), 국어 움라우트의 연구사적 고찰, ≪주시경학보≫ 3, 탑출판사, 7-39.

최명옥(1992), 19세기 후기 국어의 연구-〈모음음운론〉을 중심으로-, ≪한국문화≫ 13, 서울대학교 규장각한국학연구원, 55-90.

최명옥·한성우(2001), 충남방언 연구, ≪국어국문학≫ 129, 국어국문학회, 229-249.

최성규(2013), 남북한 방언에 나타난 '외, 위'의 변화, ≪방언학≫ 18, 한국방언학회, 171-194.

최소연(2018), 황해도 안악 지역어의 모음조화 연구, ≪어문연구≫ 46, 한국어문교육연구회, 139-160.

최소연(2020), 황해도 안악 지역어의 음운론적 연구, 서울대학교 박사학위논문.

최영희(1982), 충남 아산지역의 언어분화에 대한 연구, 단국대학교 석사학위논문.

최전승(1986), ≪19세기 후기 전라방언의 음운현상과 그 역사성≫, 한신문화사.

최전승(1987), 이중모음 '외', '위'의 단모음화 과정과 모음체계의 변화, ≪어학≫ 14, 전북대 어학연구소, 19-48.

최전승(1989), 국어 i-umlaut 현상의 기원과 전파의 방향, ≪한국언어문학≫ 27, 한국언어문학회, 27-61.

최전승(2020), 20세기 초엽 서울 방언의 음운론과 움라우트 현상의 공시성, ≪근대국어 방언사 탐구≫, 역락, 21-102.

최태영(1978), 전주 방언의 Umlaut 현상, ≪어학≫ 5, 전북대학교, 25-41.

최태영(1983), ≪방언음운론≫, 형설출판사.

최학근(1959), ≪방언연구서설≫, 동학사.

최학근(1978), ≪한국방언사전≫, 현문사.

최학근(1982), ≪한국방언학≫, 태학사.

한국정신문화연구원 편(1987-1995), ≪한국방언자료집≫, 한국정신문화연구원.

한성우(1996), 당진 지역어의 음운론적 연구, ≪국어연구≫ 141, 서울대 국어국문학과.

한성우(2005), ≪보통학교 조선어독본≫ 음성자료에 대한 음운론적 연구, ≪어문연구≫ 33, 한국어문교육연구회, 29-58.

한성우(2006), ≪평안북도 의주방언의 음운론≫, 월인.

한성우(2009), ≪인천 토박이말 연구≫, 인천학연구원.

한성우(2011), ≪강화 토박이말 연구≫, 인천학연구원.

한영균(1980), 완주지역어의 움라우트 현상, ≪관악어문연구≫ 5, 서울대학교 국어국문학과, 211-232.

한영목(1991), 충남 방언의 고찰, ≪김영배 선생 회갑기념논총≫, 경운출판사, 627-664.

한영목(1998), 충남 방언의 현상과 특징에 대한 연구, ≪방언학과 국어학: 청암 김영태 박사 화갑기념논문집≫, 태학사, 159-209.

한영목(1999), ≪충남방언의 연구와 자료≫, 이회문화사.

한영목(2000), ≪충남 금산 지역어 연구≫, 한국문화사.

한영목(2003), 이문구 소설의 방언 연구 -모음 현상을 중심으로-, ≪어문연구≫ 43, 어문연구학회, 153-187.

한영목(2007), 충남 방언의 특질, ≪말과 글≫ 112, 한국어문기자협회, 32-39.

한영목(2008), ≪충남 방언 문법≫, 집문당.

홍은영(2012), 한국어 전설고모음화 현상 연구, ≪국어연구≫ 231, 서울대 국어국문학과.

황대화(1998), ≪조선어 동서방언 비교연구≫, 한국문화사.

황대화(2007), ≪황해도 방언연구≫, 한국문화사.

황인권(1991), 충남 보령지역어의 음운연구, 고려대학교 박사학위논문.

황인권(1999), ≪한국방언연구 -충남편-≫, 국학자료원.

황인권(2002), 충남 홍성지역어에 대한 고찰, ≪한남어문학≫ 26, 한남어문학회, 1-52.

황인권(2004), 충남 서천지역어의 자음변화에 대하여(1), ≪우리말글≫ 30, 우리말글학회, 81-103.

小倉進平(1918), 忠清南道の方言について, ≪조선교육연구회잡지≫ 35, 조선교육
　　　연구회.

小倉進平(1929), 平安南北道の方言, ≪京城帝大法文學部研究調査册子≫ No. 1.

小倉進平(1944), ≪朝鮮語 方言の 研究 上・下≫, 東京:岩波書店.

河野六郎(1945), ≪朝鮮方言學 試攷-'鍊'語攷≫, 東部書籍. [河野六郎 저, 이진호 역
　　　(2012), ≪한국어 방언학 시론: 'ㄱ시개(鍊)' 고찰≫, 전남대학교 출
　　　판부에 재수록]

Chambers, J.K. & P. Trudgill(1980), Dialectology, Cambridge University Press.

Hock, H.H.(1986), Principles of Historical Linguistics, Mouton de Gruyter.

Hooper, J.B.(1975), An Introduction to Natural Generative Phonology, New
　　　York: Academic Press.

Kiparsky, P.(1982), Explanation in Phonology, Foris Publication Holland.

Ladefoged, P.(1971), Preliminaries to Linguistic Phonetics, Chicago: University
　　　of Chicago Press.

Ladefoged, P.(2001), A Course in Phonetics, 4th edition, MA: Heine and Hinle.

Lass, R.(1984), Phonology: An Introduction to basic concepts, Cambridge:
　　　Cambridge University Press.

Postal, P.(1968), Aspects of Phonological Theory, New York: Harper & Row.

Trubetzkoy, N.S.(1969), Principle of Phonology, Bloomington: Indiana
　　　University Press.

Trudgill, P.(1986), Dialects in Contact, New York: Basil Blackwell.

부 록

2.1.1. 위(ü), 외(ö)

(1) ㄱ.

표준어형	방언형	지역
귀(耳)	kü	서산, 당진, 아산, 예산, 부여, 서천, 논산, 대덕, 금산
	kwi	보령
귓불	küp'ap	서산, 당진, 아산, 천원, 예산, 청향, 공주, 보령, 부여, 서천, 논산, 금산
	kwip'ap	부여
귀지	küts'ok	서산, 당진, 아산, 천원, 예산, 공주, 보령, 부여, 논산, 대덕, 금산
	kwits'ok	서천

ㄴ.

표준어형	방언형	지역
귀(耳)	kü	부여, 논산
	kwi	당진, 천안, 예산, 청양, 공주, 연기, 보령, 서천, 계룡, 대전, 금산
귀뚜라미	küt'urami	아산, 부여
	kwit'urami	서산, 천안, 예산, 홍성, 공주, 보령, 서천, 계룡, 대전, 금산
귀신	küsin	아산, 논산
	kwisin	서산, 천안, 서천, 계룡, 금산

(2) ㄱ.

표준어형	방언형	지역
뉘(쌀에 섞인 벼)	nü	서산, 천원, 예산, 홍성, 청양, 공주, 보령, 부여, 논산, 금산
	nwi	서산, 당진, 아산, 연기, 서천, 대덕
뉘다(排便)	nüda	서산, 당진, 천원, 예산, 청양, 공주, 보령, 부여, 서천, 논산, 대덕, 금산
	nwida	아산, 홍성
뒤(後)	tü	당진, 예산, 홍성, 청양, 공주, 보령, 부여, 서천, 논산, 대덕, 금산
	twi	서산, 아산, 천원, 홍성, 연기

뒤집다	tüǰibə	서산, 당진, 아산, 천원, 예산, 홍성, 청양, 공주, 보령, 부여, 논산, 대덕
	twiǰibə	연기, 금산
튀다	thünda	서산, 당진, 아산, 예산, 홍성, 공주, 연기, 보령, 부여, 대덕, 금산
	thwinda	천원, 서천

ㄴ.

표준어형	방언형	지역
뉘다(排便)	nüda	아산
	nwida	서산, 예산, 홍성, 청양, 공주, 연기, 부여, 서천, 계룡, 대전, 금산
누비이불	nübiibul	대전
	nwibiibul	서산, 천안, 예산, 청양, 공주, 보령, 서천, 논산, 계룡, 대전, 금산
뒤주	tüǰi	아산
	twiǰi	태안, 서산, 당진, 천안, 홍성, 청양, 공주, 연기, 부여
뒤통수	tüthoŋsu	아산
	twithoŋsu	서산, 천안, 예산, 청양, 공주, 서천, 대전, 금산
뒤꼍	twik'ət	서산, 당진, 아산, 천안, 예산, 홍성, 청양, 공주, 보령, 부여, 논산, 대전, 금산

(3) ㄱ.

표준어형	방언형	지역
쉬(蠅卵)	sü	서산, 당진, 아산, 천원, 예산, 홍성, 청양, 공주, 연기, 보령, 부여, 서천, 논산, 대덕, 금산
쉽다	süpt'a	서산, 당진, 아산, 천원, 예산, 청양, 공주, 연기, 부여, 서천, 논산, 대덕, 금산

ㄴ.

표준어형	방언형	지역
쉬(蠅卵)	sü	천안, 서천
	swi	공주, 연기, 부여, 논산, 계룡, 대전, 금산
쉬다	swida	서산, 서천, 천안, 예산

(4) ㄱ.

표준어형	방언형	지역
쥐불놀이	čübullori	서산, 당진, 아산, 천원, 예산, 홍성, 청양, 공주, 보령, 부여, 서천, 논산, 대덕, 금산
	čwibullori	연기

ㄴ.

표준어형	방언형	지역
쥐(鼠)	čü	부여
	čwi	태안, 당진, 천안, 예산, 연기, 청양, 보령, 서천, 계룡, 대전, 금산

(5) ㄱ.

표준어형	방언형	지역
휘다	hü:nda	서산, 당진, 아산, 천원, 청양, 공주, 보령, 부여, 서천, 논산, 금산

ㄴ.

표준어형	방언형	지역
휘다	hügo	서산, 천안, 공주, 서천, 논산, 대전

(6) ㄱ.

표준어형	방언형	지역
씀바귀	sʼïmbagü	공주
	sʼïmbagwi	서산, 당진
돌쩌귀	tolčʼəgü	공주
	tolčʼəgwi	당진, 아산, 보령, 서천
박쥐	pa:kčʼü	당진, 아산, 천원, 예산, 청양, 공주, 부여, 서천, 논산, 대덕
	pa:kčʼwi	서산, 연기, 보령, 금산
다람쥐	taramǰü	당진, 예산, 공주, 부여, 서천, 논산
	taramǰwi	서산, 아산, 천원, 연기, 금산

ㄴ.

표준어형	방언형	지역
씀바귀	s'ɨmbagwi	서산, 당진, 천안, 예산, 연기, 서천
박쥐	paːkč'wi	태안, 서산, 당진, 천안, 청양, 보령, 서천, 논산, 계룡, 대전, 금산
다람쥐	taramǰwi	서산, 당진, 천안, 청양, 공주, 연기, 부여, 대전

(7) ㄴ.

표준어형	방언형	지역
위(上)	wi	당진, 청양, 보령
윗마을	wit'oŋne	당진, 예산, 청양, 연기, 서천, 논산
바위	pawi	서산, 당진, 예산, 연기, 보령, 서천, 논산, 대전
사위	sawi	서산, 당진, 예산, 청양, 연기, 보령, 서천, 대전
더위	təwi	서산, 당진, 예산, 청양, 공주, 보령, 연기, 서천, 논산, 계룡

(8) ㄱ.

표준어형	방언형	지역
괴다(淳)	köːnda	서산, 아산, 예산, 홍성, 청양, 공주, 보령, 서천, 논산, 금산

ㄴ.

표준어형	방언형	지역
괴다(淳)	kögo	서산, 예산, 서천, 대전
	kwego	천안

(9) ㄱ.

표준어형	방언형	지역
되다(升)	tönda	서산, 당진, 아산, 천원, 예산, 홍성, 공주, 연기, 부여, 서천, 논산, 대덕, 금산
되다(硬)	töːda	서산, 당진, 아산, 천원, 예산, 홍성, 청양, 공주, 연기, 보령, 부여, 서천, 논산, 대덕, 금산
쇠(鐵)	sö	당진, 아산, 천원, 예산, 홍성, 공주, 연기, 보령, 부여, 서천, 논산, 대덕, 금산
쇠꼬리	sök'ori	당진, 아산, 천원, 예산, 홍성, 청양, 공주, 연기, 부여, 서천, 논산, 대덕, 금산

ㄴ.

표준어형	방언형	지역
되다(升)	tögo	서산, 천안, 예산, 공주, 서천
	twego	대전
되다(硬)	tögo	서산, 천안, 예산, 공주, 서천
	twego	대전
쇠(鐵)	sö	서산, 천안, 예산, 서천, 대전
	swe	공주
쇠비름	söbidɨm	서산, 부여, 계룡, 금산, 대전
	swebidɨm	천안, 예산

(10) ㄱ.

표준어형	방언형	지역
죄(罪)	čö:	서산, 당진, 아산, 천원, 예산, 홍성, 청양, 공주, 연기, 보령, 부여, 서천, 논산, 대덕, 금산

ㄴ.

표준어형	방언형	지역
죄암죄암	čöamčöam	당진, 천안, 연기, 대전
	čweamčweam	계룡

(11) ㄱ.

표준어형	방언형	지역
회충(蛔)	hö	서산, 당진, 아산, 천원, 예산, 홍성, 청양, 공주, 부여, 서천, 논산, 대덕
회오리바람	höoribaram	서산, 당진, 아산, 천원, 예산, 홍성, 청양, 공주, 보령, 부여, 서천, 대덕

ㄴ.

표준어형	방언형	지역
회초리	höčhari	당진, 아산, 천안, 서천, 논산, 계룡, 대전, 금산
회오리바람	höoribaram	태안, 서산, 아산, 천안, 예산, 홍성, 연기, 부여, 계룡
	hweoribaram	청양

(12) ㄱ.

표준어형	방언형	지역
한 되	handö	서산, 당진, 아산, 천원, 홍성, 청양, 공주, 연기, 보령, 부여, 서천, 논산, 대덕, 금산
두 되	tuːdö	서산, 당진, 아산, 천원, 홍성, 청양, 공주, 연기, 보령, 부여, 서천, 논산, 대덕, 금산
석쇠	čəksʼö	서산, 당진, 아산, 천원, 홍성, 부여, 서천, 대덕
열쇠	yɨːlsʼö	서산, 당진, 천원, 예산, 홍성, 청양, 공주, 보령, 서천, 논산, 대덕, 금산

ㄴ.

표준어형	방언형	지역
세 되	sɨːdwe	예산, 홍성, 청양, 공주, 보령, 서천
다섯 되	tatʼwe	홍성, 청양, 공주, 서천, 부여
석쇠	čəksʼwe	예산, 홍성, 청양, 공주, 연기, 서천
열쇠	yɨːlsʼwe	천안, 홍성, 청양, 공주, 서천, 논산

(13) ㄱ.

표준어형	방언형	지역
외국(外國)	öːguk	서산, 당진, 아산, 천원, 예산, 홍성, 청양, 공주, 연기, 보령, 부여, 서천, 논산, 대덕, 금산
왼쪽	öːnčʼok	서산, 당진, 아산, 천원, 예산, 홍성, 공주, 연기, 부여, 대덕

ㄴ.

표준어형	방언형	지역
외삼촌	ösamčhun	아산, 천안, 예산, 홍성, 공주, 서천, 부여, 계룡
	wesamčhun	청양, 보령
외할아버지	öharabuǰi	아산, 천안, 예산, 보령, 서천, 부여, 계룡, 금산, 대전
	weharabuǰi	공주

2.1.2. 에(e), 애(ε)

(6) ㄱ.

표준어형	방언형	지역
굼벵이	ku:mbeŋi	서산, 당진, 아산, 천원, 예산, 홍성, 연기, 보령, 부여, 서천, 논산, 대덕, 금산
	ku:mbEŋi	청양, 공주

(7) ㄱ.

표준어형	방언형	지역
가게	ka:ge	서산, 당진, 아산, 천원, 예산, 홍성, 청양, 공주, 연기, 보령, 서천, 논산, 대덕, 금산
	ka:gE	부여
귀이개	küJigɛ	아산, 천원, 홍성, 공주, 부여, 대덕, 금산
	küJigE	서산, 당진, 예산, 청양, 연기, 보령, 서천, 논산
번개	pəngɛ	서산, 아산, 천원, 공주
	pəngE	당진, 예산, 홍성, 청양, 연기, 보령, 서천, 논산, 대덕
	pənge	부여, 금산
기지개	čiJigɛ	아산, 천원, 공주, 논산
	čiJigE	서산, 예산, 홍성, 대덕, 금산
	čiJige	당진, 청양, 연기, 보령, 부여, 서천

(8) ㄱ.

표준어형	방언형	지역
번데기	pənde	서산, 당진, 아산, 천원, 홍성, 청양, 공주, 연기, 보령, 부여, 서천, 논산, 대덕, 금산
	pəndE	예산
가운데 손가락	kaundesoŋk'urak	서산, 당진, 아산, 천원, 홍성, 청양, 공주, 연기, 보령, 부여, 서천, 논산, 대덕, 금산
	kaundɛsoŋk'urak	예산
담뱃대	tambɛt'ɛ	서산, 당진, 아산, 천원, 예산, 홍성, 공주, 연기, 보령, 부여, 서천, 논산, 대덕, 금산
	tambɛt'E	청양

표준어형	방언형	지역
써레	s'ɨːre	서산, 당진, 아산, 천원, 예산, 홍성, 청양, 공주, 연기, 보령, 부여, 서천, 논산, 금산
	s'ɨːrE	대덕
쓰레기	s'ɨregi	서산, 당진, 아산, 천원, 예산, 홍성, 청양, 공주, 연기, 보령, 부여, 서천, 논산, 금산
	s'ɨrEgi	대덕
고무래	komurɛ	천원, 예산, 보령, 부여, 대덕
	komurE	서산, 당진, 아산, 홍성, 청양, 서천, 논산, 금산
아래	arɛ	연기, 논산, 금산
	arE	당진, 천원, 홍성, 청양, 공주, 보령, 부여, 서천, 대덕
	are	서산, 아산, 예산
다래	taːrɛ	홍성, 연기, 보령, 대덕, 금산
	taːrE	예산, 논산
	taːre	서산, 당진, 아산, 천원, 청양, 부여, 서천
가위	kasɛ	서산, 당진, 아산, 천원, 예산, 홍성, 공주, 연기, 보령, 부여, 서천, 논산, 대덕, 금산
	kasE	청양
닷새	tas'ɛ	천원, 청양, 공주, 논산, 대덕
	tas'E	당진, 예산
	tas'e	서산, 아산, 홍성, 연기, 보령, 부여, 서천, 금산
어제	ǝĭe	서산, 아산, 천원, 예산, 홍성, 청양, 공주, 연기, 보령, 부여, 서천, 논산, 대덕, 금산
	ǝĭE	당진
고쟁이	koĭɛŋi	당진, 아산, 천원, 청양, 공주, 연기, 보령, 부여, 서천, 논산, 대덕, 금산
	koĭEŋi	서산, 예산, 홍성

(9) ㄴ.

표준어형	방언형	지역
누에	nue	서산, 아산, 천안, 예산, 홍성, 청양, 공주, 연기, 보령, 부여, 서천, 논산, 계룡, 대전
	nuE	태안, 당진, 금산

2.2.1. 하향이중모음

(1) ㄱ.

표준어형	방언형	지역
귀(耳)	kuy	천원, 홍성, 청양, 연기, 대덕
	kü	서산, 당진, 아산, 예산, 부여, 서천, 논산, 대덕, 금산
귓불	kuyp'ap	홍성, 청양, 연기, 대덕
	küp'ap	서산, 당진, 아산, 천원, 예산, 청향, 공주, 보령, 부여, 서천, 논산, 금산
귀지	kuyts'ok	홍성, 청양, 연기
	küts'ok	서산, 당진, 아산, 천원, 예산, 공주, 보령, 부여, 논산, 대덕, 금산

ㄴ.

표준어형	방언형	지역
귀(耳)	kuy	홍성
	kü	부여, 논산
귀뚜라미	küt'urami	아산, 부여
귀신	kuysin	공주
	küsin	아산, 논산

(2) ㄱ.

표준어형	방언형	지역
휘다	huynda	예산, 홍성, 연기, 대덕
	hü:nda	서산, 당진, 아산, 천원, 청양, 공주, 보령, 부여, 서천, 논산, 금산

ㄴ.

표준어형	방언형	지역
휘다	huygo	예산
	hügo	서산, 천안, 공주, 서천, 논산, 대전

(3) ㄱ.

표준어형	방언형	지역
뉘(쌀에 섞인 벼)	nuy	대덕
	nü	서산, 천원, 예산, 홍성, 청양, 공주, 보령, 부여, 논산, 금산
뉘다(排便)	nuyda	연기
	nüda	서산, 당진, 청원, 예산, 청양, 공주, 보령, 부여, 서천, 논산, 대덕, 금산
뒤(後)	tü	당진, 예산, 홍성, 청양, 공주, 보령, 부여, 서천, 논산, 대덕, 금산
뒤집다	tüǰibə	서산, 당진, 아산, 천원, 예산, 홍성, 청양, 공주, 보령, 부여, 논산, 대덕
튀다	thünda	서산, 당진, 아산, 예산, 홍성, 공주, 연기, 보령, 부여, 대덕, 금산
쉬(蠅卵)	sü	서산, 당진, 아산, 천원, 예산, 홍성, 청양, 공주, 연기, 보령, 부여, 서천, 논산, 대덕, 금산
쉽다	süpt'a	서산, 당진, 아산, 천원, 예산, 청양, 공주, 연기, 부여, 서천, 논산, 대덕, 금산

ㄴ.

표준어형	방언형	지역
뉘다(排便)	nüda	아산
누비이불	nübiibul	대전
뒤주	tüǰi	아산
뒤통수	tüthoŋsu	아산
쉬(蠅卵)	sü	천안, 서천

(4) ㄱ.

표준어형	방언형	지역
쥐불놀이	čübullori	서산, 당진, 아산, 천원, 예산, 홍성, 청양, 공주, 보령, 부여, 서천, 논산, 대덕, 금산

ㄴ.

표준어형	방언형	지역
쥐(鼠)	čü	부여

(5) ㄱ.

표준어형	방언형	지역
사귀다	saguynda	연기, 대덕
	sagünda	서산, 당진, 아산, 천원, 예산, 홍성, 보령, 부여, 서천
돌쩌귀	tolč'əguy	부여
	tolč'əgü	공주
박쥐	paːkč'ü	당진, 아산, 천원, 예산, 청양, 공주, 부여, 서천, 논산, 대덕
다람쥐	taramǰü	당진, 예산, 공주, 부여, 서천, 논산

ㄴ.

표준어형	방언형	지역
사귀다	sagünda	공주, 대전

(6) ㄱ.

표준어형	방언형	지역
위(上)	uy	서산, 당진, 아산, 천원, 예산, 홍성, 청양, 공주, 연기, 보령, 부여, 서천, 논산, 대덕
윗마을	uynmal	예산, 홍성, 청양, 보령, 부여, 서천, 대덕
바위	pauy	서산, 당진, 아산, 천원, 예산, 홍성, 청양, 공주, 연기, 보령, 부여, 서천, 대덕
사위	sauy	서산, 당진, 아산, 천원, 예산, 홍성, 청양, 공주, 연기, 보령, 부여, 서천, 대덕
더위	təuy	서산, 당진, 아산, 천원, 예산, 홍성, 청양, 공주, 연기, 보령, 부여, 서천, 대덕

ㄴ.

표준어형	방언형	지역
위(上)	uy	태안, 서산, 아산, 천안, 예산, 홍성, 연기, 부여, 서천, 논산, 계룡, 대전
윗마을	uyt'oŋne	아산, 부여, 계룡
바위	pauy	태안, 아산, 홍성, 공주, 청양, 부여, 계룡
사위	sauy	태안, 아산, 천안, 홍성, 공주, 부여, 계룡
더위	təuy	태안, 아산, 홍성, 부여

(7) ㄱ.

표준어형	방언형	지역
괴다(渟)	koynda	당진, 천원, 연기, 부여, 대덕
	kö:nda	서산, 아산, 예산, 홍성, 청양, 공주, 보령, 서천, 논산, 금산

ㄴ.

표준어형	방언형	지역
괴다(渟)	koygo	공주, 논산
	kögo	서산, 예산, 서천, 대전

(8) ㄱ.

표준어형	방언형	지역
회충(蛔)	hoy	연기
	hö	서산, 당진, 아산, 천원, 예산, 홍성, 청양, 공주, 부여, 서천, 논산, 대덕
회오리바람	hoyoribaram	연기
	höoribaram	서산, 당진, 아산, 천원, 예산, 홍성, 청양, 공주, 보령, 부여, 서천, 대덕

ㄴ.

표준어형	방언형	지역
회초리	höčhari	당진, 아산, 천안, 서천, 논산, 계룡, 대전, 금산
회오리바람	höoribaram	태안, 서산, 아산, 천안, 예산, 홍성, 연기, 부여, 계룡

(9) ㄱ.

표준어형	방언형	지역
되다(升)	tönda	서산, 당진, 아산, 천원, 예산, 홍성, 공주, 연기, 부여, 서천, 논산, 대덕, 금산
되다(硬)	tö:da	서산, 당진, 아산, 천원, 예산, 홍성, 청양, 공주, 연기, 보령, 부여, 서천, 논산, 대덕, 금산
쇠(鐵)	sö	당진, 아산, 천원, 예산, 홍성, 공주, 연기, 보령, 부여, 서천, 논산, 대덕, 금산
쇠꼬리	sök'ori	당진, 아산, 천원, 예산, 홍성, 청양, 공주, 연기, 부여, 서천, 논산, 대덕, 금산

표준어형	방언형	지역
죄(罪)	čö:	서산, 당진, 아산, 천원, 예산, 홍성, 청양, 공주, 연기, 보령, 부여, 서천, 논산, 대덕, 금산

ㄴ.

표준어형	방언형	지역
되다(升)	tögo	서산, 천안, 예산, 공주, 서천
되다(硬)	tögo	서산, 천안, 예산, 공주, 서천
쇠(鐵)	sö	서산, 천안, 예산, 서천, 대전
쇠비름	söbidɨm	서산, 부여, 계룡, 금산, 대전
죄암죄암	čöamčöam	당진, 천안, 연기, 대전

(10) ㄱ.

표준어형	방언형	지역
한 되	handö	서산, 당진, 아산, 천원, 홍성, 청양, 공주, 연기, 보령, 부여, 서천, 논산, 대덕, 금산
두 되	tu:dö	서산, 당진, 아산, 천원, 홍성, 청양, 공주, 연기, 보령, 부여, 서천, 논산, 대덕, 금산
석쇠	čəks'ö	서산, 당진, 아산, 천원, 홍성, 부여, 서천, 대덕
열쇠	yɨ:ls'ö	서산, 당진, 천원, 예산, 홍성, 청양, 공주, 보령, 서천, 논산, 대덕, 금산

ㄴ.

표준어형	방언형	지역
세 되	sɨ:dwe	예산, 홍성, 청양, 공주, 보령, 서천
다섯 되	tat'we	홍성, 청양, 공주, 서천, 부여
석쇠	čəks'we	예산, 홍성, 청양, 공주, 연기, 서천
열쇠	yɨ:ls'we	천안, 홍성, 청양, 공주, 서천, 논산

(11) ㄱ.

표준어형	방언형	지역
외국(外國)	oyguk	청양
	ö:guk	서산, 당진, 아산, 천원, 예산, 홍성, 청양, 공주, 연기, 보령, 부여, 서천, 논산, 대덕, 금산

표준어형	방언형	지역
외할아버지	oyharabuǰi	홍성
	ŏharabuǰi	아산, 천안, 예산, 보령, 서천, 부여, 계룡, 금산, 대전

2.2.2. 상향이중모음

(3) ㄱ.

표준어형	방언형	지역
귀(耳)	kwi	보령
귓불	kwip'ap	부여
귀지	kwits'ok	서천

ㄴ.

표준어형	방언형	지역
귀(耳)	kwi	당진, 천안, 예산, 청양, 공주, 연기, 보령, 서천, 계룡, 대전, 금산
	ki	태안, 서산, 아산
귀뚜라미	kwit'urami	서산, 천안, 예산, 홍성, 공주, 보령, 서천, 계룡, 대전, 금산
	kit'urami	태안, 연기, 청양, 논산
귀신	kwisin	서산, 천안, 서천, 계룡, 금산

(4) ㄱ.

표준어형	방언형	지역
뉘(쌀에 섞인 벼)	nwi	서산, 당진, 아산, 연기, 서천, 대덕
뉘다(排便)	nwida	아산, 홍성
뒤(後)	twi	서산, 아산, 천원, 홍성, 연기
	ti	홍성
뒤집다	twiǰibə	연기, 금산
튀다	thwinda	천원, 서천
	thinda	청양, 논산

표준어형	방언형	지역
뉘다(排便)	nwida	서산, 예산, 홍성, 청양, 공주, 연기, 부여, 서천, 계룡, 대전, 금산
	nida	태안, 논산
누비이불	nwibiibu	서산, 천안, 예산, 청양, 공주, 보령, 서천, 논산, 계룡, 대전, 금산
뒤주	twiǰi	태안, 서산, 당진, 천안, 홍성, 청양, 공주, 연기, 부여
	tiǰi	보령
뒤통수	twithoŋsu	서산, 천안, 예산, 청양, 공주, 서천, 대전, 금산
	tithoŋsu	태안, 당진, 홍성, 연기, 보령, 부여, 논산, 계룡
뒤꼍	twik'ət	서산, 당진, 아산, 천안, 예산, 홍성, 청양, 공주, 보령, 부여, 논산, 대전, 금산
	tik'ət	태안, 연기

(5) ㄱ.

표준어형	방언형	지역
쉽다	sipt'a	홍성, 보령

ㄴ.

표준어형	방언형	지역
쉬(蠅卵)	swi	공주, 연기, 부여, 논산, 계룡, 대전, 금산
	si	서산, 태안, 아산, 예산, 홍성, 청양, 보령
쉬다	swida	서산, 서천, 예산, 천안
	sida	대전, 논산

(6) ㄱ.

표준어형	방언형	지역
쥐불놀이	čwibullori	연기
	čibullori	홍성

ㄴ.

표준어형	방언형	지역
쥐(鼠)	čwi	태안, 당진, 천안, 예산, 연기, 청양, 보령, 서천, 계룡, 대전, 금산
	či	서산, 홍성, 공주, 논산

(8) ㄱ.

표준어형	방언형	지역
씀바귀	sʼɨmbagwi	서산, 당진
돌쩌귀	tolčʼəgwi	당진, 아산, 보령, 서천
	tolčʼəgi	서산, 예산, 청양
박쥐	paːkčʼwi	서산, 연기, 보령, 금산
	paːkčʼi	홍성
다람쥐	taramǰwi	서산, 아산, 천원, 연기, 금산
	taramǰi	홍성, 청양, 보령

ㄴ.

표준어형	방언형	지역
씀바귀	sʼɨmbagwi	서산, 당진, 천안, 예산, 연기, 서천
	sʼɨmbagi	아산, 청양, 금산
박쥐	paːkčʼwi	태안, 서산, 당진, 천안, 청양, 보령, 서천, 논산, 계룡, 대전, 금산
	paːkčʼi	예산, 홍성, 공주, 연기, 부여
다람쥐	taramǰwi	서산, 당진, 천안, 청양, 공주, 연기, 부여, 대전
	taramǰi	태안, 예산, 홍성, 보령, 서천, 논산, 계룡

(9) ㄴ.

표준어형	방언형	지역
위(上)	wi	당진, 청양, 보령
윗마을	witʼoŋne	당진, 예산, 청양, 연기, 서천, 논산
바위	pawi	서산, 당진, 예산, 연기, 보령, 서천, 논산, 대전
사위	sawi	서산, 당진, 예산, 청양, 연기, 보령, 서천, 대전
더위	təwi	서산, 당진, 예산, 청양, 공주, 보령, 연기, 서천, 논산, 계룡

(10) ㄴ.

표준어형	방언형	지역
괴다(淳)	kweda	천안

(11) ㄴ.

표준어형	방언형	지역
죄암죄암	čweamčweam	계룡

(12) ㄴ.

표준어형	방언형	지역
회오리바람	hweoribaram	청양

(13) ㄱ.

표준어형	방언형	지역
되(升)	teda	청양, 보령
쇠(鐵)	se	서산, 청양

ㄴ.

표준어형	방언형	지역
되다(升)	tweda	대전
	teda	논산
되다(硬)	twego	대전
	tego	논산
쇠(鐵)	swe	공주
	se	논산
쇠비름	swebidɨm	천안, 예산
	sebidɨm	태안, 아산, 청양, 논산

(14) ㄱ.

표준어형	방언형	지역
한 되	hande	예산
두 되	tuːde	예산
석쇠	čəksʼe	예산, 청양, 연기, 보령
열쇠	yɨːlsʼe	연기, 부여

ㄴ.

표준어형	방언형	지역
세 되	si:dwe	예산, 홍성, 청양, 공주, 보령, 서천
	si:de	태안, 서산, 당진, 아산, 천안, 연기, 부여, 논산, 계룡, 대전, 금산
다섯 되	tat'we	홍성, 청양, 공주, 서천, 부여
	tat'e	태안, 서산, 당진, 아산, 천안, 예산, 연기, 보령, 논산, 계룡, 대전, 금산
석쇠	čəks'we	예산, 홍성, 청양, 공주, 연기, 서천
	čəks'e	태안, 서산, 당진, 아산, 천안, 보령, 부여
열쇠	yɨ:ls'we	천안, 홍성, 청양, 공주, 서천, 논산
	yɨ:ls'e	태안, 서산, 당진, 아산, 보령, 부여, 계룡, 대전, 금산

(15) ㄴ.

표준어형	방언형	지역
외삼촌	wesamčhun	청양, 보령
	esamčhun	태안
외할아버지	weharabuǰi	공주
	eharabuǰi	태안, 연기

3.1.1. '어〉으' 고모음화

(1) ㄱ.

표준어형	방언형	지역
써레	쓰:레	서산, 당진, 아산, 천원, 예산, 홍성, 청양, 공주, 연기, 보령, 부여, 서천, 논산, 대덕, 금산
헝겊	흥:겁	서산, 당진, 아산, 예산, 청양, 공주, 연기, 보령, 서천, 논산, 대덕
	흥겁	천안, 홍성
	형:겁	부여, 금산
처녀	츠:녀	서산, 당진, 아산, 천원, 예산, 청양, 연기, 보령, 대덕
	처:녀	공주, 부여, 논산
덤	듬:	당진, 예산, 홍성, 청양, 부여, 논산, 대덕
	덤:	서산, 아산, 천원, 연기, 보령

표준어형	방언형	지역
거머리	그:머리	서산, 당진, 아산, 천원, 예산, 홍성, 청양, 공주, 연기, 보령, 부여, 서천, 대덕
	거:머리	논산, 금산
섣달	슫:달	서산, 당진, 아산, 천원, 예산, 홍성, 청양, 공주, 연기, 보령, 부여, 서천, 논산, 대덕, 금산

ㄴ.

표준어형	방언형	지역
써레	쓰:레	태안, 홍성, 청양, 연기, 보령, 부여, 계룡
	쓰레	서산, 당진, 천안, 예산, 공주, 서천, 논산, 대전, 금산
	써레	아산
헝겊	홍겁	태안, 서산, 아산, 천안, 예산, 홍성, 연기, 서천, 논산, 계룡, 대전
	홍:겁	청양
	헝겁	공주, 보령
처녀	츠녀	태안, 서산, 당진, 천안, 예산, 청양, 연기, 보령, 부여, 서천
	츠:녀	태안
	처녀	홍성
덤	듬:	홍성, 청양, 보령
	듬	당진, 아산, 예산, 논산
	덤:	서산, 당진, 아산, 천안, 예산, 공주, 연기, 부여, 서천, 논산, 계룡, 대전, 금산
거머리	그:머리	보령, 부여
	그머리	서산, 천안, 홍성, 공주, 서천, 계룡, 대전
	거:머리	태안, 아산, 당진, 청양, 연기, 금산
섣달	슫:달	태안, 아산, 홍성, 연기, 보령, 부여, 계룡
	슫달	서산, 예산, 서천, 논산, 대전, 금산
	섣:달	천안, 청양

(2) ㄱ.

표준어형	방언형	지역
적다	즉:다	당진, 아산, 천원, 예산, 공주, 연기, 보령, 부여, 서천, 논산, 대덕
	적:다	서산, 홍성
섧다	슬:다	서산, 당진, 아산, 천원, 예산, 홍성, 청양, 공주, 연기, 부여, 서천, 논산, 대덕, 금산
	설:다	보령

표준어형	방언형	지역
떫다	뜳:다	서산, 당진, 아산, 천원, 예산, 홍성, 청양, 공주, 연기, 보령, 부여, 서천, 논산, 대덕, 금산
없다	읎:다	서산, 아산, 예산, 홍성, 청양, 공주, 보령, 논산, 금산
	읎다	당진, 천안, 연기, 부여, 서천, 대덕
더럽다	드:럽다	서산, 당진, 아산, 천원, 예산, 홍성, 공주, 연기, 서천, 논산, 대덕, 금산
	드럽다	부여
	더:럽다	보령
거들다	그:들다	서산, 당진, 홍성, 청양, 서천
	거:들다	아산, 예산, 공주
	거들다	연기, 보령, 부여, 논산, 대덕, 금산
건너다	근:너다	서산, 당진, 아산, 예산, 홍성, 청양, 보령, 부여
	근너다	서천, 대덕
	건너다	천원, 공주, 연기, 논산, 금산
덜(小)	들:	서산, 당진, 아산, 천원, 예산, 홍성, 청양, 공주, 연기, 부여, 서천, 논산, 대덕, 금산
	덜:	보령
천천히	츤:츤이	당진, 청양, 부여, 대덕
	천:천이	당진, 아산, 홍성, 연기, 보령, 서천

ㄴ.

표준어형	방언형	지역
적다	즉:다	공주, 논산
	즉다	예산, 대전
	적:다	천안, 논산
서럽다	스:럽다	예산
	스럽다	예산, 공주, 논산, 대전
	서:럽다	서산, 천안, 서천, 논산, 대전
없다	읎:다	서산
	읎다	예산, 대전
	없:다	천안, 공주, 서천, 논산, 대전
더럽다	드:럽다	서산, 천안, 논산
	드럽다	예산, 공주, 대전
	더럽다	서천
넓다	늫:다	예산
	늫다	서산, 공주, 논산, 대전
	넗:다	천안, 서천

(3) ㄱ.

표준어형	방언형	지역
영감	옹:감	서산, 당진, 아산, 천원, 예산, 홍성, 청양, 공주, 연기, 보령, 부여, 서천, 논산, 대덕, 금산
열쇠	을:쇠	서산, 당진, 아산, 천원, 예산, 홍성, 청양, 공주, 연기, 보령, 논산, 대덕, 금산
	열:쇠	부여, 서천
여치	으:치	천원, 예산, 청양, 공주, 연기, 부여, 서천, 논산, 대덕, 금산
	여:치	아산, 보령
엿보다	읏:보다	당진, 아산, 천원, 예산, 홍성, 청양, 공주, 연기, 부여, 논산, 대덕, 금산
	엿:보다	서산, 보령, 서천

ㄴ.

표준어형	방언형	지역
영감	옹:감	서산, 당진, 홍성, 청양, 공주, 서천, 계룡, 대전, 금산
	영감	태안, 천안, 연기, 보령, 논산
열쇠	을:쇠	서산, 예산, 홍성, 천안, 공주, 보령, 부여, 계룡, 대전, 금산
	열:쇠	태안, 당진, 아산, 천안, 연기, 부여, 서천, 논산
여치	으:치	태안, 천안, 청양, 부여, 서천, 논산, 계룡, 대전, 금산
	여:치	서산, 아산, 연기
엿듣다	읏듣다	태안, 서산, 당진, 예산, 홍성, 서천, 계룡, 대전, 금산
	엿:듣다	아산, 청양, 연기, 보령, 부여, 논산

(4) ㄱ.

표준어형	방언형	지역
재롱떨다	재롱뜬다	서산, 당진
	재롱떤다	천원, 홍성, 청양, 보령, 부여, 논산
작은설	작은슬:	당진, 아산, 천원, 예산, 홍성, 청양, 공주, 연기, 보령, 부여, 서천, 논산, 대덕
	작은설	서산, 금산
느닷없이	느닷읎이	연기
	느닷없이	서산, 당진, 아산, 천원, 예산, 홍성, 청양, 공주, 보령, 부여, 서천, 논산, 대덕, 금산

ㄴ.

표준어형	방언형	지역
작은설	작은슬	논산, 계룡, 대전
	작은설	서산, 예산, 공주, 논산, 대전, 금산

(5) ㄱ.

표준어형	방언형	지역
아버지	아부지	논산, 금산
	아버지	서산, 당진, 아산, 천원, 예산, 홍성, 청양, 공주, 연기, 보령, 부여, 서천, 대덕
여덟	여들	홍성, 서천
	여덜	서산, 당진, 아산, 천원, 예산, 청양, 공주, 연기, 보령, 부여, 논산, 대덕, 금산
지껄이다	지끌이다	금산
	지껄이다	서산, 당진, 아산, 천원, 예산, 홍성, 청양, 공주, 연기, 보령, 부여, 서천, 논산, 대덕

ㄴ.

표준어형	방언형	지역
아버지	아부지	아산, 논산, 대전, 금산
	아버지	태안, 서산, 당진, 천안, 예산, 홍성, 청양, 공주, 연기, 보령, 부여, 서천, 계룡
여덟	여들	서산, 예산
	여덜	천안, 공주, 서천, 논산, 대전
지껄이다	지끌이다	서천, 논산
	지껄이다	서산, 천안, 예산, 서천, 대전

(7) ㄱ.

표준어형	방언형	지역
잡더냐	잡드냐	천원, 공주, 연기, 서천, 논산, 대덕, 금산
	잡더냐	서산, 당진, 아산, 예산, 홍성, 청양, 보령, 부여
오겠더라	오겄드라	천원, 예산, 공주, 연기, 논산, 대덕, 금산
	오겄더라	서산, 당진, 아산, 예산, 홍성, 보령, 부여, 서천

표준어형	방언형	지역
물더라	물드라	공주, 연기, 서천, 논산, 대덕, 금산
	물더라	서산, 당진, 아산, 천원, 예산, 홍성, 청양, 보령, 부여
알더라	알:드라	공주, 연기, 서천, 논산, 대덕, 금산
	알:더라	서산, 당진, 아산, 천원, 예산, 홍성, 청양, 보령, 부여
감더라(洗)	감:드라	공주, 연기, 서천, 논산, 대덕, 금산
	감:더라	서산, 당진, 아산, 천원, 예산, 홍성, 청양, 보령, 부여
없더라	읎:드라	연기, 보령, 서천, 논산, 대덕, 금산
	읎:더라	서산, 당진, 아산, 천원, 예산, 홍성, 청양, 공주, 부여
적었던	즉:었든	연기, 서천
	즉:었던	서산, 당진, 아산, 천원, 예산, 홍성, 청양, 공주, 보령, 부여, 논산, 대덕, 금산

3.1.2. '에〉이' 고모음화

(1) ㄱ.

표준어형	방언형	지역
세숫대야	시:숫대야	당진, 아산, 청양, 연기, 보령, 부여, 논산
	세:숫대야	서산, 천원, 예산, 홍성, 공주, 서천, 대덕, 금산
게트림	기:트름	천원, 공주, 부여, 서천, 논산
	게:트름	서산, 당진, 아산, 예산, 홍성, 청양, 연기, 보령
셋	싯:	아산, 천원, 홍성, 청양, 공주, 연기, 보령, 부여, 서천, 논산, 대덕
	셋:	서산, 당진, 예산, 금산
세 개	시:개	서산, 천원, 예산, 홍성, 청양, 공주, 보령, 부여, 서천, 논산, 대덕
	세:개	당진, 아산, 연기, 금산
넷	닛:	아산, 천원, 홍성, 청양, 공주, 연기, 보령, 부여, 서천, 논산, 대덕
	넷:	서산, 당진, 예산, 금산
네 개	니:개	아산, 천원, 홍성, 청양, 공주, 연기, 보령, 부여, 서천, 논산, 대덕
	네:개	서산, 당진, 예산, 금산
제가(自己)	지:가	서산, 당진, 아산, 천원, 예산, 홍성, 청양, 공주, 연기, 부여, 논산, 대덕, 금산
	지가	서천
	제:가	보령, 서천

표준어형	방언형	지역
네가(你)	니가	천원, 예산, 홍성, 청양, 공주, 보령, 부여, 논산, 대덕, 금산
	니:가	당진, 아산, 연기, 서천
	네가	서산

ㄴ.

표준어형	방언형	지역
세숫대야	시:숫대	홍성, 공주, 대전
	세:숫대	태안, 서산, 당진, 천안, 예산, 홍성, 청양, 서천, 논산, 계룡, 금산
게트림	기:트름	청양, 서천, 논산
	게:트름	당진, 예산, 홍성, 공주, 연기, 보령, 부여, 계룡, 대전, 금산
셋	셋:	태안, 서산, 당진, 아산, 천안, 예산, 홍성, 청양, 공주, 연기, 보령, 부여, 서천, 논산, 계룡, 대전, 금산
세 개	시:개	보령, 대전
	세:개	태안, 서산, 당진, 아산, 천안, 예산, 홍성, 청양, 공주, 연기, 부여, 서천, 논산, 계룡, 금산
넷	닛:	논산
	넷:	태안, 서산, 당진, 아산, 천안, 예산, 홍성, 청양, 공주, 연기, 보령, 부여, 서천, 계룡, 대전, 금산
네 개	니:개	예산, 보령
	네:개	태안, 서산, 당진, 아산, 천안, 홍성, 청양, 공주, 연기, 부여, 서천, 논산, 계룡, 대전, 금산
제가(自己)	지:가	서천
	제:가	논산, 대전
네가(你)	니:가	서산, 천안, 예산, 서천, 논산
	네:가	공주, 서천, 대전

(2) ㄱ.

표준어형	방언형	지역
베다(枕)	비:다	서산, 당진, 아산, 천원, 예산, 홍성, 청양, 공주, 연기, 보령, 부여, 서천, 논산, 대덕, 금산
메다(擔)	미:다	아산, 천원, 공주, 연기, 부여, 서천, 논산, 대덕, 금산
	메:다	서산, 당진, 예산, 홍성, 청양, 보령
세다(算)	시:다	공주, 연기, 보령, 부여, 서천, 논산, 대덕, 금산
	세:다	서산, 당진, 아산, 천원, 예산, 홍성, 청양
계시다	기:시다	서산, 당진, 아산, 홍성, 공주, 보령, 논산, 대덕, 금산
	게:시다	천원, 예산, 청양, 연기, 부여, 서천

표준어형	방언형	지역
떼다(離)	띠:다	공주, 부여, 논산, 대덕, 금산
	떼:다	서산, 당진, 아산, 천원, 예산, 홍성, 청양, 연기, 보령, 서천

ㄴ.

표준어형	방언형	지역
베다(枕)	비:다	천안, 예산, 공주, 논산
	베:다	서산, 천안, 서천, 대전
세다(算)	시:다	공주, 논산
	세:다	서산, 천안, 예산, 서천, 논산, 대전
메다(擔)	미:다	공주, 논산, 대전
	메:다	서산, 천안, 서천, 논산
떼다(離)	띠:다	공주
	떼:다	서산, 천안, 서천, 논산, 대전

(3) ㄱ.

표준어형	방언형	지역
수제비	수지비	청양, 공주, 연기
	수제비	서산, 당진, 아산, 천원, 예산, 홍성, 보령, 부여, 서천, 논산, 대덕, 금산
두레박	타리박	당진, 아산, 공주
	타레박	서산, 천원, 예산, 청양, 보령, 서천, 대덕
번데기	번디기	연기, 대덕, 금산
	번데기	서산, 당진, 아산, 천원, 예산, 홍성, 청양, 공주, 보령, 부여, 서천, 논산
두렁이	두링이	연기
	두렝이	아산, 홍성, 청양, 공주, 보령, 부여, 대덕, 금산
누더기	누디기	청양
	누데기	서산, 당진, 아산, 예산, 보령, 서천, 논산, 대덕
두드러기	두드리기	연기, 대덕
	두두레기	서산, 당진, 아산, 천원, 예산, 홍성, 청양, 공주, 보령, 부여, 서천, 논산, 금산
언청이	얼칭이	청양, 공주
	얼쳉이	서산, 당진, 아산, 천원, 예산, 홍성, 연기, 보령, 부여, 서천, 논산, 대덕, 금산
지렁이	지링이	청양, 연기, 대덕
	지렝이	서산, 당진, 아산, 예산, 홍성, 보령, 부여, 서천, 논산

두더지	두지기	청양, 공주, 연기, 부여, 대덕
	두제기	서산, 당진, 아산, 천원, 예산, 홍성, 보령, 서천, 논산, 금산
질경이	질깅이	연기
	질겡이	서산, 당진, 아산, 천원, 예산, 홍성, 청양, 공주, 보령, 부여, 서천, 논산, 대덕, 금산
삭정이	삭징이	천원, 연기
	삭젱이	서산, 당진, 아산, 예산, 홍성, 청양, 공주, 보령, 부여, 서천, 논산, 대덕, 금산

ㄴ.

표준어형	방언형	지역
수제비	수지비	홍성, 연기, 논산, 계룡, 금산
	수제비	태안, 서산, 당진, 아산, 천안, 예산, 청양, 공주, 연기, 보령, 부여, 서천, 대전
두레박	두리박	연기
	두레박	태안, 서산, 당진, 아산, 천안, 예산, 홍성, 청양, 공주, 연기, 보령, 서천, 대전
번데기	번디기	연기, 논산, 계룡, 금산
	번데기	태안, 서산, 당진, 아산, 천안, 예산, 홍성, 청양, 공주, 보령, 부여, 서천, 대전
두렁이	두링이	논산
	두렝이	서산, 연기, 부여, 계룡
두드러기	두드리기	공주, 부여, 논산
	두드레기	태안, 서산, 아산, 예산, 청양, 연기, 보령, 서천, 계룡, 대전, 금산
언청이	얼칭이	천안, 홍성, 연기, 논산, 계룡
	얼쳉이	태안, 서산, 당진, 아산, 예산, 청양, 공주, 부여, 서천, 대전
지렁이	지링이	예산, 연기, 논산, 계룡
	지렝이	태안, 서산, 당진, 홍성, 청양, 공주, 보령, 부여, 대전
두더지	두지기	홍성, 청양, 보령, 서천, 논산, 계룡
	두제기	태안, 예산, 공주, 부여, 대전
삭정이	삭징이	연기
	삭젱이	태안, 서산, 당진, 아산, 천안, 예산, 홍성, 청양, 공주, 보령, 논산, 계룡, 대전

(4) ㄱ.

표준어형	방언형	지역
밭에	밭이	당진, 아산, 천원, 청양, 연기, 보령, 부여, 논산, 대덕, 금산
	밭에	서산, 예산, 홍성, 공주, 서천
집에	집이	당진, 아산, 천원, 예산, 홍성, 청양, 공주, 연기, 부여, 논산, 대덕, 금산
	집에	서산, 보령, 서천
사람한테	사람한티	당진, 예산, 홍성, 청양, 부여, 논산, 금산
	사람한테	천안, 보령, 서천, 대전
동생한테	동생한티	당진, 아산, 천안, 예산, 홍성, 청양, 연기, 대덕, 금산
있는데	있는디	서산, 당진, 아산, 천원, 예산, 홍성, 청양, 공주, 연기, 보령, 부여, 서천, 논산, 대덕, 금산

ㄴ.

표준어형	방언형	지역
밭에서	밭이서	서산, 예산, 공주, 서천, 대전
	밭에서	천안, 논산
집에서	집이서	서산, 예산, 공주, 서천, 대전
	집에서	천안, 예산, 논산
너한테	너한티	서산, 천안, 예산, 공주, 서천, 논산
	너한테	서산, 천안, 공주, 서천, 논산
○○한테	○○한티	천안, 예산, 공주, 논산
	○○한테	서산, 서천

3.1.3. '오〉우' 고모음화

(1) ㄱ.

표준어형	방언형	지역
소경	수:경	서산
	소경	당진, 아산, 천원, 예산, 홍성, 청양, 공주, 연기, 보령, 부여, 서천, 논산, 대덕, 금산
도끼	두:치	보령
	도:치	서산, 당진, 아산, 천원, 예산, 홍성, 청양, 공주, 연기, 부여, 서천, 논산, 대덕, 금산
묘	무:이	보령
	무이	서산
	모이	당진, 아산, 천원, 예산, 홍성, 청양, 공주, 연기, 부여, 서천, 논산, 대덕, 금산
먼지	문지	금산
	몬지	서산, 당진, 아산, 천원, 예산, 홍성, 청양, 공주, 연기, 보령, 부여, 서천, 논산, 대덕
오이	우이	보령
	오이	서산, 당진, 아산, 천원, 예산, 홍성, 청양, 공주, 연기, 부여, 서천, 논산, 대덕, 금산
곰(熊)	굼	보령
	곰:	서산, 당진, 아산, 천원, 예산, 홍성, 청양, 공주, 연기, 부여, 서천, 논산, 대덕, 금산
못하다	뭇:하다	서산, 당진, 홍성, 청양, 보령
	못:하다	아산, 천원, 예산, 공주, 연기, 부여, 서천, 논산, 대덕, 금산
모르다	물:르다	서산, 당진, 예산, 홍성, 보령
	몰르다	아산, 천원, 청양, 공주, 연기, 부여, 서천, 논산, 대덕, 금산

ㄴ.

표준어형	방언형	지역
소경	수:경	태안
	소경	아산, 천안, 예산, 홍성, 청양, 연기, 보령, 부여, 서천, 논산, 대전
도끼	두:치	태안
	도치	서산, 당진, 아산, 천안, 예산, 홍성, 청양, 공주, 연기, 보령, 부여, 서천, 논산, 계룡, 대전, 금산

	무:이	태안
묘	모이	아산, 예산, 홍성, 청양, 부여, 서천, 논산, 계룡, 대전, 금산
모르다	물:르다	예산
	몰르다	서산, 천안, 서천, 논산, 대전

(2) ㄱ.

표준어형	방언형	지역
채소	채:수	천원, 공주, 서천, 논산
	채:소	서산, 당진, 아산, 예산, 홍성, 청양, 연기, 보령, 부여, 대덕, 금산
곰보	곰부	논산
	곰보	서산, 당진, 아산, 천원, 예산, 홍성, 청양, 공주, 연기, 보령, 부여, 서천, 대덕, 금산
꽃봉오리	꽃봉우리	홍성, 연기, 서천
	꽃봉오리	서산, 당진, 아산, 천원, 예산, 청양, 공주, 보령, 부여, 논산, 대덕, 금산
도토리	도투리	서산, 당진, 아산, 예산 홍성
	도토리	천원, 청양, 공주, 연기, 보령, 부여, 서천, 논산, 대덕, 금산
고모(姑母)	고무	금산
	고모	서산, 당진, 아산, 천원, 예산, 홍성, 청양, 공주, 연기, 보령, 부여, 서천, 논산, 대덕
뾰족하다	뻬죽하다	서산, 당진, 예산, 홍성, 부여, 서천
	뻬족하다	아산, 천원, 청양, 공주, 연기, 보령, 논산, 대덕, 금산
골무	골무	서산, 당진, 아산, 천원, 예산, 홍성, 청양, 공주, 보령, 부여, 서천, 논산, 대덕, 금산
	골모	연기
개구리	개구리	서산, 당진, 아산, 천원, 예산, 홍성, 청양, 연기, 보령, 부여, 서천, 대덕, 금산
	개고리	공주, 논산
새우	새우	서산, 당진, 아산, 천원, 예산, 홍성, 공주, 연기, 보령, 부여, 서천, 논산, 대덕, 금산
	새오	청양
노루	노루	서산, 당진, 아산, 천원, 예산, 홍성, 청양, 공주, 보령, 부여, 서천, 논산, 대덕, 금산
	노로	연기
복숭아	복숭아	서산, 당진, 아산, 천원, 예산, 홍성, 청양, 연기, 부여, 서천, 논산, 금산
	복송아	공주, 보령, 대덕

표준어형	방언형	지역
호두	호두	서산, 당진, 아산, 천원, 예산, 홍성, 청양, 보령, 부여, 서천, 논산, 대덕, 금산
	호도	공주, 연기
화로	화:루	서산, 당진, 예산, 홍성, 청양, 공주, 보령, 서천, 대덕
	화:로	연기
삼촌	삼춘	서산, 당진, 아산, 천원, 예산, 홍성, 청양, 공주, 연기, 보령, 부여, 서천, 논산, 대덕, 금산
외삼촌	오삼춘	서산, 당진, 아산, 천원, 예산, 홍성, 청양, 공주, 연기, 보령, 부여, 서천, 논산, 대덕, 금산

ㄴ.

표준어형	방언형	지역
채소	채수	예산, 공주, 논산, 대전
	채소	서산, 서천, 천안, 보령, 부여, 서천, 논산
곰보	곰부	아산
	곰보	태안, 서산, 당진, 천안, 예산, 홍성, 청양, 공주, 연기, 서천, 논산, 계룡, 대전
꽃봉오리	꽃봉우리	청양, 보령
	꽃봉오리	태안, 서산, 당진, 아산, 천안, 예산, 홍성, 공주, 부여, 서천, 논산, 대전, 금산
도토리	도투리	태안, 서산, 아산, 보령
	도토리	당진, 천안, 예산, 홍성, 청양, 공주, 연기, 부여, 서천, 논산, 계룡, 대전, 금산
고모(姑母)	고무	예산, 홍성
	고모	태안, 서산, 당진, 아산, 천안, 청양, 공주, 연기, 보령, 부여, 서천, 논산, 계룡, 대전, 금산
뾰족하다	뻬죽하다	태안, 서산, 아산, 예산,
	뻬족하다	당진, 천안, 홍성, 청양, 공주, 연기, 보령, 부여, 서천, 논산, 계룡, 대전, 금산
골무	골무	태안, 서산, 당진, 아산, 예산, 홍성, 청양, 연기, 보령, 부여, 서천, 논산
	골모	공주
개구리	개구리	태안, 서산, 당진, 천안, 예산, 홍성, 청양, 공주, 연기, 보령, 부여, 서천, 계룡, 대전, 금산
	개고리	아산, 논산
새우	새우	태안, 서산, 당진, 아산, 천안, 예산, 홍성, 청양, 연기, 보령, 부여, 서천, 계룡, 대전, 금산
	새오	부여, 서천, 논산

노루	노루	태안, 서산, 당진, 아산, 천안, 예산, 홍성, 청양, 공주, 연기, 보령, 부여, 서천, 논산, 계룡, 대전, 금산
복숭아	복숭아	태안, 서산, 당진, 아산, 천안, 예산, 홍성, 청양, 공주, 연기, 보령, 부여, 서천, 논산, 계룡, 대전, 금산
호두	호두	태안, 서산, 아산, 천안, 예산, 홍성, 청양, 공주, 연기, 보령, 부여, 서천, 계룡, 대전
	호도	당진, 논산
화로	화루	서산, 아산, 예산, 홍성, 청양, 연기, 보령, 서천, 논산
	화로	태안, 당진, 천안, 연기, 부여
삼촌	삼춘	태안, 서산, 당진, 아산, 천안, 예산, 청양, 공주, 연기, 보령, 부여, 서천, 논산, 계룡, 대전, 금산
	삼촌	홍성, 대전
외삼촌	오삼춘	태안, 서산, 천안, 예산, 홍성, 청양, 공주, 연기, 보령, 부여, 서천, 논산, 계룡, 대전, 금산
	외삼촌	당진, 아산

(3) ㄱ.

표준어형	방언형	지역
닭도	닥두	당진, 아산, 예산, 홍성, 청양, 보령, 논산, 대덕, 금산
	닥도	서산, 천원, 공주, 연기 부여, 서천
흙도	흑두	당진, 아산, 천원, 예산, 청양, 공주, 논산
	흑도	서산, 아산, 홍성, 연기, 보령, 부여, 서천, 대덕, 금산
값도	갑두	서산, 당진, 아산, 천원, 예산, 보령, 논산, 대덕, 금산
	갑도	홍성, 청양, 공주, 연기, 부여, 서천
발(足)	발두	당진, 예산, 홍성, 청양, 공주, 논산, 대덕
	발도	서산, 아산, 천원, 연기, 보령, 부여, 서천, 금산
팥으로	팟이루	서산, 당진, 아산, 천원, 예산, 홍성, 청양, 연기, 보령, 부여, 논산, 대덕, 금산
	팟이로	공주, 서천
빗으로	빗이루	당진, 아산, 천원, 예산, 홍성, 청양, 공주, 연기, 보령, 부여, 논산, 대덕, 금산
	빗이로	서산, 서천
위로(上)	위루	서산, 청양, 공주, 부여, 논산, 대덕
	위로	당진, 아산, 천원, 예산, 홍성, 연기, 보령, 서천, 금산
삶고	쌂구	당진, 아산, 천원, 예산, 홍성, 청양, 연기, 논산
	쌂고	서산, 공주, 보령, 부여, 서천, 대덕

졸고	졸구	서산, 당진, 아산, 천원, 예산, 홍성, 청양, 보령, 부여, 서천, 논산, 대덕, 금산
	졸고	공주, 연기
식히고	식히구	서산, 당진, 아산, 천원, 예산, 홍성, 청양, 공주, 부여, 논산, 대덕, 금산
	식히고	연기, 보령, 서천
굽고	굽구	당진, 아산, 천원, 예산, 청양, 공주, 보령, 부여, 논산, 대덕, 금산
	굽고	서산, 홍성, 연기, 서천
붓고(腫)	붓구	서산, 당진, 천원, 예산, 홍성, 청양, 논산, 대덕, 금산
	붓고	아산, 공주, 연기, 보령, 부여, 서천

ㄴ.

표준어형	방언형	지역
닭도	닥두	서산, 예산, 서천
	닥도	천안, 공주, 논산, 대전
흙도	흑두	서산, 예산, 서천
	흑도	천안, 공주, 논산, 대전
팥으로	팟으루	예산, 서천
	팟으로	서산, 천안, 공주, 논산, 대전
집으로	집이루	예산, 서천
	집이로	서산, 천안, 공주, 논산, 대전
쌀로	쌀루	서산, 예산, 서천, 대전
	쌀로	천안, 공주, 논산
굽고	굽구	논산
	굽고	천안, 예산, 공주, 서천, 논산
있고	있구	서산
	있고	천안, 예산, 공주, 서천, 논산, 대전

3.2.1. 형태소 내부에서의 움라우트

(1) ㄱ.

표준어형	방언형	지역
아가미	아개미	당진, 서천, 금산
	아가미	서산, 예산, 홍성, 서천, 대덕, 금산
두루마기	두루매기	서산, 당진, 아산, 천원, 예산, 홍성, 청양, 공주, 연기, 보령, 부여, 서천, 논산, 대덕, 금산
정강이	정갱이	서산, 당진, 아산, 천원, 예산, 홍성, 청양, 공주, 연기, 보령, 서천, 논산, 대덕, 금산
	정강이	부여
잡히다	잽히다	서산, 당진, 아산, 천원, 예산, 홍성, 청양, 공주, 연기, 보령, 부여, 서천, 논산, 대덕, 금산
감기다(洗)	갱기다	서산, 당진, 아산, 천원, 예산, 홍성, 청양, 공주, 연기, 보령, 부여, 서천, 논산, 대덕, 금산
잠기다(閣)	쟁기다	당진, 아산, 천원, 홍성, 청양, 공주, 연기, 보령, 부여, 서천, 논산, 대덕, 금산
	장기다	서산, 예산
맡기다	맽기다	서산, 당진, 아산, 천원, 예산, 홍성, 청양, 공주, 연기, 보령, 부여, 서천, 논산, 대덕, 금산
깎이다	깩이다	서산, 당진, 아산, 천원, 예산, 홍성, 청양, 공주, 연기, 보령, 부여, 서천, 논산, 대덕, 금산
석유	섹유	서산, 홍성, 청양, 공주, 부여, 서천, 논산, 금산
	석유	당진, 아산, 천안, 예산, 연기, 보령, 대덕
석경	섹경	서산, 당진, 아산, 천원, 예산, 홍성, 청양, 공주, 연기, 보령, 부여, 서천, 논산, 대덕, 금산
누더기	누데기	서산, 당진, 아산, 예산, 홍성, 청양, 공주, 연기, 보령, 부여, 서천, 논산, 대덕
	누더기	천원, 금산
두드러기	두드레기	서산, 당진, 아산, 천원, 예산, 홍성, 청양, 연기, 보령, 부여, 서천, 논산, 대덕, 금산
	두드러기	공주
접히다	젭히다	서산, 당진, 아산, 천원, 예산, 홍성, 청양, 공주, 연기, 보령, 부여, 서천, 논산, 대덕, 금산
벗기다	벳기다	서산, 당진, 아산, 천원, 예산, 홍성, 청양, 공주, 연기, 보령, 부여, 서천, 논산, 대덕, 금산

썩히다	썩히다	서산, 당진, 아산, 예산, 청양, 공주, 연기, 보령, 부여, 서천, 논산, 대덕, 금산
	썩히다	천원, 홍성
섬기다	셍기다	서산, 당진, 아산, 천원, 예산, 홍성, 청양, 공주, 연기, 보령, 부여, 서천, 논산, 대덕, 금산
먹이다	멕이다	서산, 당진, 아산, 천원, 예산, 홍성, 청양, 공주, 연기, 보령, 부여, 서천, 논산, 대덕, 금산
고깃덩어리	괴기덩어리	서산, 당진, 아산, 홍성, 공주, 연기, 보령, 부여, 논산
	고기덩어리	천원, 예산, 서천, 대덕, 금산
방앗공이	방앗굉이	서산, 당진, 아산, 천원, 예산, 홍성, 청양, 공주, 연기, 보령, 부여, 서천, 논산, 대덕, 금산
목화송이	목화셍이	홍성, 공주, 연기, 보령, 부여, 서천, 논산
	목화송이	서산
옮기다	욂기다	서산, 당진, 아산, 천원, 예산, 홍성, 청양, 공주, 연기, 보령, 부여, 서천, 논산, 대덕, 금산
속이다	석이다	서산, 당진, 아산, 천원, 예산, 홍성, 청양, 공주, 연기, 보령, 부여, 서천, 논산, 대덕, 금산
쫓기다	쫓기다	서산, 당진, 아산, 천원, 예산, 홍성, 청양, 공주, 연기, 보령, 서천, 논산, 대덕, 금산
	쫓기다	부여
누비이불	뉘비이불	서산, 당진, 아산, 예산, 홍성, 청양, 공주, 보령, 부여, 서천, 논산, 대덕, 금산
	누비이불	천원, 연기
깜부기	깜뷔기	서산, 당진, 아산, 천원, 예산, 청양, 연기, 보령, 부여, 논산, 대덕, 금산
	깜부기	홍성, 공주, 서천
누비다	뉘비다	아산, 예산, 홍성, 청양, 공주, 보령, 부여, 서천, 논산, 대덕, 금산
	누비다	서산, 당진, 천원, 연기
굽히다	굽히다	공주
	굽히다	서산, 당진, 아산, 천원, 예산, 홍성, 청양, 연기, 보령, 부여, 서천, 논산, 대덕, 금산
묵히다	뭑히다	청양, 공주, 부여, 논산
	묵히다	서산, 당진, 아산, 천원, 예산, 홍성, 연기, 보령, 서천, 대덕, 금산
축이다	척이다	예산, 청양, 서천, 대덕, 금산
	축이다	서산, 당진, 아산, 천원, 홍성, 공주, 연기, 보령, 부여, 논산
뜯기다	띧기다	서산, 당진, 아산, 천원, 예산, 홍성, 청양, 공주, 연기, 보령, 부여, 서천, 논산, 대덕, 금산

| 들이다 | 딜이다 | 서산, 당진, 아산, 천원, 홍성, 청양, 공주, 연기, 부여, 서천, 논산, 대덕, 금산 |
| | 들이다 | 예산, 보령 |

ㄴ.

표준어형	방언형	지역
아가미	아개미	서산
	아가미	태안, 당진, 아산, 천안, 예산, 청양, 공주, 보령, 부여, 서천
호랑이	호랭이	태안, 서산, 당진, 천안, 예산, 홍성, 청양, 공주, 연기, 부여, 계룡, 대전, 금산
	호랑이	아산, 천안, 청양, 보령, 서천, 논산, 계룡
정강이	정갱이	태안, 서산, 아산, 천안, 예산, 홍성, 청양, 공주, 보령, 부여, 서천, 논산, 계룡, 대전
잡히다	잽히다	태안, 서산, 아산, 천안, 예산, 공주, 부여, 논산, 계룡, 대전, 금산
	잡히다	청양, 연기, 서천
잠기다(沈)	쟁기다	서산, 천안, 예산, 공주, 논산, 대전
	잠기다	서천
맡기다	맽기다	태안, 서산, 아산, 천안, 예산, 홍성, 청양, 공주, 연기, 보령, 부여, 서천, 논산, 계룡, 대전, 금산
쭉정이	쭉젱이	태안, 서산, 당진, 아산, 천안, 청양, 보령, 부여, 논산, 대전
	쭉정이	아산, 연기, 보령
누더기	누데기	태안, 서산, 아산, 천안, 예산, 홍성, 청양, 연기, 부여, 서천, 논산, 대전
	누더기	청양, 공주, 보령, 계룡
두드러기	두드레기	태안, 서산, 아산, 예산, 청양, 연기, 보령, 서천, 계룡, 대전, 금산
	두드러기	홍성, 연기
웅덩이	웅뎅이	태안, 서산, 아산, 천안, 예산, 공주, 연기, 서천, 대전, 금산
	웅덩이	보령, 계룡
벗기다	벳기다	태안, 서산, 아산, 천안, 예산, 홍성, 부여, 논산, 계룡, 대전, 금산
	벗기다	당진, 청양, 공주, 보령, 서천
썩히다	쎅히다	서산, 예산
	썩히다	천안, 서천, 논산, 대전
고기	괴기	대전, 금산
	고기	태안, 서산, 천안, 예산, 홍성, 청양, 공주, 연기, 보령, 부여, 서천, 논산, 계룡
녹이다	녹이다	예산
	녹이다	서산, 천안, 예산, 공주, 서천, 논산, 대전

누비이불	뉘비이불	서산, 천안, 예산, 청양, 보령, 서천, 논산, 계룡, 대전, 금산
	누비이불	태안, 당진, 아산, 홍성, 공주, 연기, 부여
깜부기	깜뷔기	부여
	깜부기	태안, 아산, 연기, 보령, 부여, 논산
똑똑히	똑떡이	서산, 공주, 논산
	똑똑이	천안, 예산, 서산, 대전

(3) ㄱ.

표준어형	방언형	지역
다리미	대리미	서산, 당진, 서천
	다리미	아산, 천원, 예산, 홍성, 청양, 공주, 연기, 보령, 부여, 논산, 대덕, 금산
가렵다	개렵다	서산, 당진, 아산, 보령
	가렵다	천원, 예산, 홍성, 청양, 공주, 연기, 부여, 서천, 논산, 대덕, 금산
마렵다	매렵다	서산, 당진, 보령, 대덕, 금산
	마렵다	아산, 천원, 예산, 홍성, 청양, 공주, 연기, 부여, 서천, 논산
다리다	대리다	서산, 당진, 홍성, 공주, 보령, 부여, 서천, 대덕
	다리다	아산, 천원, 예산, 청양, 연기, 논산, 금산
버리다(棄)	베리다	부여
	버리다	서산, 당진, 아산, 천원, 예산, 홍성, 청양, 공주, 연기, 보령, 서천, 논산, 대덕, 금산
도련님	되련님	당진, 아산, 천원, 예산, 서천, 금산
	도련님	서산, 홍성, 공주, 연기, 보령, 부여, 대덕

ㄴ.

표준어형	방언형	지역
다리미	대리미	태안, 서산, 공주, 서천, 논산
	다리미	당진, 아산, 천안, 예산, 홍성, 청양, 연기, 보령, 부여, 논산, 계룡, 대전, 금산
가렵다	개렵다	천안, 논산, 대전
	가렵다	서산, 예산, 서천
마렵다	매렵다	서산, 대전
	마렵다	천안, 예산, 공주, 서천, 논산
다리다	대리다	서산, 서천, 논산
	다리다	천안, 예산, 공주, 서천, 논산, 대전

도련님	되련님	태안, 서산, 예산, 공주, 보령, 서천, 계룡, 금산
	도련님	태안, 당진, 아산, 천안, 예산, 청양, 부여, 논산, 대전

3.2.2. 형태소 경계에서의 움라우트

(1) ㄱ.

표준어형	방언형	지역
장(醬)	쟁:이	서천, 금산
	장:이	서산, 당진, 아산, 천원, 예산, 홍성, 청양, 공주, 연기, 보령, 부여, 논산, 대덕
방(房)	뱅이	당진, 공주, 논산, 금산
	방이	서산, 아산, 천원, 예산, 홍성, 청양, 연기, 보령, 부여, 서천, 대덕
밥	뱁이	천원, 논산, 금산
	밥이	서산, 당진, 아산, 예산, 홍성, 청양, 공주, 연기, 보령, 부여, 서천, 대덕
앞	앺이	금산
	앞이	서산, 당진, 아산, 천원, 예산, 홍성, 청양, 공주, 연기, 보령, 부여, 서천, 논산, 대덕
맘	맴:이	서산, 천원, 공주, 금산
	맘:이	당진, 아산, 예산, 홍성, 청양, 연기, 보령, 부여, 서천, 논산, 대덕
왕(王)	웽이	논산, 대덕, 금산
	왕이	서산, 당진, 아산, 천원, 예산, 홍성, 청양, 공주, 연기, 보령, 부여, 서천
광(光)	괭이	금산
	광이	서산, 당진, 아산, 천원, 예산, 홍성, 청양, 공주, 연기, 보령, 부여, 서천, 논산, 대덕
안방	안뱅이	당진, 홍성, 청양, 공주, 논산, 금산
	안방이	서산, 아산, 천원, 예산, 연기, 보령, 부여, 서천, 대덕
쌀밥	쌀뱁이	천원, 예산, 홍성, 청양, 공주, 연기, 부여, 논산, 대덕, 금산
	쌀밥이	서산, 당진, 아산, 보령, 서천
오광(五光)	오:괭이	당진, 아산, 홍성, 청양, 연기, 보령, 논산, 대덕, 금산
	오:광이	서산, 천원, 예산, 공주, 부여, 서천
떡	떽이	논산, 금산
	떡이	서산, 당진, 아산, 천원, 예산, 홍성, 청양, 공주, 연기, 보령, 부여, 서천, 대더

섶	셉이	홍성, 부여, 논산, 금산
	섭이	서산, 당진, 아산, 천원, 예산, 청양, 공주, 연기, 보령, 서천, 대덕
시루떡	시루떼이	서산, 당진, 예산, 홍성, 청양, 연기, 부여, 금산
	시루떡이	아산, 천원, 공주, 보령, 서천, 논산, 대덕
풀섶	풀셉이	당진, 예산, 홍성, 연기, 논산, 금산
	풀섭이	서산, 아산, 천원, 청양, 공주, 보령, 부여, 서천, 대덕
속(內)	쇡이	공주, 금산
	속:이	서산, 당진, 아산, 천원, 예산, 홍성, 청양, 연기, 보령, 부여, 서천, 논산, 대덕
복(福)	뵉이	예산, 청양, 공주, 보령, 서천, 논산, 금산
	복이	서산, 당진, 아산, 천원, 홍성, 연기, 부여, 대덕
곰(熊)	굄이	예산, 청양, 금산
	곰:이	서산, 당진, 아산, 천원, 홍성, 공주, 연기, 보령, 부여, 서천, 논산, 대덕
몸	묌이	천원, 홍성, 청양, 공주, 보령, 논산, 대덕, 금산
	몸이	서산, 아산, 예산, 연기, 부여, 서천
콩	쾽이	아산, 청양, 논산, 금산
	콩이	서산, 당진, 천원, 예산, 홍성, 공주, 연기, 보령, 부여, 서천, 대덕
용(龍)	욍이	청양, 금산
	용이	서산, 당진, 아산, 천원, 예산, 홍성, 공주, 연기, 보령, 부여, 서천, 논산, 대덕
의복(衣服)	의뵉이	당진, 천원, 예산, 청양, 부여, 논산, 대덕, 금산
	의복이	서산, 아산, 홍성, 공주, 연기, 보령
온몸	온:묌이	당진, 청양, 공주, 보령, 부여, 논산, 대덕, 금산
	온:몸이	서산, 아산, 천원, 예산, 홍성, 연기, 서천
교통(交通)	교툉이	당진, 청양, 공주, 대덕, 금산
	교통이	서산, 아산, 천원, 예산, 홍성, 연기, 보령, 부여, 서천, 논산
중(僧)	죙이	예산, 청양, 논산, 금산
	중:이	서산, 당진, 아산, 천원, 홍성, 공주, 연기, 보령, 부여, 서천, 대덕
국(羹)	귁이	천원, 예산, 청양, 보령, 부여, 논산, 금산
	국이	서산, 당진, 아산, 홍성, 공주, 연기, 서천, 대덕
숨	쉼이	공주
	숨:이	서산, 당진, 아산, 천원, 예산, 홍성, 청양, 연기, 보령, 부여, 서천, 논산, 대덕, 금산
떡국	떡귂이	천원, 예산, 공주, 서천, 논산, 대덕, 금산
	떡국이	서산, 당진, 아산, 홍성, 청양, 연기, 보령, 부여
동풍	동푕이	예산, 논산, 금산
	동풍이	서산, 당진, 아산, 천원, 홍성, 청양, 공주, 연기, 보령, 부여, 서천, 대덕

금(線)	검이	보령, 논산, 대덕, 금산
	금이	서산, 당진, 아산, 천원, 예산, 홍성, 청양, 공주, 연기, 부여, 서천
흠	휨이	당진, 천원, 예산, 홍성, 청양, 연기, 보령, 부여, 논산, 대전
	흠:이	서산, 아산, 공주, 서천, 금산
틈	팀이	금산
	틈이	서산, 당진, 아산, 천원, 예산, 홍성, 청양, 공주, 연기, 보령, 부여, 서천, 논산, 대덕
이름	이림이	당진, 홍성, 청양, 부여, 대덕
	이름이	서산, 아산, 천원, 예산, 공주, 연기, 보령, 부여, 서천, 논산

ㄴ.

표준어형	방언형	지역
밖	백이	공주
	밖이	서산, 예산, 서천, 논산, 대전
간장(醬)	간쟁이	예산
	간장이	서산, 청양, 공주, 보령, 서천, 계룡
안방	안뱅이	공주
	안방이	서산, 천안
쌀밥	쌀뱁이	예산
	쌀밥이	서산, 논산, 대전

3.3.1. 형태소 내부에서의 전설모음화

(1) ㄱ.

표준어형	방언형	지역
스물	시물	공주
	스물	서산, 당진, 아산, 천원, 예산, 홍성, 청양, 연기, 보령, 부여, 서천, 논산, 대덕, 금산
쓰레기	씨레기	논산, 금산
	쓰레기	서산, 당진, 아산, 천원, 예산, 홍성, 청양, 공주, 연기, 보령, 부여, 서천, 대덕

(2) ㄱ.

표준어형	방언형	지역
남자아이	머시매	서산, 공주, 연기, 논산, 금산
	머스매	당진, 아산, 천원, 예산, 홍성, 청양, 보령, 부여, 서천, 대덕
거스르다	거시르다	당진, 아산, 천원, 예산, 홍성, 청양, 연기, 보령, 부여, 논산, 대덕, 금산
	거스르다	서산, 공주, 서천
쇠스랑	소시랑	서산, 당진, 아산, 천원, 예산, 홍성, 청양, 공주, 연기, 보령, 부여, 서천, 논산, 대덕, 금산
부스럼	부시럼	당진, 아산, 예산, 청양, 공주, 연기, 보령, 부여, 논산, 대덕
	부스럼	서산, 천원, 홍성, 서천, 금산
이슬비	이실비	금산
	이슬비	서산, 당진, 아산, 천원, 예산, 홍성, 청양, 공주, 연기, 보령, 부여, 서천, 논산, 대덕
벼슬	베실	당진, 아산, 천원, 예산, 청양, 공주, 부여, 논산, 대덕, 금산
	베슬	서산, 홍성, 연기, 보령, 서천
마실가다	마실가다	당진, 아산, 천원, 예산, 홍성, 청양, 공주, 연기, 보령, 부여, 서천, 논산, 대덕, 금산
	마슬가다	서산
김매다	지심매다	당진, 아산, 청양, 연기, 부여, 논산, 대덕, 금산
	지슴매다	예산, 홍성, 보령, 서천

ㄴ.

표준어형	방언형	지역
남자아이	머시매	공주, 연기, 부여, 논산, 대전
	머스매	태안, 서산, 아산, 천안, 예산, 홍성, 청양, 보령, 서천
거스르다	거시르다	태안, 당진, 아산, 천안, 예산, 홍성, 청양, 공주, 연기, 보령, 부여, 논산, 계룡, 대전, 금산
	거스르다	서산, 서천
쇠스랑	소시랑	태안, 서산, 당진, 아산, 천안, 예산, 홍성, 청양, 공주, 연기, 보령, 부여, 서천, 논산, 계룡, 대전, 금산
부스럼	부시럼	아산, 공주, 부여, 논산, 대전
	부스름	태안, 천안, 예산, 청양, 공주, 연기, 서천, 계룡, 금산
이슬비	이실비	대전, 금산
	이슬비	태안, 서산, 당진, 아산, 천안, 예산, 홍성, 청양, 공주, 연기, 보령, 부여, 서천, 논산, 계룡

벼슬	벼실	아산, 예산, 홍성, 공주, 부여, 논산, 계룡, 대전, 금산
	벼슬	태안, 서산, 당진, 아산, 천안, 청양, 연기, 보령, 서천
마실가다	마실가다	서산, 당진, 아산, 천안, 예산, 홍성, 청양, 공주, 연기, 보령, 부여, 서천, 논산, 계룡, 대전, 금산
	마슬가다	태안
김	지심	서산, 당진, 아산, 천안, 예산, 홍성, 청양, 공주, 연기, 부여, 논산, 계룡, 대전, 금산
	지슴	태안, 예산, 보령, 서천
가을	가실	금산
	가을	태안, 서산, 당진, 아산, 천안, 예산, 홍성, 청양, 공주, 연기, 보령, 부여, 서천, 논산, 계룡, 대전, 금산

3.3.2. 형태소 경계에서의 전설모음화

(1) ㄱ.

표준어형	방언형	지역
없으면	읎:이먼	아산, 부여, 논산, 금산
	읎:으먼	서산, 당진, 천원, 예산, 홍성, 청양, 공주, 연기, 보령, 서천, 논산, 대덕

ㄴ.

표준어형	방언형	지역
맺으니까	맺이니까	공주, 논산, 대전
	맺으니까	태안, 서산, 당진, 아산, 천안, 예산, 홍성, 청양, 연기, 보령, 부여, 서천, 계룡, 금산
앉으니까	앉이니께	서산, 공주, 논산, 대전
	앉으니까	태안, 당진, 아산, 천안, 예산, 홍성, 청양, 연기, 보령, 부여, 서천, 계룡, 금산

국어학총서 87

충남방언의 모음에 대한 연구

초판 1쇄 발행 2026년 1월 30일

지은이 이현주

펴낸곳 (주)태학사
등록 제406-2020-000008호
주소 경기도 파주시 광인사길 217
전화 031-955-7580
전송 031-955-0910
전자우편 thspub@daum.net
홈페이지 www.thaehaksa.com

ⓒ 이현주, 2026

값 22,000원

ISBN 979-11-6810-359-7 (94710)
ISBN 979-11-90727-23-5 (세트)

국어학총서 목록

① 李崇寧　　　　　　(근간)
② 姜信沆　　　　　　한국의 운서
③ 李基文　　　　　　國語音韻史研究
④ 金完鎭　　　　　　中世國語聲調의 研究
⑤ 鄭然粲　　　　　　慶尙道方言聲調研究
⑥ 安秉禧　　　　　　崔世珍研究
⑦ 남기심　　　　　　국어완형보문법 연구
⑧ 宋 敏　　　　　　前期近代國語 音韻論研究
⑨ Ramsey, S. R.　　Accent and Morphology in Korean Dialects
⑩ 蔡 琬　　　　　　國語 語順의 研究
⑪ 이기갑　　　　　　전라남도의 언어지리
⑫ 李珖鎬　　　　　　國語 格助詞 '을/를'의 研究
⑬ 徐泰龍　　　　　　國語活用語尾의 形態와 意味
⑭ 李南淳　　　　　　國語의 不定格과 格標識 省略
⑮ 金興洙　　　　　　현대국어 심리동사 구문 연구
⑯ 金光海　　　　　　고유어와 한자어의 대응 현상
⑰ 李丞宰　　　　　　高麗時代의 吏讀
⑱ 宋喆儀　　　　　　國語의 派生語形成 研究
⑲ 白斗鉉　　　　　　嶺南 文獻語의 音韻史 研究
⑳ 郭忠求　　　　　　咸北 六鎭方言의 音韻論
㉑ 김창섭　　　　　　국어의 단어형성과 단어구조 연구
㉒ 이지양　　　　　　국어의 융합현상
㉓ 鄭在永　　　　　　依存名詞 'ᄃ'의 文法化
㉔ 韓東完　　　　　　國語의 時制 研究
㉕ 鄭承喆　　　　　　濟州道方言의 通時音韻論
㉖ 김주필　　　　　　구개음화의 통시성과 역동성
㉗ 최동주　　　　　　국어 시상체계의 통시적 변화
㉘ 신지연　　　　　　국어 지시용언 연구
㉙ 權仁瀚　　　　　　조선관역어의 음운론적 연구
㉚ 구본관　　　　　　15세기 국어 파생법에 대한 연구
㉛ 이은경　　　　　　국어의 연결어미 연구
㉜ 배주채　　　　　　고흥방언 음운론
㉝ 양명희　　　　　　현대국어 대용어에 대한 연구
㉞ 문금현　　　　　　국어의 관용 표현 연구

㉟ 황문환　　　16, 17세기 언간의 상대경어법
㊱ 남윤진　　　현대국어의 조사에 대한 계량언어학적 연구
㊲ 임동훈　　　한국어 어미 '-시-'의 문법
㊳ 김경아　　　국어의 음운표시와 음운과정
㊴ 李浩權　　　석보상절의 서지와 언어
㊵ 이정복　　　국어 경어법 사용의 전략적 특성
㊶ 장윤희　　　중세국어 종결어미 연구
㊷ 신선경　　　'있다'의 어휘 의미와 통사
㊸ 신승용　　　음운 변화의 원인과 과정
㊹ 양정호　　　동명사 구성의 '-오-' 연구
㊺ 최형용　　　국어 단어의 형태와 통사
㊻ 채현식　　　유추에 의한 복합명사 형성 연구
㊼ 석주연　　　노걸대와 박통사의 언어
㊽ 박소영　　　한국어 동사구 수식 부사와 사건 구조
㊾ 노명희　　　현대국어 한자어 연구
㊿ 송원용　　　국어 어휘부와 단어 형성
51 이은섭　　　현대 국어 의문사의 문법과 의미
52 鄭仁浩　　　平北方言과 全南方言의 音韻論的 對比 硏究
53 이선영　　　국어 어간복합어 연구
54 김 현　　　활용의 형태음운론적 변화
55 김의수　　　한국어의 격과 의미역
56 박재연　　　한국어 양태 어미 연구
57 이영경　　　중세국어 형용사 구문 연구
58 장경준　　　『瑜伽師地論』點吐釋讀口訣의 解讀 方法 硏究
59 이승희　　　국어 청자높임법의 역사적 변화
60 신중진　　　개화기국어의 명사 어휘 연구
61 이지영　　　한국어 용언부정문의 역사적 변화
62 박용찬　　　중세국어 연결어미와 보조사의 통합형
63 남경완　　　국어 용언의 의미 분석
64 소신애　　　음운론적 변이와 변화의 상관성
65 이광호　　　국어 파생 접사의 생산성과 저지에 대한 계량적 연구
66 문숙영　　　한국어의 시제 범주
67 장요한　　　15세기 국어 접속문의 통사와 의미
68 채숙희　　　현대 한국어 인용구문 연구
69 안소진　　　심리어휘부에 기반한 한자어 연구
70 유효홍　　　訓民正音의 文字 轉換 方式에 대한 硏究
71 정한데로　　한국어 등재소의 형성과 변화

(72) 이영제 한국어 기능명사 연구
(73) 신서인 한국어 문형 연구
(74) 魏國峰 고대 한국어 음운 체계 연구
(75) 정연주 구문의 자리채우미 '하다' 연구
(76) 송정근 현대국어 감각형용사의 형태론
(77) 정경재 한국어 용언 활용 체계의 형태음운론적 변화
(78) 최윤지 한국어 정보구조 연구
(79) 김한별 19세기 전기 국어의 음운사 연구
(80) 김민국 한국어 주어의 격표지 연구
(81) 김태우 {-숩-}의 기능 변화 연구
(82) 김수영 한국어 자음 말음 어간의 형태음운론적 변화
(83) 장승익 황해도 방언의 변이 양상 연구
(84) 백채원 한국어 피동문의 역사적 연구
(85) 이의종 한국어 연결 어미에 대한 레지스터 분석적 연구
(86) 심지영 한국어 결과구문 연구
(87) 이현주 충남방언의 모음에 대한 연구